해커스 회계사
IFRS
김원종 재무회계
1차 기출문제집

해커스

█ 이 책의 저자

김원종

학력
연세대학교 경영학과(경영학사)
성균관대학교 경영대학원(석사과정 수료)

경력
현 | 해커스 경영아카데미 교수
　　해커스금융 교수
전 | 한화케미칼 회계팀
　　삼일회계법인
　　웅지세무대학교 교수(회계학)
　　웅지 경영아카데미 재무회계 강사(회계사, 세무사)
　　삼일아카데미 IFRS 실무 강사
　　송원세무회계 대표 회계사
　　경기도학교 안전공제회 감사

자격증
한국공인회계사, 세무사

저서
해커스 IFRS 김원종 중급회계 상/하
해커스 세무사 IFRS 元고급회계
해커스 회계사 IFRS 김원종 고급회계
해커스 IFRS 김원종 POINT 중급회계
해커스 IFRS 김원종 POINT 고급회계
해커스 IFRS 김원종 객관식 중급회계
해커스 IFRS 김원종 객관식 고급회계
해커스 회계사 IFRS 김원종 재무회계 1차 기출문제집
해커스 세무사 IFRS 김원종 재무회계연습
해커스 회계사 IFRS 김원종 재무회계연습 1
해커스 회계사 IFRS 김원종 재무회계연습 2
IFRS 회계원리

머리말

본서는 공인회계사 1차 시험을 준비하는 수험생들이 효율적으로 시험에 대비할 수 있도록 쓰인 공인회계사 기출문제집으로, 회계학 기출문제 중 재무회계에 해당하는 1~35번을 수록하였다. 회계학은 기본개념을 정립하고 이를 통한 끊임없는 연습과정이 수반되어야 하는 실천적 학문으로서, 짧은 시간에 주어진 문제를 해결하기 위해서는 재무회계에서 다루는 각 주제의 핵심내용을 명확하게 이해하고 이를 토대로 다양한 응용문제에 대한 해결능력을 구비해야만 한다. 따라서 본서의 가장 큰 목적은 회계학 기본서를 학습한 수험생들이 짧은 시간 내에 기본서의 핵심개념을 정리하는 동시에 기출문제 풀이를 통하여 공인회계사 1차 시험을 위한 실전대비능력을 키우는 데 있다. 이러한 본서의 특징은 다음과 같다.

첫째, 각 주제별 핵심내용을 정리하고 응용능력을 키울 수 있도록 최근 7개년(2024~2018년) 문제를 구성하였다. 따라서 본서의 문제들은 출제가능성이 매우 높은 문제들이라 할 수 있으며 본서의 내용만 이해하여도 목적하는 결과를 충분히 얻을 수 있을 것으로 확신한다.

둘째, 본서는 주제별로 일관된 접근방법과 문제 풀이방법을 제시하여 수험생들의 혼란을 최소화하고자 노력하였다. 본서의 풀이방법은 기본서 예제의 풀이방법과 일치하도록 제시하였다.

셋째, 국제회계기준의 개정으로 인하여 문제가 성립되지 않는 경우 문제를 수정하여 수록하였다.

본서가 완성되어 출간되기까지 많은 분들의 도움을 받았다. 교재의 출간을 허락하시고 많은 격려를 보내주신 ㈜챔프스터디의 전재윤 대표님과 책의 완성도를 높이기 위해 최선을 다해 노력하시는 해커스 경영아카데미에도 감사의 뜻을 전한다. 마지막으로 본서가 완성되기까지 항상 옆에서 자리를 지키며 기다려준 가족들에게도 감사의 마음을 전하고 싶다.

본서는 저자의 15년간의 공인회계사, 세무사 강의경험과 15년간의 출제경향 분석을 통하여 저술되었다. 회계법인에서의 실무경험과 대학 등에서의 강의경험을 이 책에 담기 위해 부단한 노력으로 달려왔지만, 여전히 아쉬움이 많이 남는 책이다. 본서에 포함된 어떠한 오류도 저자의 책임이며 본서와 관련된 독자 여러분들의 비평과 건설적인 의견에 항상 귀를 기울일 것이다. 또한 사랑받는 교재가 되기 위하여 개정판마다 더욱 발전할 수 있도록 최선을 다할 것을 약속드린다.

공인회계사 김원종

목차

공인회계사 1차 시험 출제경향 분석

공인회계사 1차 회계학 시험 재무회계 파트의 최신 7개년(2024 ~ 2018년) 출제경향을 분석하여 주제별로 출제된 문제 수를 정리하였습니다. 출제경향을 통해 빈출 주제를 파악하여 효율적으로 학습할 수 있습니다.

	구분	2024	2023	2022	2021	2020	2019	2018	합계
중급 회계	재무회계의 일반론								
	재부보고를 위한 개념체계	1	2		1		1	1	6
	재무제표 표시와 공정가치 측정			1					1
	현금및현금성자산과 현재가치평가								
	재고자산	1	2	2	2	1	2	1	11
	유형자산	2	3	3	3	4	2	4	21
	무형자산	1	1	1	1		1	1	6
	투자부동산	1	1			1			3
	금융자산	2	2	2	2	3	3	2	16
	자산손상과 매각예정비유동자산			1	1				2
	금융부채	1	1	2	2		1	1	8
	충당부채					1	1	1	3
	자본		1		1	1	1	1	5
	복합금융상품	2	2	2		2	1	1	10
	리스	2	2	2	2	2	2	1	13

구분		2024	2023	2022	2021	2020	2019	2018	합계
중급회계	수익(1): 고객과의 계약에서 생기는 수익	2	2	3	3	3	3	3	19
	수익(2): 건설계약	1							1
	종업원급여	1	2	1	1	1	1	1	8
	주식기준보상	2	1	1	1	1	1	1	8
	법인세회계	1	1	1	1	1	1	1	7
	주당이익	2	1	1	1	1	1	1	8
	회계변경과 오류수정	2		1	1	1	2	1	8
	현금흐름표	1	1	1	1	1	1	2	8
	중간재무보고와 재무비율분석			1				1	2
고급회계	사업결합	2	2	1	2	2	2	2	13
	연결회계	3	1	2	4	3	3	3	19
	연결회계 특수주제		2	1		1	1	1	6
	관계기업과 공동기업에 대한 투자	2	2	1	2	2	2	1	12
	환율변동효과	2	1	2	2	1	1	2	11
	파생상품	1	2	2	1	2	1	1	10
합계		35	35	35	35	35	35	35	245

2024년

공인회계사
1차 기출문제

* 공인회계사 1차 회계학 기출문제 중 재무회계에 해당하는 1 ~ 35번 문제를 수록하였습니다.

01 '재무보고를 위한 개념체계'에 대한 다음 설명 중 옳지 않은 것은?

① 보고기업이 지배-종속관계로 모두 연결되어 있지는 않은 둘 이상 실체들로 구성된다면 그 보고기업의 재무제표를 '비연결재무제표'라고 부른다.

② 일반목적재무보고서의 대상이 되는 주요이용자는 필요한 재무정보의 많은 부분을 일반목적재무제표에 의존해야 하는 현재 및 잠재적 투자자, 대여자와 그 밖의 채권자를 말한다.

③ 만일 어떤 두 가지 방법이 모두 현상에 대하여 동일하게 목적적합한 정보이고 동일하게 충실한 표현을 제공하는 것이라면, 보강적 질적특성은 이 두 가지 방법 가운데 어느 방법을 그 현상의 서술에 사용해야 할지를 결정하는 데 도움을 줄 수 있다.

④ 일반적으로 재무제표는 계속기업가정하에 작성되나, 기업이 청산을 하거나 거래를 중단하려는 의도가 있다면 계속기업과는 다른 기준에 따라 작성되어야 하고 사용한 기준을 재무제표에 기술한다.

⑤ 일반목적재무보고의 목적을 달성하기 위해 회계기준위원회는 '개념체계'의 관점에서 벗어난 요구사항을 정하는 경우가 있을 수 있다.

02 유통업을 영위하고 있는 ㈜대한은 재고자산에 대해 계속기록법과 평균법을 적용하고 있으며, 기말에는 실지재고조사를 실시하여 실제 재고수량을 파악하고 있다. 다음은 ㈜대한의 20×1년 재고자산에 관한 자료이다.

일자	적요	수량	매입단가	비고
1월 1일	기초재고	100개	₩300	전기 말 실제수량
6월 1일	매입	400개	₩400	
7월 1일	매출	300개		판매단가 ₩600
9월 1일	매입	100개	₩500	
10월 1일	매출	200개		판매단가 ₩500

20×1년 기말재고자산의 실제 재고수량은 장부수량과 일치하였고, 단위당 순실현가능가치는 ₩300인 경우, ㈜대한의 20×1년도 매출총이익은 얼마인가? 단, 재고자산평가손실은 매출원가로 분류하며, 기초재고자산과 관련된 평가충당금은 ₩4,000이다.

① ₩70,000   ② ₩74,000   ③ ₩78,000

④ ₩82,000   ⑤ ₩100,000

03 ㈜대한은 20×1년 7월 1일에 태양광 전력생산설비 건설공사를 시작하여 20×2년 9월 30일에 해당 공사를 완료하였다. 전력생산설비는 차입원가 자본화 적격자산에 해당하며, ㈜대한의 건설공사와 관련된 자료는 다음과 같다.

- 공사비 지출 내역

구분	20×1. 7. 1.	20×1. 10. 1.	20×2. 4. 1.	20×2. 9. 1.
공사비지출액	₩1,000,000	₩2,000,000	₩1,500,000	₩2,400,000

- ㈜대한은 20×1년 7월 1일에 ₩500,000의 정부보조금(상환의무 없음)을 수령하여 즉시 동 전력생산설비를 건설하는 데 모두 사용하였다.
- ㈜대한의 차입금 내역은 다음과 같으며, 모든 차입금은 매월 말과 상환일에 월할로 이자지급을 하는 조건이다.

차입금	차입일	차입금액	상환일	연 이자율
특정	20×1. 7. 1.	₩1,500,000	20×2. 6. 30.	5%(단리)
일반 A	20×1. 10. 1.	₩2,000,000	20×2. 9. 30.	4%(단리)
일반 B	20×2. 4. 1.	₩2,000,000	20×4. 3. 31.	8%(단리)

㈜대한이 20×2년에 자본화할 차입원가는 얼마인가? 단, 자본화한 차입원가는 연평균지출액 계산 시 포함하지 않으며, 연평균지출액, 이자수익 및 이자비용은 모두 월할계산한다.

① ₩20,000 ② ₩37,500 ③ ₩124,500
④ ₩162,000 ⑤ ₩180,000

04 ㈜대한은 제조기업이며, 20×1년 초에 제품의 생산을 위해 기계장치를 취득하였다(취득원가: ₩6,000,000, 내용연수: 10년, 잔존가치: ₩500,000, 감가상각방법: 정액법). ㈜대한은 기계장치에 대하여 재평가모형을 적용하기로 하였으며, 기계장치의 각 연도 말 공정가치는 다음과 같다.

20×1년 말	20×2년 말	20×3년 말
₩5,000,000	₩5,500,000	₩3,500,000

㈜대한은 20×3년 초에 기계장치의 잔존내용연수를 5년, 잔존가치는 ₩600,000으로 추정을 변경하였다. ㈜대한의 기계장치 관련 회계처리가 20×3년도 당기순이익에 미치는 영향은 얼마인가? 단, ㈜대한은 기계장치를 사용하는 기간 동안 재평가잉여금을 이익잉여금으로 대체하지 않으며, 손상차손은 고려하지 않는다.

① ₩980,000 감소 ② ₩1,020,000 감소 ③ ₩1,300,000 감소
④ ₩1,450,000 감소 ⑤ ₩2,000,000 감소

05 기업회계기준서 제1038호 '무형자산'에 대한 다음 설명 중 옳지 않은 것은?

① 연구와 개발활동의 목적은 지식의 개발에 있다. 따라서 이러한 활동으로 인하여 물리적 형체(예 시제품)가 있는 자산이 만들어지더라도, 그 자산의 물리적 요소는 무형자산 요소 즉, 그 자산이 갖는 지식에 부수적인 것으로 본다.

② 시장에 대한 지식과 기술적 지식에서도 미래경제적효익이 발생할 수 있다. 이러한 지식이 저작권, 계약상의 제약이나 법에 의한 종업원의 기밀유지의무 등과 같은 법적 권리에 의하여 보호된다면, 기업은 그러한 지식에서 얻을 수 있는 미래경제적효익을 통제하고 있는 것이다.

③ 미래경제적효익이 기업에 유입될 가능성은 무형자산의 내용연수 동안의 경제적 상황에 대한 시장참여자들의 최선의 추정치를 반영하는 합리적이고 객관적인 가정에 근거하여 평가하여야 한다.

④ 사업결합으로 취득하는 무형자산의 원가는 기업회계기준서 제1103호 '사업결합'에 따라 취득일 공정가치로 한다. 무형자산의 공정가치는 취득일에 그 자산이 갖는 미래경제적효익이 기업에 유입될 확률에 대한 시장참여자의 기대를 반영할 것이다.

⑤ 무형자산을 창출하기 위한 내부 프로젝트를 연구단계와 개발단계로 구분할 수 없는 경우에는 그 프로젝트에서 발생한 지출은 모두 연구단계에서 발생한 것으로 본다.

06 기업회계기준서 제1040호 '투자부동산'에 대한 다음 설명 중 옳지 않은 것은?

① 부동산 보유자가 부동산 사용자에게 부수적인 용역을 제공하는 경우가 있다. 전체 계약에서 그러한 용역의 비중이 경미하다면 부동산 보유자는 당해 부동산을 투자부동산으로 분류한다.

② 부동산 보유자가 부동산 사용자에게 제공하는 용역이 유의적인 경우가 있다. 예를 들면 호텔을 소유하고 직접 경영하는 경우, 투숙객에게 제공하는 용역은 전체 계약에서 유의적인 비중을 차지한다. 그러므로 소유자가 직접 경영하는 호텔은 투자부동산이 아니며 자가사용부동산이다.

③ 투자부동산에 대하여 공정가치모형을 선택한 경우에는 투자부동산의 공정가치 변동으로 발생하는 손익은 발생한 기간의 당기손익에 반영한다.

④ 기업은 투자부동산의 공정가치를 계속 신뢰성 있게 측정할 수 있다고 추정한다. 그러나 처음으로 취득한 투자부동산의 공정가치를 계속 신뢰성 있게 측정하기가 어려울 것이라는 명백한 증거가 있을 수 있다.

⑤ 투자부동산을 공정가치로 측정해 온 경우라도 비교할만한 시장의 거래가 줄어들거나 시장가격 정보를 쉽게 얻을 수 없게 되면, 당해 부동산에 대한 공정가치 측정을 중단하고 원가로 측정한다.

07 ㈜대한은 20×1년 1월 1일에 임대목적으로 건물을 ₩5,000,000에 취득하고, 내용연수는 10년, 잔존가치는 ₩1,000,000으로 추정하였다. ㈜대한은 동 건물에 대해 원가모형을 적용하며, 정액법으로 감가상각하기로 하였다. 그러나 20×2년부터 ㈜대한은 동 건물에 대하여 원가모형 대신 공정가치모형을 적용하기로 하였으며, 이 회계변경은 정당한 변경에 해당한다. ㈜대한은 동 건물 이외의 투자부동산은 보유하고 있지 않으며, 동 건물의 공정가치는 다음과 같다.

구분	20×1년 말	20×2년 말
건물의 공정가치	₩4,500,000	₩4,800,000

㈜대한의 20×1년 말 보고된 이익잉여금은 ₩300,000이었고, 투자부동산 회계처리를 반영하기 전 20×2년도 당기순이익은 ₩700,000일 때, ㈜대한의 20×2년 말 이익잉여금은 얼마인가? 단, 이익잉여금 처분은 없다고 가정한다.

① ₩900,000   ② ₩1,000,000   ③ ₩1,200,000

④ ₩1,300,000   ⑤ ₩1,400,000

08 기업회계기준서 제1109호 '금융상품'에 대한 다음 설명 중 옳지 않은 것은?

① 양도자산이 양도하기 전 금융자산 전체 중 일부이고 그 양도한 부분 전체가 제거 조건을 충족한다면, 양도하기 전 금융자산 전체의 장부금액은 계속 인식하는 부분과 제거하는 부분에 대해 양도일 현재 각 부분의 상대적 공정가치를 기준으로 배분한다.

② 사업모형의 변경은 사업계열의 취득, 처분, 종결과 같이 영업에 유의적인 활동을 시작하거나 중단하는 경우에만 발생할 것이다. 그러나 특정 금융자산과 관련된 의도의 변경, 금융자산에 대한 특정 시장의 일시적 소멸, 기업 내 서로 다른 사업모형을 갖고 있는 부문 간 금융자산의 이전 등은 사업모형의 변경에 해당하지 않는다.

③ 양도자가 양도자산의 소유에 따른 위험과 보상의 대부분을 보유하지도 이전하지도 않고, 양도자가 양도자산을 통제하고 있다면, 그 양도자산에 지속적으로 관여하는 정도까지 그 양도자산을 계속 인식한다.

④ 금융상품의 기대신용손실은 일정 범위의 발생 가능한 결과를 평가하여 산정한 금액으로서 편의가 없고 확률로 가중한 금액, 화폐의 시간가치 및 보고기간 말에 과거사건, 현재 상황과 미래 경제적 상황의 예측에 대한 정보로서 합리적이고 뒷받침될 수 있으며 과도한 원가나 노력 없이 이용할 수 있는 정보를 반영하도록 측정한다.

⑤ 금융자산을 재분류하기 위해서는 그 재분류를 중요도에 따라 구분하며, 중요한 재분류는 소급법을 적용하고, 중요하지 않은 재분류는 전진법을 적용한다.

㈜대한과 관련된 다음의 자료를 활용하여 물음에 답하시오.

• ㈜대한은 다음과 같은 A, B, C사채를 발행일에 취득하였다.

사채	A사채	B사채	C사채
액면금액	₩2,000,000	₩1,500,000	₩500,000
표시이자율	연 6%	연 8%	연 10%
만기일	20×3. 12. 31.	20×3. 12. 31.	20×3. 12. 31.
발행일	20×1. 1. 1.	20×1. 1. 1.	20×1. 1. 1.

• ㈜대한은 A, B, C사채를 구입한 직후에 A사채는 당기손익-공정가치측정(FVPL)금융자산으로, B사채와 C사채는 기타포괄손익-공정가치측정(FVOCI)금융자산으로 각각 분류하였다.
• A, B, C사채 모두 이자 지급일은 매년 말이며, 사채발행일 현재 유효이자율은 연 10%이다.
• ㈜대한이 사채에 대해서 발행일에 취득한 가격은 A사채 ₩1,801,016, B사채 ₩1,425,366, C사채 ₩500,000이고, 해당 취득가격은 공정가치와 같다.
• 20×1년 12월 31일, 연말 이자수취 직후의 금액인 공정가치는 A사채의 경우 ₩1,888,234이고, B사채는 ₩1,466,300이며, C사채는 ₩501,000이다.

㈜대한의 금융자산에 대한 회계처리가 20×1년도 포괄손익계산서의 당기순이익에 미치는 영향은 얼마인가? 단, 단수차이로 인해 오차가 있다면 가장 근사치를 선택한다.

① ₩50,755 증가
② ₩120,755 증가
③ ₩399,755 증가
④ ₩417,218 증가
⑤ ₩427,218 증가

10 ㈜대한은 20×1년 1월 1일 사채를 발행하고 해당 사채를 상각후원가 측정(AC)금융부채로 분류하였다. 사채와 관련된 자료는 다음과 같다.

- 발행일: 20×1년 1월 1일
- 액면금액: ₩2,000,000
- 만기일: 20×3년 12월 31일(일시상환)
- 표시이자율: 연 5%, 매년 말 지급
- 사채발행 시점의 유효이자율: 연 6%
- 적용할 현가계수는 아래의 표와 같다.

기간 \ 할인율	단일금액 ₩1의 현재가치 6%	단일금액 ₩1의 현재가치 8%	정상연금 ₩1의 현재가치 6%	정상연금 ₩1의 현재가치 8%
1년	0.9434	0.9259	0.9434	0.9259
2년	0.8900	0.8573	1.8334	1.7832
3년	0.8396	0.7938	2.6730	2.5770

㈜대한은 재무적 어려움으로 인하여 20×2년 초에 사채의 만기일을 20×4년 12월 31일로 연장하고 표시이자율을 연 1%로 조건을 변경하였다. 20×2년 초 시장이자율은 연 8%이다. ㈜대한이 사채의 조건변경으로 인해 (A) 20×2년도에 인식할 조건변경이익과 (B) 조건변경 후 20×2년도에 인식할 이자비용은 각각 얼마인가? 단, 단수차이로 인해 오차가 있다면 가장 근사치를 선택한다.

	(A) 조건변경이익	(B) 이자비용
①	₩324,150	₩121,131
②	₩324,150	₩131,131
③	₩334,150	₩131,131
④	₩334,150	₩151,131
⑤	₩354,150	₩151,131

11 ㈜대한은 20×1년 1월 1일 다음과 같은 조건의 전환사채를 ₩980,000에 발행하였으며, 관련 자료는 다음과 같다.

- 발행일: 20×1년 1월 1일
- 액면금액: ₩1,000,000
- 만기일: 20×3년 12월 31일(일시상환)
- 표시이자율: 연 4%, 매년 말 지급
- 원금상환방법: 상환기일에 액면금액의 106%를 일시상환
- 전환사채 발행시점의 자본요소가 결합되지 않은 유사한 일반사채의 시장이자율: 연 8%
- 전환조건: 전환사채 발행시점부터 1개월 경과 후 만기시점까지 전환청구 가능하며, 전환가격은 전환사채 액면금액 ₩10,000이다.
- 적용할 현가계수는 아래의 표와 같다.

기간 \ 할인율	단일금액 ₩1의 현재가치 4%	단일금액 ₩1의 현재가치 8%	정상연금 ₩1의 현재가치 4%	정상연금 ₩1의 현재가치 8%
1년	0.9615	0.9259	0.9615	0.9259
2년	0.9246	0.8573	1.8861	1.7832
3년	0.8890	0.7938	2.7751	2.5770

㈜대한의 전환사채 중 액면금액 ₩600,000이 20×2년 1월 1일 보통주식(주당 액면금액 ₩5,000)으로 전환되었다. 전환권대가는 전환권이 행사되어 주식을 발행할 때 행사된 부분만큼 주식발행초과금으로 대체되며, 전환간주일은 기초시점으로 가정한다. ㈜대한의 20×2년 말 재무상태표에 인식될 (A) 전환사채의 장부금액과 (B) 전환권대가의 장부금액은 각각 얼마인가? 단, 단수차이로 인한 오차가 있다면 가장 근사치를 선택한다.

	(A) 전환사채	(B) 전환권대가
①	₩383,700	₩8,038
②	₩385,719	₩12,038
③	₩387,267	₩12,038
④	₩401,396	₩14,197
⑤	₩407,390	₩14,197

12 ㈜대한은 비분리형 신주인수권부사채를 액면발행하였으며, 관련된 자료는 다음과 같다.

- 발행일: 20×1년 1월 1일
- 액면금액: ₩100,000
- 만기일: 20×3년 12월 31일(일시상환)
- 표시이자율: 연 4%, 매년 말 지급
- 발행당시 신주인수권이 없는 일반사채의 시장이자율: 연 8%
- 보장수익률은 연 6%이며, 동 신주인수권부사채는 액면금액 ₩10,000당 보통주 1주(액면금액: ₩5,000)를 인수(행사가격: ₩10,000)할 수 있다.
- 신주인수권 행사기간은 발행일로부터 1개월이 경과한 날부터 상환기일 30일 전까지이다.
- 적용할 현가계수는 아래의 표와 같다.

기간 \ 할인율	단일금액 ₩1의 현재가치		정상연금 ₩1의 현재가치	
	6%	8%	6%	8%
1년	0.9434	0.9259	0.9434	0.9259
2년	0.8900	0.8573	1.8334	1.7832
3년	0.8396	0.7938	2.6730	2.5770

20×2년 1월 1일 ㈜대한의 신주인수권부사채 40%(액면금액 기준)에 해당하는 신주인수권이 행사되었다. ㈜대한은 신주인수권 발행 시 인식한 자본요소(신주인수권대가) 중 행사된 부분은 주식발행초과금으로 대체하는 회계처리를 한다. ㈜대한의 신주인수권과 관련된 회계처리와 관련하여 20×2년 1월 1일 신주인수권 행사로 인한 ㈜대한의 주식발행초과금 증가액은 얼마인가? 단, 만기 전에 상환된 신주인수권부사채는 없다. 단수차이로 인한 오차가 있다면 가장 근사치를 선택한다.

① ₩15,431 ② ₩22,431 ③ ₩23,286
④ ₩24,286 ⑤ ₩28,431

13 ㈜대한의 확신유형 보증관련 충당부채 자료는 다음과 같다.

- ㈜대한은 20×1년부터 판매한 제품의 결함에 대해 1년간 무상보증을 해주고 있으며, 판매량 중 3%에 대해서 품질보증요청이 있을 것으로 추정된다.
- ㈜대한은 제품보증활동에 관한 수익을 별도로 인식하지 않고 제품보증비용을 인식한다. ㈜대한의 연도별 판매량과 보증비용 지출액에 관한 자료는 다음과 같다. ㈜대한의 20×2년 및 20×3년의 판매 개당 품질보증비는 각각 ₩420과 ₩730으로 추정된다.

연도	판매량	보증비용 지출액
20×2년	800개	₩10,080(당기판매분)
20×3년	1,000개	₩8,000(당기판매분)

20×3년 말 ㈜대한이 재무상태표에 인식할 제품보증충당부채는 얼마인가? 단, 제품보증충당부채의 20×2년 초 잔액은 없고, 모든 보증활동은 현금지출로 이루어진다.

① ₩11,900   ② ₩13,900   ③ ₩14,900
④ ₩16,900   ⑤ ₩18,900

14 다음은 ㈜대한의 법인세와 관련된 자료이다. 다음의 자료를 활용하여 물음에 답하시오.

- <추가자료>를 제외한 20×2년의 세무조정내역은 다음과 같다.

세무조정내역	금액
법인세비용차감전순이익	₩1,200,000
전기 감가상각비 한도초과	₩(50,000)
과세소득	₩1,150,000

<추가자료>

- 20×1년 말의 이연법인세자산과 이연법인세부채는 각각 ₩31,200과 ₩0이며, 이연법인세자산의 실현가능성은 거의 확실하다.
- 20×2년 법인세율은 24%, 20×3년과 20×4년 이후의 세율은 각각 22%, 20%로 20×2년 말에 입법완료되었다.
- 20×2년도에 당기손익-공정가치측정(FVPL)금융자산평가손실은 ₩90,000을 인식하였으며, 동 금융자산은 20×3년에 전부 처분할 예정이다.
- 20×1년에 발생한 퇴직급여한도초과액 ₩80,000은 20×2년부터 4년간 각각 ₩20,000씩 손금추인된다.
- 20×2년도 세법상 손금한도를 초과하여 지출한 접대비는 ₩30,000이다.

㈜대한의 20×2년도 포괄손익계산서에 인식할 법인세비용은 얼마인가?

① ₩267,800   ② ₩282,200   ③ ₩299,000
④ ₩300,000   ⑤ ₩320,000

15 ㈜대한의 회계담당자는 20×2년도 장부를 마감하기 전에 다음과 같은 오류사항을 발견하였으며, 이는 모두 중요한 오류에 해당한다.

- ㈜대한은 실지재고조사법을 적용하면서 선적지인도조건으로 매입한 상품에 대해 매입을 인식하였지만, 매기 말 현재 운송 중인 상품을 기말재고자산에서 누락하였다. 이로 인해 20×0년 말의 재고자산이 ₩100,000 과소계상되었으며, 20×1년 말의 재고자산도 ₩150,000 과소계상되었다. 과소계상된 재고자산은 그 다음 연도에 모두 판매되었고, 관련 매출은 모두 기록되었다.
- 20×1년 초 ㈜대한은 정액법으로 감가상각하고 있는 기계장치 A에 대해서 ₩60,000의 지출을 하였다. 동 지출은 기계장치 A의 장부금액에 포함하여 인식 및 감가상각하여야 하나, ㈜대한은 이를 지출 시점에 즉시 비용(수선비)으로 처리하였다. 20×2년 말 현재 동 기계장치 A의 잔존내용연수는 2년이고 잔존가치는 없다. ㈜대한은 모든 유형자산에 대하여 원가모형을 적용하고 있다.
- ㈜대한은 20×1년 1월 1일에 액면금액이 ₩100,000이고 표시이자율이 연 6%인 3년 만기의 사채를 ₩94,842에 발행하였다. 해당 사채의 이자지급일은 매년 말이고, 유효이자율법으로 사채할인발행차금을 상각하며, 사채발행시점의 유효이자율은 연 8%이다. ㈜대한은 20×1년도, 20×2년도의 포괄손익계산서에 위 사채와 관련된 이자비용을 각각 ₩6,000씩 인식하였다.

위 오류사항에 대한 수정효과가 ㈜대한의 (가) 20×2년 전기이월이익잉여금과 (나) 20×2년도 당기순이익에 미치는 영향은 각각 얼마인가?

	(가) 전기이월이익잉여금	(나) 당기순이익
①	₩98,627 증가	₩115,000 감소
②	₩161,627 증가	₩115,000 감소
③	₩161,627 증가	₩166,714 감소
④	₩193,413 증가	₩166,714 감소
⑤	₩193,413 증가	₩175,857 감소

16 ㈜대한은 20×1년 초에 건물관리 용역을 제공하는 계약을 고객과 체결하였다. 계약기간은 2년이며, 고객은 매년 말에 건물관리 용역의 개별 판매가격에 해당하는 ₩1,000,000을 후급하기로 하였다. 이후 20×2년 초에 고객은 계약기간을 4년 추가하는 대신 추가된 기간(20×3년부터 20×6년까지) 동안에는 ₩900,000을 지급할 것을 요구하였으며, ㈜대한은 추가된 기간에 대한 용역 대가가 개별 판매가격을 반영하지 않는 금액이지만 매년 초에 선급하는 조건으로 계약변경에 합의하였다. ㈜대한이 20×3년에 인식할 수익 금액은 얼마인가? 단, 계약변경일 이후에 제공할 용역은 이미 제공한 용역과 구별된다고 간주하며, 현재가치 평가는 고려하지 않는다.

① ₩900,000 ② ₩920,000 ③ ₩950,000
④ ₩1,150,000 ⑤ ₩1,900,000

17 다음은 ㈜대한의 공사계약과 관련된 자료이다. 당해 공사는 20×1년 초에 시작되어 20×3년 말에 완성되었으며, 총계약금액은 ₩5,000,000이다. ㈜대한은 건설 용역에 대한 통제가 기간에 걸쳐 이전되는 것으로 판단하였으며, 진행률은 발생원가에 기초한 투입법으로 측정한다.

구분	20×1년	20×2년	20×3년
당기발생원가	₩1,000,000	₩2,000,000	₩1,500,000
완성 시까지 추가소요원가	₩3,000,000	₩1,000,000	–

㈜대한의 20×2년도 공사손익은 얼마인가?

① ₩250,000 손실 ② ₩250,000 이익 ③ ₩500,000 이익
④ ₩1,750,000 이익 ⑤ ₩3,500,000 이익

18 '기업회계기준서 제1019호 '종업원급여'에 대한 다음 설명 중 옳지 않은 것은?

① 퇴직급여가 아닌 기타장기종업원급여에서의 재측정요소는 기타포괄손익으로 인식하지 않고 당기손익으로 인식한다.

② 확정급여제도에서 순확정급여부채(자산)의 순이자는 당기손익으로 인식한다.

③ 확정급여채무의 현재가치와 당기근무원가를 결정하기 위해서는 예측단위적립방식을 사용하며, 적용할 수 있다면 과거근무원가를 결정할 때에도 동일한 방식을 사용한다.

④ 확정급여제도에서 순확정급여부채(자산)의 재측정요소는 기타포괄손익으로 인식하며, 후속기간에 당기손익으로 재분류할 수 없다.

⑤ 확정급여제도에서 순확정급여부채(자산)를 재측정하는 경우가 아닌 일반적인 순확정급여부채(자산)의 순이자는 연차보고기간 말의 순확정급여부채(자산)와 할인율을 사용하여 결정한다.

19 '기업회계기준서 제1102호 '주식기준보상'에 대한 다음 설명 중 옳지 않은 것은?

① 종업원 및 유사용역제공자와의 주식결제형 주식기준보상거래에서는 기업이 부여한 지분상품의 공정가치는 부여일 기준으로 측정한다.

② 현금결제형 주식기준보상거래의 경우에 제공받는 재화나 용역과 그 대가로 부담하는 부채를 부채의 공정가치로 측정한다. 또 부채가 결제될 때까지 매 보고기간 말과 결제일에 부채의 공정가치를 재측정하고, 공정가치의 변동액은 기타포괄손익으로 인식한다.

③ 주식결제형 주식기준보상거래에서 지분상품이 부여되자마자 가득된다면 거래상대방은 지분상품에 대한 무조건적 권리를 획득하려고 특정기간에 용역을 제공할 의무가 없다.

④ 거래상대방이 결제방식을 선택할 수 있는 주식기준보상거래의 경우 종업원과의 주식기준보상거래를 포함하여 제공받는 재화나 용역의 공정가치를 직접 측정할 수 없는 거래에서는 현금이나 지분상품에 부여된 권리의 조건을 고려하여 측정기준일 현재 복합금융상품의 공정가치를 측정한다.

⑤ 주식결제형 주식기준보상거래에서, 시장조건이 아닌 가득조건이 충족되지 못하여 부여한 지분상품이 가득되지 못한다면, 누적기준으로 볼 때 제공받은 재화나 용역에 대해 어떠한 금액도 인식하지 아니한다.

20 ㈜대한은 20×1년 1월 1일 종업원 100명에게 각각 3년의 용역제공조건으로 1인당 주식결제형 주식선택권 100개를 부여하였다. ㈜대한은 20×3년 중에 종업원과 합의하여 주식선택권 전량을 현금 ₩700/개에 중도청산하였다. 시점별 주식선택권의 단위당 공정가치는 다음과 같다.

부여일	중도청산일
₩600	₩660

㈜대한의 주식기준보상거래가 20×3년도 당기순이익에 미치는 영향은 얼마인가? 단, 종업원의 중도퇴사는 고려하지 않는다.

① ₩400,000 감소   ② ₩1,000,000 감소   ③ ₩2,000,000 감소
④ ₩2,400,000 감소   ⑤ ₩3,000,000 감소

21 기업회계기준서 제1116호 '리스'에 대한 다음 설명 중 옳지 않은 것은?

① 리스제공자는 각 리스를 운용리스 아니면 금융리스로 분류한다. 기초자산의 소유에 따른 위험과 보상의 대부분을 이전하는 리스는 금융리스로 분류하고, 기초자산의 소유에 따른 위험과 보상의 대부분을 이전하지 않는 리스는 운용리스로 분류한다.

② 계약 자체가 리스인지, 계약이 리스를 포함하는지는 리스개시일에 판단한다. 계약에서 대가와 교환하여, 식별되는 자산의 사용 통제권을 일정 기간 이전하게 한다면 그 계약은 리스이거나 리스를 포함한다.

③ 리스이용자는 리스부채의 원금에 해당하는 현금 지급액은 현금흐름표에 재무활동으로 분류하고, 리스부채 측정치에 포함되지 않은 단기리스료, 소액자산 리스료, 변동리스료는 현금흐름표에 영업활동으로 분류한다.

④ 리스이용자는 리스개시일에 사용권자산과 리스부채를 인식한다.

⑤ 리스이용자는 리스개시일에 사용권자산을 원가로 측정한다.

22 ㈜대한은 금융업을 영위하는 ㈜민국리스와 다음과 같은 조건으로 금융리스계약을 체결하였다.

- 리스개시일: 20×1년 1월 1일
- 리스기간: 20×1년 1월 1일 ~ 20×3년 12월 31일(3년)
- 연간 정기리스료: 매년 말 ₩743,823 후급
- 선급리스료: ㈜대한은 ㈜민국리스에게 리스개시일 이전에 ₩100,000의 리스료를 지급하였다.
- 리스개설직접원가: ㈜대한은 ₩50,000의 리스개설직접원가를 부담하였으며, ㈜민국리스가 부담한 리스개설직접원가는 없다.
- 소유권이전 약정: ㈜민국리스는 리스기간 종료시점에 ㈜대한에게 리스자산의 소유권을 ₩200,000에 이전한다.
- 리스의 내재이자율은 연 10%이며, 그 현가계수는 아래의 표와 같다.

기간	할인율	단일금액 ₩1의 현재가치 10%	정상연금 ₩1의 현재가치 10%
3년		0.7513	2.4868

㈜대한이 20×1년 12월 31일 재무상태표에 보고해야 하는 리스부채 금액은 얼마인가? 단, 단수차이로 인해 오차가 있다면 가장 근사치를 선택한다.

① ₩1,456,177   ② ₩1,511,177   ③ ₩1,566,177

④ ₩1,621,177   ⑤ ₩2,000,000

23 기업회계기준서 제1033호 '주당이익'에 대한 다음 설명 중 옳지 않은 것은?

① 희석주당이익 계산 시 희석성 잠재적보통주는 회계기간의 기초에 전환된 것으로 보되 당기에 발행된 것은 그 발행일에 전환된 것으로 본다.

② 당기 회계기간과 관련한 누적적 우선주에 대한 세후배당금은 배당결의 여부와 관계없이 보통주에 귀속되는 당기순손익에서 차감한다.

③ 희석주당이익을 계산할 때 희석효과가 있는 옵션이나 주식매입권은 행사된 것으로 가정한다. 이 경우 권리행사에서 예상되는 현금유입액은 보통주를 보고기간 말의 시장가격으로 발행하여 유입된 것으로 가정한다.

④ 유통되는 보통주식수나 잠재적보통주식수가 자본금전입, 무상증자, 주식분할로 증가하였거나 주식병합으로 감소하였다면, 비교표시하는 모든 기본주당이익과 희석주당이익을 소급하여 수정한다.

⑤ 행사가격이 주식의 공정가치보다 작은 기존주주에 대한 주주우선배정 신주발행은 무상증자 요소를 수반한다.

24 20×1년 1월 1일 현재 ㈜대한의 유통보통주식수는 100,000주이며, 20×0년 4분기에 실시했던 사업결합과 관련하여 다음 조건에 따라 보통주를 추가로 발행하기로 합의하였다.

> • 20×1년 중에 새로 개점하는 영업점 1개당 보통주 5,000주를 개점일에 발행

㈜대한은 20×1년 5월 1일과 9월 1일에 각각 1개의 영업점을 실제로 개점하였다. ㈜대한의 보통주에 귀속되는 당기순이익이 ₩42,000,000일 때, ㈜대한의 20×1년도 희석주당이익은 얼마인가? 단, 가중평균유통주식수는 월할로 계산하며, 단수차이로 인해 오차가 있다면 가장 근사치를 선택한다.

① ₩382
② ₩386
③ ₩390
④ ₩396
⑤ ₩400

25 다음은 유통업을 영위하는 ㈜대한의 현금흐름표 관련 자료이다.

- 20×1년 재무상태표 관련 자료

계정과목	기초	기말
재고자산	₩300,000	₩170,000
재고자산평가충당금	–	3,000
매입채무	280,000	400,000

- ㈜대한의 재고자산은 전부 상품이며, 재고자산평가충당금은 전액 재고자산평가손실로 인한 것이다. ㈜대한은 당기 발생한 재고자산평가손실 ₩3,000을 기타비용(영업외비용)으로 처리하였다.
- ㈜대한의 당기 상품 매입액 중 ₩25,000은 현금매입액이며, 나머지는 외상매입액이다.
- 20×1년도에 매입채무와 관련하여 발생한 외화환산이익은 ₩11,000이다.

㈜대한의 20×1년도 현금흐름표상 공급자에 대한 현금유출(상품 매입)이 ₩660,000이라면, 20×1년도 포괄손익계산서상 매출원가는 얼마인가?

① ₩885,000
② ₩896,000
③ ₩910,000
④ ₩921,000
⑤ ₩924,000

26 다음은 ㈜대한과 ㈜민국에 대한 자료이다.

- ㈜대한은 20×1년 1월 1일을 취득일로 하여 ㈜민국을 흡수합병하였다. 두 기업은 동일 지배하에 있는 기업이 아니다. 합병대가로 ㈜대한은 ㈜민국의 기존주주에게 ₩800,000의 현금과 함께 ㈜민국의 보통주(1주당 액면가 ₩1,000) 3주당 ㈜대한의 보통주(1주당 액면가 ₩3,000, 1주당 공정가치 ₩10,000) 1주를 교부하였다.
- 취득일 현재 ㈜민국의 요약재무상태표는 다음과 같다.

요약재무상태표
20×1년 1월 1일 현재

	장부금액	공정가치
유동자산	₩600,000	₩800,000
유형자산(순액)	1,500,000	2,300,000
무형자산(순액)	500,000	700,000
자산	₩2,600,000	
부채	₩600,000	₩600,000
보통주자본금	900,000	
이익잉여금	1,100,000	
부채와 자본	₩2,600,000	

- ㈜대한은 합병 시 취득한 ㈜민국의 유형자산 중 일부를 기업회계기준서 제1105호 '매각예정비유동자산과 중단영업'에 따라 매각예정자산으로 분류하였다. 20×1년 1월 1일 현재 해당 자산의 장부금액은 ₩200,000이고 공정가치는 ₩300,000이며, 이 금액은 취득일 현재 ㈜민국의 요약재무상태표에 반영되어 있다. 매각예정자산으로 분류된 동 유형자산의 순공정가치는 ₩250,000이다.

㈜대한이 합병일(20×1년 1월 1일)에 수행한 사업결합 관련 회계처리를 통해 인식한 영업권은 얼마인가?

① ₩350,000 ② ₩400,000 ③ ₩600,000
④ ₩650,000 ⑤ ₩700,000

27 기업회계기준서 제1103호 '사업결합'에 대한 다음 설명 중 옳지 않은 것은?

① 취득자와 피취득자가 지분만을 교환하여 사업결합을 하는 경우에 취득일에 피취득자 지분의 공정가치가 취득자 지분의 공정가치보다 더 신뢰성 있게 측정되는 경우, 취득자는 이전한 지분의 취득일 공정가치 대신에 피취득자 지분의 취득일 공정가치를 사용하여 영업권의 금액을 산정한다.

② 계약적, 법적 기준을 충족하는 무형자산은 피취득자에게서 또는 그 밖의 권리와 의무에서 이전하거나 분리할 수 없더라도 식별할 수 있다.

③ 역취득에 따라 작성한 연결재무제표는 회계상 피취득자의 이름으로 발행하지만 회계상 취득자의 재무제표가 지속되는 것으로 주석에 기재하되, 회계상 피취득자의 법적 자본을 반영하기 위하여 회계상 취득자의 법적 자본을 소급하여 수정한다.

④ 취득일에 공정가치와 장부금액이 다른 취득자의 자산과 부채를 이전대가에 포함하였으나 이전한 자산이나 부채가 사업결합을 한 후에도 결합기업에 여전히 남아 있고 취득자가 그 자산이나 부채를 계속 통제하는 경우, 취득자는 그 자산과 부채를 취득일 직전의 장부금액으로 측정하고 사업결합 전이나 후에도 여전히 통제하고 있는 자산과 부채에 대한 차손익을 당기손익으로 인식하지 않는다.

⑤ 과거사건에서 생긴 현재의무이고 그 공정가치를 신뢰성 있게 측정할 수 있으나, 해당 의무를 이행하기 위하여 경제적효익이 있는 자원이 유출될 가능성이 높지 않다면 취득자는 취득일에 사업결합으로 인수한 우발부채를 인식할 수 없다.

28 ㈜대한은 20×1년 초에 ㈜민국의 의결권 있는 보통주 25%를 ₩50,000에 취득하고 유의적인 영향력을 행사할 수 있게 되었다.

- 취득일 현재 ㈜민국의 순자산 장부금액은 ₩150,000이며, 장부금액과 공정가치가 다른 자산·부채 내역은 다음과 같다.

계정과목	장부금액	공정가치
건물	₩100,000	₩140,000

- 위 건물은 20×1년 초 현재 잔존내용연수 20년에 잔존가치 없이 정액법으로 상각한다.
- ㈜민국은 20×1년 8월에 총 ₩10,000의 현금배당(중간배당)을 결의하고 지급하였다.
- ㈜민국은 20×1년도에 당기순이익 ₩20,000과 기타포괄손실 ₩8,000을 보고하였다.

㈜대한이 ㈜민국의 보통주를 지분법에 따라 회계처리하는 경우, 20×1년 말 재무상태표에 계상되는 관계기업투자주식의 장부금액은 얼마인가?

① ₩50,000　　② ₩50,500　　③ ₩51,000

④ ₩52,000　　⑤ ₩52,500

29 기업회계기준서 제1111호 '공동약정'에 대한 다음 설명 중 옳지 않은 것은?

① 공동약정은 둘 이상의 당사자들이 공동지배력을 보유하는 약정이다.

② 공동지배력은 약정의 지배력에 대한 합의된 공유인데, 관련 활동에 대한 결정에 지배력을 공유하는 당사자들 전체의 동의가 요구될 때에만 존재한다.

③ 약정의 모든 당사자들이 약정의 공동지배력을 보유하지 않는다면 그 약정은 공동약정이 될 수 없다.

④ 공동약정은 약정의 당사자들의 권리와 의무에 따라 공동영업이거나 공동기업으로 분류한다.

⑤ 공동기업은 약정의 공동지배력을 보유하는 당사자들이 약정의 순자산에 대한 권리를 보유하는 공동약정이다.

30 기업회계기준서 제1110호 '연결재무제표'에 대한 다음 설명 중 옳은 것은?

① 투자자가 피투자자에 대한 힘이 있거나 피투자자에 관여함에 따라 변동이익에 노출되거나 피투자자에 대한 자신의 힘을 사용하는 능력이 있을 때 피투자자를 지배한다.

② 지배기업과 종속기업의 재무제표는 보고기간 종료일이 같아야 하는 것이 원칙이며, 어떠한 경우라도 종속기업의 재무제표일과 연결재무제표일의 차이는 6개월을 초과해서는 안 된다.

③ 보고기업은 총포괄손익을 지배기업의 소유주와 비지배지분에 귀속시킨다. 다만, 비지배지분이 부(-)의 잔액이 되는 경우는 총포괄손익을 모두 지배기업의 소유주에게 귀속시킨다.

④ 연결재무제표를 작성할 때 당기순손익을 지배기업지분과 비지배지분에 배분하는 비율은 현재의 소유지분뿐만 아니라 잠재적 의결권의 행사 가능성을 반영하여 결정한다.

⑤ 지배기업이 종속기업에 대한 지배력을 상실한 경우에는 그 종속기업과 관련하여 기타포괄손익으로 인식한 모든 금액을 지배기업이 관련 자산이나 부채를 직접 처분한 경우의 회계처리와 같은 기준으로 회계처리한다.

※ 다음 자료를 이용하여 **31 ~ 32**에 답하시오.

- ㈜대한은 20×1년 초에 ㈜민국의 의결권 있는 보통주 80%를 ₩200,000에 취득하고 지배력을 획득하였다. 취득일 현재 ㈜민국의 요약재무상태표는 다음과 같다.

요약재무상태표

㈜민국			20×1. 1. 1. 현재		(단위: ₩)
계정과목	장부금액	공정가치	계정과목	장부금액	공정가치
현금	20,000	20,000	부채	120,000	120,000
매출채권	40,000	40,000	자본금	50,000	
재고자산	60,000	70,000	이익잉여금	100,000	
유형자산	150,000	190,000			
	270,000			270,000	

- ㈜민국의 위 재고자산은 상품이며, 20×1년 중에 모두 외부로 판매되었다.
- ㈜민국의 위 유형자산은 기계장치이며, 지배력 획득일 현재 잔존내용연수는 8년이고 잔존가치 없이 정액법으로 상각한다.
- 20×1년 중에 ㈜대한은 장부금액 ₩20,000의 재고자산(제품)을 ㈜민국에게 ₩30,000에 판매하였다. ㈜민국은 이 재고자산의 50%를 20×1년 중에 외부로 판매하였으며, 나머지 50%를 20×2년 중에 외부로 판매하였다.
- ㈜대한과 ㈜민국이 20×1년도 및 20×2년도에 각각 보고한 당기순이익은 다음과 같다.

구분	20×1년	20×2년
㈜대한	₩50,000	₩60,000
㈜민국	₩30,000	₩20,000

- ㈜대한과 ㈜민국은 20×2년 3월에 각각 ₩20,000과 ₩10,000의 현금배당(결산배당)을 결의하고 지급하였다.
- ㈜대한은 별도재무제표에서 ㈜민국의 주식을 원가법으로 회계처리한다. 연결재무제표 작성 시 유형자산에 대해서는 원가모형을 적용하고, 비지배지분은 종속기업의 식별가능한 순자산 공정가치에 비례하여 결정한다.

---

31 ㈜대한의 20×1년도 연결재무상태표에 표시되는 비지배지분은 얼마인가?

① ₩40,000   ② ₩41,000   ③ ₩42,000

④ ₩43,000   ⑤ ₩44,000

32 ㈜대한의 20×2년도 연결포괄손익계산서에 표시되는 지배기업소유주귀속당기순이익은 얼마인가?

① ₩64,000   ② ₩69,000   ③ ₩72,000

④ ₩76,000   ⑤ ₩77,000

33 ㈜대한은 20×1년 1월 1일에 설립되었다. ㈜대한의 표시통화는 원화(₩)이나, 기능통화는 미국 달러화($)이다. 기능통화로 표시된 ㈜대한의 20×1년 요약재무정보는 다음과 같다.

㈜대한의 20×1년 요약재무정보(시산표)

계정과목	차변	대변
자산	$7,000	
부채		$4,500
자본금		1,500
이익잉여금		–
수익		4,000
비용	3,000	
합계	$10,000	$10,000

- ㈜대한은 20×1년 중에 유럽의 회사에 수출을 하고 대금을 20×2년에 유로화(€)로 받기로 했다. 수출대금은 €300이었고, ㈜대한은 수출 시 이를 미국달러화($)로 환산하여 장부에 기록하고 20×1년 말에 환산하지 않았다. 수출 시 환율($/€)은 1.2였기 때문에, 위의 요약정보에는 동 수출관련 매출채권이 자산에 $360로 기록되어 있다.
- 20×1년 환율(₩/$, $/€) 변동정보

구분	20×1. 1. 1.	연평균	20×1. 12. 31.
₩/$	1,300	1,340	1,400
$/€	1.3	1.2	1.1

- 기능통화와 표시통화는 모두 초인플레이션 경제의 통화가 아니며, 설립 이후 환율에 유의적인 변동은 없었다.
- 수익과 비용은 해당 회계기간의 연평균환율을 사용하여 환산한다.

㈜대한의 20×1년도 원화(₩) 표시 포괄손익계산서상 총포괄이익은 얼마인가? 단, 위에 제시된 자료 외에 총포괄이익에 영향을 미치는 항목은 없다.

① ₩1,106,000   ② ₩1,165,000   ③ ₩1,340,000
④ ₩1,358,000   ⑤ ₩1,508,000

34 기업회계기준서 제1021호 '환율변동효과'에 대한 다음 설명 중 옳지 않은 것은?

① 해외사업장을 처분하는 경우 기타포괄손익과 별도의 자본항목으로 인식한 해외사업장 관련 외환차이의 누계액은 당기손익으로 재분류하지 않는다.

② 기능통화가 변경되는 경우 변경된 날의 환율을 사용하여 모든 항목을 새로운 기능통화로 환산한다. 비화폐성항목의 경우에는 새로운 기능통화로 환산한 금액이 역사적원가가 된다.

③ 보고기업과 해외사업장의 경영성과와 재무상태를 연결하는 경우, 내부거래에서 생긴 화폐성자산(또는 화폐성부채)과 관련된 환율변동효과는 연결재무제표에서 당기손익으로 인식한다. 다만, 보고기업의 해외사업장에 대한 순투자의 일부인 화폐성 항목에서 생기는 외환차이는 해외사업장이 처분될 때까지 연결재무제표에서 기타포괄손익으로 인식한다.

④ 해외사업장을 포함한 종속기업을 일부 처분 시 기타포괄손익에 인식된 외환차이의 누계액 중 비례적 지분을 그 해외사업장의 비지배지분으로 재귀속시킨다.

⑤ 비화폐성항목에서 생긴 손익을 기타포괄손익으로 인식하는 경우에 그 손익에 포함된 환율변동효과도 기타포괄손익으로 인식한다. 그러나 비화폐성항목에서 생긴 손익을 당기손익으로 인식하는 경우에는 그 손익에 포함된 환율변동효과도 당기손익으로 인식한다.

35 ㈜대한은 20×1년 11월 1일에 선박 1척을 US$2,000에 구입하기로 하는 확정계약을 체결하였다. 선박의 인수일은 20×2년 4월 30일이고, 인수일에 구입대금을 지급하고 선박을 인수함으로써 계약이 이행된다. 이 확정계약은 법적구속력을 갖기 때문에 불이행 시에는 위약금을 지급해야 한다. ㈜대한은 계약체결시점부터 대금지급시점까지의 환율변동에 따른 확정계약의 위험을 회피하기 위해 20×1년 11월 1일에 통화선도계약을 체결하였다. 관련 정보는 다음과 같다.

- 통화선도 계약기간: 20×1년 11월 1일 ~ 20×2년 4월 30일
- 통화선도 계약조건: ₩2,600,000을 지급하고 US$2,000을 수취한다.
- 환율 정보:

일자	현물환율(₩/$)	통화선도환율(₩/$)
20×1. 11. 1.	1,200	1,300(만기6개월)
20×1. 12. 31.	1,340	1,400(만기4개월)
20×2. 4. 30.	1,380	

㈜대한이 위 거래에 대해 공정가치위험회피회계를 적용하는 경우, ㈜대한의 20×1년 말 재무상태표상 확정계약자산(또는 부채)은 얼마인가? 단, 현재가치 평가는 고려하지 않는다.

① 부채 ₩200,000 ② 부채 ₩280,000 ③ 자산 ₩200,000

④ 자산 ₩280,000 ⑤ 자산 및 부채 ₩0

01 보고기업이 지배-종속관계로 모두 연결되어 있지는 않은 둘 이상 실체로 구성된다면 그 보고기업의 재무제표를 '결합재무제표'라고 부른다.

02 1. 매출총이익: (1) − (2) = ₩280,000 − ₩206,000 = ₩74,000
    (1) 매출: 300개 × ₩600 + 200개 × ₩500 = ₩280,000
    (2) 매출원가: ₩206,000

2. 매출원가: ₩206,000
    (1) 매출원가: 기초재고 + 당기매입 − 기말재고
        = (100개 × ₩300 − ₩4,000) + 400개 × ₩400 + 100개 × ₩500 − ₩30,000[1] = ₩206,000
        [1] Min[100개 × ₩420, 100개 × ₩300] = ₩30,000
    (2) 6월 1일 평균단가: (100개 × ₩300 + 400개 × ₩400) ÷ 500개 = ₩380/개
    (3) 9월 1일 평균단가: (200개 × ₩380 + 100개 × ₩500) ÷ 300개 = ₩420/개
    (4) 12월 31일 기말수량: 100개 + 400개 − 300개 + 100개 − 200개 = 100개

03 1. 연평균지출액: ₩3,000,000 × 9/12 − ₩500,000(정부보조금 수령액) × 9/12 + ₩1,500,000 × 6/12 + ₩2,400,000 × 1/12
    = ₩2,825,000

2. 자본화이자율: $\dfrac{₩2,000,000 × 4\% × 9/12 + ₩2,000,000 × 8\% × 9/12}{₩2,000,000 × 9/12 + ₩2,000,000 × 9/12} = \dfrac{₩180,000}{₩3,000,000} = 6\%$

3. 자본화가능차입원가

특정차입금: ₩1,500,000 × 5% × 6/12 =	₩37,500
일반차입금: Min[(₩2,825,000 − ₩1,500,000 × 6/12) × 6% = ₩124,500, ₩180,000] =	124,500
계	₩162,000

04 1. 20×3년도 당기순이익에 미치는 영향: (1) + (2) = ₩(1,450,000) 감소
    (1) 감가상각비: (₩5,500,000 − ₩600,000) ÷ 5년 = ₩(980,000)
    (2) 재평가손실: ₩(470,000)

2. 회계처리
    (1) 20×1년 초

20×1년 초	(차) 기계장치	6,000,000	(대) 현금	6,000,000

    (2) 20×1년 말

20×1년 말				
① 감가상각	(차) 감가상각비(NI)	550,000[1]	(대) 감가상각누계액	550,000
	[1] (₩6,000,000 − ₩500,000) ÷ 10년 = ₩550,000			
② 재평가	(차) 감가상각누계액	550,000	(대) 기계장치	1,000,000
	재평가손실(NI)	450,000		

(3) 20×2년 말

20×2년 말				
① 감가상각	(차) 감가상각비(NI)	500,000[1]	(대) 감가상각누계액	500,000
[1] (₩5,000,000 − ₩500,000) ÷ 9년 = ₩500,000				
② 재평가	(차) 감가상각누계액	500,000	(대) 재평가이익(NI)	450,000[2]
	기계장치	500,000	재평가잉여금(OCI)	550,000[3]
[2] ₩450,000(전기에 인식한 재평가손실)				
[3] ₩1,000,000(장부금액 증가분) − ₩450,000(전기에 인식한 재평가손실) = ₩550,000				

(4) 20×3년 말

20×3년 말				
① 감가상각	(차) 감가상각비(NI)	980,000[1]	(대) 감가상각누계액	980,000
[1] (₩5,500,000 − ₩600,000) ÷ 5년 = ₩980,000				
② 재평가	(차) 감가상각누계액	980,000	(대) 기계장치	2,000,000
	재평가잉여금(OCI)	550,000		
	재평가손실(NI)	470,000		

05 미래경제적효익이 기업에 유입될 가능성은 무형자산의 내용연수 동안의 경제적 상황에 대한 경영자의 최선의 추정치를 반영하는 합리적이고 객관적인 가정에 근거하여 평가하여야 한다. 자산의 사용에서 발생하는 미래경제적효익의 유입에 대한 확실성 정도에 대한 평가는 무형자산을 최초로 인식하는 시점에서 이용 가능한 증거에 근거하며, 외부 증거에 비중을 더 크게 둔다.

06 투자부동산을 공정가치로 측정해 온 경우라면 비교할만한 시장의 거래가 줄어들거나 시장가격 정보를 쉽게 얻을 수 없게 되더라도, 당해 부동산을 처분할 때까지 또는 자가사용부동산(유형자산)으로 대체하거나 통상적인 영업과정에서 판매하기 위하여 개발을 시작하기 전까지는 계속하여 공정가치로 측정한다.

07 1. 원가모형의 20×1년 말 이익잉여금: ₩300,000

2. 원가모형의 20×1년 말 장부금액: ₩5,000,000 − (₩5,000,000 − ₩1,000,000) × 1/10 = ₩4,600,000

3. 공정가치모형의 20×1년 말 장부금액: ₩4,500,000

4. 공정가치모형의 20×1년 말 이익잉여금: ₩300,000 − ₩100,000(자산 과대) = ₩200,000

5. 공정가치모형의 20×2년 말 이익잉여금: ₩200,000 + ₩700,000(20×2년 당기순이익) + ₩300,000(투자부동산평가이익)
= ₩1,200,000

08 금융자산의 재분류는 중요도에 따라 구분하지 아니하고 재분류일부터 전진적으로 적용한다. 재분류 전에 인식한 손익(손상차손 또는 손상차손환입 포함)이나 이자는 다시 작성하지 않는다.

09 1. 20×1년도 포괄손익계산서의 당기순이익에 미치는 영향: (1) + (2) + (3) + (4) = ₩399,755 증가
   (1) 20×1년 A사채 이자수익: ₩2,000,000 × 6% = ₩120,000
   (2) 20×1년 A사채 당기손익공정가치측정금융자산평가이익: ₩1,888,234 − ₩1,801,016 = ₩87,218
   (3) 20×1년 B사채 이자수익: ₩1,425,366 × 10% = ₩142,537
   (4) 20×1년 C사채 이자수익: ₩500,000 × 10% = ₩50,000

정답 05 ③ 06 ⑤ 07 ③ 08 ⑤ 09 ③

10 1. 20×1년 1월 1일 사채의 발행금액: ₩2,000,000 × 0.8396 + ₩100,000 × 2.6730 = ₩1,946,500

2. 실질적 조건변경인지 여부의 판단
   (1) 조정 전 금융부채의 현재가치(최초 유효이자율 적용): ₩1,946,500 × 1.06 − ₩100,000 = ₩1,963,290
   (2) 조정 후 미래현금흐름의 현재가치(최초 유효이자율 적용)
   원금의 현재가치: ₩2,000,000 × 0.8396(3년, 6% 현가) = ₩1,679,200
   이자의 현재가치: ₩20,000 × 2.6730(3년, 6% 연금현가) = 53,460   (1,732,660)
   (3) (1)과 (2)의 차액   ₩230,630
   ∴ ₩230,630/₩1,963,290(= 11.75%) ≥ 10%이므로 실질적 조건변경에 해당된다.

3. 조건변경이익
   (1) 조정 전 금융부채의 장부금액   ₩1,963,290
   (2) 조정 후 미래현금흐름의 현재가치(조건변경시점의 유효이자율 적용)
   원금의 현재가치: ₩2,000,000 × 0.7938(3년, 8% 현가) = ₩1,587,600
   이자의 현재가치: ₩20,000 × 2.5770(3년, 8% 연금현가) = 51,540
   새로운 금융부채의 최초 공정가치 ₩1,639,140   (1,639,140)
   (3) (1)과 (2)의 차액   ₩324,150

4. 이자비용: ₩1,639,140 × 8% = ₩131,131

11 1. 20×1년 초 전환권대가
   (1) 전환사채의 발행금액   ₩980,000
   (2) 전환사채의 현재가치
   이자의 현재가치: ₩40,000 × 2.5770 = ₩103,080
   원금과 상환할증금의 현재가치: ₩1,060,000 × 0.7938 = 841,428   (944,508)
   (3) 전환권대가: (1) − (2)   ₩35,492

2. 20×1년 말 전환사채의 장부금액: ₩944,508 × 1.08 − ₩40,000 = ₩980,069

3. 20×2년 말 전환사채의 장부금액: (₩980,069 × 1.08 − ₩40,000) × 40% = ₩407,390

4. 20×2년 말 전환권대가의 장부금액: ₩35,492 × 40% = ₩14,197

12 1. 상환할증금: ₩100,000 × (6% − 4%) × (1 + 1.06 + 1.06²) = ₩6,367

2. 신주인수권대가
   신주인수권부사채의 발행금액   ₩100,000
   신주인수권부사채의 현재가치: ₩4,000 × 2.5770 + ₩106,367 × 0.7938 = (94,742)
   신주인수권대가   ₩5,258

3. 주식발행초과금 증가액: (현금납입액 + 상환할증금의 현재가치 + 신주인수권대가 − 액면금액) × 행사비율
   = (₩100,000/₩10,000 × ₩10,000 + ₩6,367/1.08² + ₩5,258 − ₩100,000/₩10,000 × ₩5,000) × 40%
   = ₩24,287(단수차이)

13 1. 20×3년 말 충당부채(제품보증충당부채): I/S상 보증비 예상액 − 현금지출보증비 = 1,000개 × 3% × ₩730 − ₩8,000 = ₩13,900

14 1. 세법상 납부할 법인세(당기법인세): (₩1,200,000 + ₩(50,000) + ₩90,000 + ₩(20,000) + ₩30,000) × 24% = ₩300,000

2. 이연법인세자산·부채

(1) 20×2년 말 이연법인세자산: ₩24,200 + ₩8,000 = ₩32,200

<일정계획표>

20×2년 말		20×3년	20×4년 이후
당기손익공정가치측정금융자산평가손실	₩90,000	₩(90,000)	
퇴직급여한도초과액	60,000	(20,000)	₩40,000
합계	₩150,000	₩(110,000)	₩(40,000)
		22%	20%
		₩(24,200)	₩(8,000)

(2) 20×1년 말 이연법인세자산: ₩31,200

3. 회계처리

20×2년 말	(차) 이연법인세자산	1,000	(대) 당기법인세부채	300,000
	법인세비용	299,000		

4. 20×2년 법인세비용: ₩299,000

15 1. 오류수정 정산표

구분	20×0년	20×1년	20×2년
20×0년 말 기말재고 과소	₩100,000	₩(100,000)	
20×1년 말 기말재고 과소		₩150,000	₩(150,000)
20×1년 초 수선유지비		₩45,000[1]	₩(15,000)[2]
20×1년 초 사채		₩(1,587)[3]	₩(1,714)[4]
당기손익에 미치는 영향	₩100,000	₩93,413	₩(166,714)

[1] ₩60,000 − ₩60,000 × 1/4 = ₩45,000
[2] ₩(45,000) × 1/3 = ₩(15,000)
[3] ₩94,842 × 8% − ₩6,000 = ₩(1,587)
[4] ₩(1,587) × 1.08 = ₩(1,714)

2. 20×2년 전기이월이익잉여금에 미치는 영향: ₩100,000 + ₩93,413 = ₩193,413 증가

3. 20×2년 당기순이익에 미치는 영향: ₩(166,714) 감소

16 1. ㈜대한은 2년간 건물관리 용역을 제공하는 계약을 체결하였다. 고객은 1년에 ₩1,000,000을 지급하기로 하였다. 계약 개시시점에 그 용역의 개별 판매가격은 연간 ₩1,000,000이다. 기업은 용역을 제공한 첫 1년 동안 ₩1,000,000을 수익으로 인식하였다. 1차 연도 말에, 계약이 변경되었고 2차 연도의 수수료가 ₩900,000으로 감액되었다. 그리고 고객은 4년을 더 추가하여 그 계약을 연장하기로 합의하였다. 추가용역의 가격은 개별 판매가격을 반영하지 못하므로 별도의 계약으로 처리하지 못하고, 원래의 계약이 종료되고 새로운 계약이 체결된 것으로 회계처리해야 한다.

2. ㈜대한은 20×2년 초부터 20×6년 말까지 총 ₩4,600,000(= ₩1,000,000 + ₩900,000 × 4년)을 수취하는 새로운 계약이 체결된 것으로 회계처리해야 한다. 따라서 매년 ₩920,000(= ₩4,600,000 ÷ 5년)을 수익으로 인식한다.

3. 20×3년에 인식할 수익 금액: ₩920,000(= ₩4,600,000 ÷ 5년)

17 1. 누적진행률

구분	20×1년	20×2년
누적진행률	$\dfrac{₩1,000,000}{₩4,000,000} = 25\%$	$\dfrac{₩3,000,000}{₩4,000,000} = 75\%$

2. 20×1년도 공사손익: (₩5,000,000 − ₩4,000,000) × 25% = ₩250,000 이익

3. 20×2년도 공사손익: (₩5,000,000 − ₩4,000,000) × 75% − ₩250,000 = ₩500,000 이익

18 확정급여제도에서 순확정급여부채(자산)를 재측정하는 경우가 아닌 일반적인 순확정급여부채(자산)의 순이자는 연차보고기간 초의 순확정급여부채(자산)와 할인율을 사용하여 결정한다.

19 현금결제형 주식기준보상거래의 경우에 제공받는 재화나 용역과 그 대가로 부담하는 부채를 부채의 공정가치로 측정한다. 또 부채가 결제될 때까지 매 보고기간 말과 결제일에 부채의 공정가치를 재측정하고, 공정가치의 변동액은 당기손익으로 인식한다.

20 1. 20×3년도 당기순이익에 미치는 영향: 100명 × 100개 × ₩600 × 1/3 + 100명 × 100개 × (₩700 − ₩660) = ₩(2,400,000) 감소

2. 회계처리

20×3년	(차) 주식보상비용	2,000,000[1]	(대) 주식선택권		2,000,000
	(차) 주식선택권	6,000,000[2]	(대) 현금		6,600,000[3]
	주식선택권중도청산손실	600,000			
	(차) 주식보상비용	400,000[4]	(대) 현금		400,000

[1] 100명 × 100개 × ₩600 × 1/3 = ₩2,000,000
[2] 100명 × 100개 × ₩600 = ₩6,000,000
[3] 100명 × 100개 × ₩660 = ₩6,600,000
[4] 100명 × 100개 × (₩700 − ₩660) = ₩400,000

21 계약의 약정시점에, 계약 자체가 리스인지, 계약이 리스를 포함하는지를 판단한다.

22 1. 20×1년 12월 31일 리스부채: ₩743,823/1.1 + (₩743,823 + ₩200,000)/1.1² = ₩1,456,222(단수차이)

23 희석주당이익을 계산할 때 희석효과가 있는 옵션이나 주식매입권은 행사된 것으로 가정한다. 이 경우 권리행사에서 예상되는 현금유입액은 보통주를 회계기간의 평균시장가격으로 발행하여 유입된 것으로 가정한다. 그 결과 권리를 행사할 때 발행하여야 할 보통주식수와 회계기간의 평균시장가격으로 발행한 것으로 가정하여 환산한 보통주식수의 차이는 무상으로 발행한 것으로 본다.

24 1. 보통주당기순이익: ₩42,000,000

2. 가중평균유통보통주식수

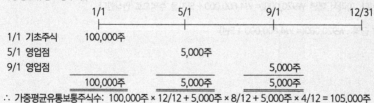

	1/1	5/1	9/1	12/31
1/1 기초주식	100,000주			
5/1 영업점		5,000주		
9/1 영업점			5,000주	
	100,000주	5,000주	5,000주	

∴ 가중평균유통보통주식수: 100,000주 × 12/12 + 5,000주 × 8/12 + 5,000주 × 4/12 = 105,000주

3. 기본주당이익: 보통주당기순이익/가중평균유통보통주식수 = ₩42,000,000/105,000주 = ₩400/주

4. 조건부발행보통주 희석효과: ₩0/(5,000주 × 4/12 + 5,000주 × 8/12) = ₩0/5,000주 = ₩0

5. 희석주당이익: ₩42,000,000/(105,000주 + 5,000주) = ₩382/주

25 1. 공급자에 대한 현금유출

구분		금액
포괄손익계산서의 매입활동 관련 손익	매출원가	₩x
	재고자산평가손실(기타비용)	(3,000)
	외환차익	11,000
매입활동과 관련된 자산 · 부채의 변동	재고자산의 감소	130,000
	재고자산평가충당금의 증가	3,000
	매입채무의 증가	120,000
공급자에 대한 현금유출		₩(660,000)

∴ 매출원가(x): ₩(921,000)

26 1. 식별할 수 있는 순자산 공정가치
   (1) 취득자산의 공정가치: ₩800,000 + ₩2,300,000 + ₩700,000 − ₩50,000 =   ₩3,750,000
   (2) 인수부채의 공정가치   (600,000)
   (3) 식별할 수 있는 순자산 공정가치   ₩3,150,000

   2. 이전대가
   (1) 현금   ₩800,000
   (2) ㈜대한 보통주: ₩900,000/(₩1,000 × 3주) × ₩10,000 =   3,000,000
        합계   ₩3,800,000

   3. 영업권
   (1) 이전대가   ₩3,800,000
   (2) 식별할 수 있는 순자산 공정가치   (3,150,000)
   (3) 영업권   ₩650,000

   4. 회계처리

	(차) 유동자산	800,000	(대) 부채	600,000
	유형자산(순액)	2,300,000	현금	800,000
	무형자산(순액)	700,000	자본금	900,000[1]
20×1년 초	매각예정비유동자산	(50,000)	주식발행초과금	2,100,000[2]
	영업권	650,000		

[1] 300주 × ₩3,000 = ₩900,000
[2] 300주 × (₩10,000 − ₩3,000) = ₩2,100,000

   5. 취득일에 매각예정자산으로 분류한 비유동자산(또는 처분자산집단)을 순공정가치로 측정한다.

27 과거사건에서 생긴 현재의무이고 그 공정가치를 신뢰성 있게 측정할 수 있다면 취득자는 취득일에 사업결합으로 인수한 우발부채를 인식할 수 있다. 해당 의무를 이행하기 위하여 경제적효익이 있는 자원이 유출될 가능성은 우발부채를 인식하는 데 고려하지 않는다.

정답 25 ④ 26 ④ 27 ⑤

28 1. 20×1년 말 관계기업투자의 장부금액

피투자자 순자산장부금액: ₩150,000 − ₩10,000 + ₩20,000 − ₩8,000 =	₩152,000
투자차액 미상각잔액	
건물: ₩40,000 × 19년/20년 =	38,000
피투자자의 순자산공정가치	₩190,000
× 투자자의 지분율	× 25%
① 피투자자 순자산공정가치에 대한 지분	₩47,500
② 영업권: ₩50,000 − ₩190,000 × 25% =	2,500
③ 투자자의 하향 내부거래 미실현손익 잔액 × 투자자의 지분율	–
관계기업투자(① + ② + ③)	₩50,000

29 약정의 모든 당사자들이 약정의 공동지배력을 보유하지 않더라도 그 약정은 공동약정이 될 수 있다. 따라서 공동약정의 공동지배력을 보유하는 당사자들(공동영업자들 또는 공동기업 참여자들)과 공동약정에는 참여하지만 공동지배력을 보유하지 않는 당사자들로 구분된다.

30 ① 지배력은 투자자가 피투자자에 관여함에 따라 변동이익에 노출되거나 변동이익에 대한 권리가 있고, 피투자자에 대한 자신의 힘으로 변동이익에 영향을 미치는 능력이 있는 것을 의미한다.
　② 지배기업과 종속기업의 재무제표는 보고기간 종료일이 같아야 하는 것이 원칙이며, 어떠한 경우라도 종속기업의 재무제표일과 연결재무제표일의 차이는 3개월을 초과해서는 안 된다.
　③ 보고기업은 당기순손익과 기타포괄손익의 각 구성요소를 지배기업의 소유주와 비지배지분에 귀속시킨다. 또한 보고기업은 비지배지분이 부(−)의 잔액이 되더라도 총포괄손익을 지배기업의 소유주와 비지배지분에 귀속시킨다. 부(−)의 비지배지분은 연결재무상태표에서 자본에 포함하되 지배기업 소유주지분과는 구분하여 표시하며, 연결재무상태표의 자본에 차감하여 표시한다.
　④ 연결재무제표를 작성할 때 잠재적 의결권이나 잠재적 의결권을 포함하는 그 밖의 파생상품이 있는 경우에 당기순손익과 자본변동을 지배기업지분과 비지배기업지분에 배분하는 비율은 현재의 소유지분에만 기초하여 결정하고 잠재적 의결권과 그 밖의 파생상품의 행사가능성이나 전환가능성은 반영하지 아니한다.

31 1. 20×1년 말 비지배지분: 종속기업 순자산공정가치 × 비지배지분율

20×1년 말 ㈜민국의 순자산장부금액: ₩150,000 + ₩30,000 =	₩180,000
20×1년 말 투자차액 미상각잔액	
재고자산	–
유형자산: ₩40,000 × 7년/8년 =	35,000
20×1년 말 상향거래 미실현손익 잔액	–
20×1년 말 ㈜민국의 순자산공정가치	₩215,000
× 비지배지분율	× 20%
20×1년 말 비지배지분	₩43,000

32 1. 20×2년도 연결포괄손익계산서에 표시되는 지배기업소유주귀속당기순이익

	㈜대한	㈜민국	합계
보고된 당기순이익	₩60,000	₩20,000	₩80,000
투자차액상각			
유형자산		(5,000)	(5,000)
내부거래 제거			
재고자산 실현손익	5,000		5,000
배당금수익	(8,000)		(8,000)
연결조정 후 당기순이익	₩57,000	₩15,000	₩72,000
∴ 연결당기순이익:	₩57,000 +	₩15,000 =	₩72,000
지배기업소유주 귀속 당기순이익:	₩57,000 +	₩15,000 × 80% =	₩69,000
비지배지분순이익:		₩15,000 × 20% =	₩3,000

정답 28 ① 29 ③ 30 ⑤ 31 ④ 32 ②

33 1. 20×1년 말 재무상태표

재무상태표

순자산 = ($7,000 − $4,500 − $360) × ₩1,400 = ₩2,996,000		자본금 = $1,500 × ₩1,300 = ₩1,950,000
매출채권 = €300 × 1.1 × ₩1,400 = ₩462,000		기초 이익잉여금 = $0 × ₩1,000 = ₩0
		총포괄손익 = ₩1,508,000

34 해외사업장을 처분하는 경우 기타포괄손익과 별도의 자본항목으로 인식한 해외사업장 관련 외환차이의 누계액은 당기손익으로 재분류한다.

35 1. 확정계약부채: $2,000 × (₩1,300 − ₩1,400) = ₩(200,000)

2. 회계처리

구분	위험회피대상항목(확정계약)	위험회피수단(통화선도)
20×1. 11. 1.	N/A	N/A
20×1. 12. 31.	(차) 확정계약평가손실(NI)　200,000[1)] 　(대) 통화선도(부채)　　　　200,000 1) $2,000 × (₩1,300 − ₩1,400) = ₩(200,000)	(차) 통화선도(자산)　　　200,000[1)] 　(대) 통화선도평가이익(NI)　200,000 1) $2,000 × (₩1,400 − ₩1,300) = ₩200,000

회계사 · 세무사 · 경영지도사 단번에 합격!
해커스 경영아카데미 cpa.Hackers.com

2023년

공인회계사
1차 기출문제

* 공인회계사 1차 회계학 기출문제 중 재무회계에 해당하는 1 ~ 35번 문제를 수록하였습니다.

01 '재무보고를 위한 개념체계'에서 인식과 제거에 대한 다음 설명 중 옳지 않은 것은?

① 인식은 자산, 부채, 자본, 수익 또는 비용과 같은 재무제표 요소 중 하나의 정의를 충족하는 항목을 재무상태표나 재무성과표에 포함하기 위하여 포착하는 과정이다.

② 거래나 그 밖의 사건에서 발생된 자산이나 부채의 최초 인식에 따라 수익과 관련 비용을 동시에 인식할 수 있다. 수익과 관련 비용의 동시 인식은 때때로 수익과 관련 원가의 대응을 나타낸다.

③ 재무제표이용자들에게 자산이나 부채 그리고 이에 따른 결과로 발생하는 수익, 비용 또는 자본변동에 대한 목적적합한 정보와 충실한 표현 중 어느 하나를 제공하는 경우 자산이나 부채를 인식한다.

④ 자산은 일반적으로 기업이 인식한 자산의 전부 또는 일부에 대한 통제를 상실하였을 때 제거하고, 부채는 일반적으로 기업이 인식한 부채의 전부 또는 일부에 대한 현재의무를 더 이상 부담하지 않을 때 제거한다.

⑤ 제거에 대한 회계 요구사항은 제거를 초래하는 거래나 그 밖의 사건 후의 잔여 자산과 부채, 그리고 그 거래나 그 밖의 사건으로 인한 기업의 자산과 부채의 변동 두 가지를 모두 충실히 표현하는 것을 목표로 한다.

02 '일반목적재무보고의 목적'에 대한 다음 설명 중 옳지 않은 것은?

① 많은 현재 및 잠재적 투자자, 대여자 및 그 밖의 채권자는 정보를 제공하도록 보고기업에 직접 요구할 수 없고, 그들이 필요로 하는 재무정보의 많은 부분을 일반목적재무보고서에 의존해야만 한다.

② 회계기준위원회는 회계기준을 제정할 때 최대 다수의 주요이용자 수요를 충족하는 정보를 제공하기 위해 노력할 것이다. 그러나 공통된 정보수요에 초점을 맞춘다고 해서 보고기업으로 하여금 주요이용자의 특정 일부집단에게 가장 유용한 추가 정보를 포함하지 못하게 하는 것은 아니다.

③ 보고기업의 경영진도 해당 기업에 대한 재무정보에 관심이 있다. 그러나 경영진은 필요로 하는 재무정보를 내부에서 구할 수 있기 때문에 일반목적재무보고서에 의존할 필요가 없다.

④ 보고기업의 경제적자원 및 청구권의 성격 및 금액에 대한 정보는 이용자들이 보고기업의 재무적 강점과 약점을 식별하는 데 도움을 줄 수 있다.

⑤ 보고기업의 경제적자원 및 청구권은 재무성과 외의 사유로는 변동될 수 없다.

03 유통업을 영위하고 있는 ㈜대한은 재고자산에 대해 계속기록법과 가중평균법을 적용하고 있으며, 기말에는 실지재고조사를 실시하고 있다. 다음은 ㈜대한의 20×1년 재고자산(단일상품)과 관련된 자료이다.

일자	적요	수량	매입단가	비고
1월 1일	기초재고	100개	₩200	전기 말 실사수량
3월 1일	매입	200개	₩200	
6월 1일	매입계약	200개	₩300	선적지 인도조건
7월 1일	매출	200개	–	
9월 1일	매입계약	200개	₩300	도착지 인도조건
11월 1일	매출	100개	–	

- ㈜대한이 6월 1일에 계약한 상품 200개는 6월 30일에 창고로 입고되었다.
- ㈜대한이 9월 1일에 계약한 상품 200개는 11월 1일에 선적되었으나 12월 말 현재까지 운송 중인 상태로 확인되었다.
- 12월 말 현재 ㈜대한이 창고에 보관 중인 상품의 총 수량은 300개이고 실사를 통해 다음과 같은 사실을 발견하였다.

  - ㈜대한은 12월 1일에 ㈜민국으로부터 상품 200개(단위원가 ₩300)에 대해 판매를 수탁받아 창고에 보관하였으며, 이 중 20%를 12월 중에 판매하였다.
  - ㈜대한은 12월 1일에 ㈜만세와 위탁판매계약을 체결하고 상품 50개(단위원가 ₩240)를 적송하였다. 기말 실사 후 ㈜만세가 12월 말 현재 보관 중인 상품은 20개임을 확인하였다.

- ㈜대한은 재고자산감모손실과 재고자산평가손실(환입)을 매출원가에서 조정하고 있다.
- 수탁품과 적송품에서는 감모(분실, 도난 등)가 발생하지 않았다.

20×1년 기말재고자산의 단위당 순실현가능가치가 ₩200이고, 재고자산평가충당금의 기초잔액이 ₩3,000일 때, ㈜대한의 20×1년도 매출원가는 얼마인가?

① ₩72,000 ② ₩74,400 ③ ₩81,800

④ ₩85,000 ⑤ ₩88,000

04 기업회계기준서 제1002호 '재고자산'에 대한 다음 설명 중 옳지 않은 것은?

① 공정가치에서 처분부대원가를 뺀 금액으로 측정한 일반상품 중개기업의 재고자산에 대해서는 저가 법을 적용하지 않는다.

② 순실현가능가치는 재고자산의 주된 (또는 가장 유리한) 시장에서 시장참여자 사이에 일어날 수 있 는 정상거래의 가격에서 처분부대원가를 뺀 금액으로 측정하기 때문에 기업 특유의 가치가 아니다.

③ 생물자산에서 수확한 농림어업 수확물로 구성된 재고자산은 공정가치에서 처분부대원가를 뺀 금액 으로 측정하여 수확시점에 최초로 인식한다.

④ 재고자산의 감액을 초래했던 상황이 해소되거나 경제상황의 변동으로 순실현가능가치가 상승한 명 백한 증거가 있는 경우에는 최초의 장부금액을 초과하지 않는 범위 내에서 평가손실을 환입한다.

⑤ 성격과 용도 면에서 유사한 재고자산에는 동일한 단위원가 결정방법을 적용하여야 하며, 성격이나 용도 면에서 차이가 있는 재고자산에는 서로 다른 단위원가 결정방법을 적용할 수 있다.

05 ㈜대한은 20×1년 1월 1일에 기계장치(내용연수 5년, 잔존가치 ₩100,000, 정액법 사용)를 ₩1,500,000에 취득하였다. 해당 기계장치에 대해 매년 말 감가상각 후 재평가를 실시하고 있으 며, 재평가모형 적용 시 감가상각누계액을 모두 제거하는 방법으로 장부금액을 조정하고 있다. ㈜대한은 20×2년 1월 1일에 기계장치의 성능향상을 위해 ₩300,000을 지출하였으며, 이로 인 하여 잔존가치는 ₩20,000 증가하였고 잔존내용연수는 2년 연장되었다. 동 기계장치의 매년 말 공정가치는 다음과 같다.

구분	20×1년 말	20×2년 말
공정가치	₩1,020,000	₩1,350,000

㈜대한의 기계장치에 대한 회계처리가 20×1년도와 20×2년도 당기순이익에 미치는 영향은 얼 마인가? 단, 재평가잉여금을 이익잉여금으로 대체하지 않으며, 손상차손은 고려하지 않는다.

	20×1년도	20×2년도
①	₩480,000 감소	₩0(영향 없음)
②	₩480,000 감소	₩30,000 감소
③	₩480,000 감소	₩200,000 감소
④	₩280,000 감소	₩30,000 감소
⑤	₩280,000 감소	₩200,000 감소

06 ㈜대한은 20×1년 1월 1일에 기계장치(내용연수 5년, 잔존가치 ₩200,000, 정액법 사용)를 ₩2,000,000에 취득하였으며, 원가모형을 적용하고 있다. ㈜대한은 기계장치의 손상에 대해 다음과 같이 판단하였다.

20×1년도	20×2년도	20×3년도
손상 없음	손상차손 발생	손상차손환입 발생

20×2년 말 동 기계장치의 순공정가치는 ₩770,000이고 사용가치는 ₩700,000이며, 20×3년 말 회수가능액은 ₩780,000이다. ㈜대한의 기계장치에 대한 회계처리가 20×3년도 당기순이익에 미치는 영향은 얼마인가?

① ₩20,000 감소 ② ₩10,000 감소 ③ ₩0(영향 없음)
④ ₩10,000 증가 ⑤ ₩20,000 증가

07 무형자산의 인식과 측정에 대한 다음 설명 중 옳지 않은 것은?

① 개별 취득하는 무형자산과 사업결합으로 취득하는 무형자산은 무형자산 인식조건 중 자산에서 발생하는 미래경제적효익이 기업에 유입될 가능성이 높다는 조건을 항상 충족하는 것은 아니다.
② 무형자산을 최초로 인식할 때에는 원가로 측정하며, 사업결합으로 취득하는 무형자산의 원가는 취득일 공정가치로 한다.
③ 사업결합으로 취득하는 자산이 분리가능하거나 계약상 또는 기타 법적 권리에서 발생한다면, 그 자산의 공정가치를 신뢰성 있게 측정하기에 충분한 정보가 존재한다.
④ 내부적으로 창출한 영업권과 내부 프로젝트의 연구단계에서 발생한 지출은 자산으로 인식하지 않는다.
⑤ 내부적으로 창출한 무형자산의 원가는 그 자산의 창출, 제조 및 경영자가 의도하는 방식으로 운영될 수 있게 준비하는 데 필요한 직접 관련된 모든 원가를 포함한다.

08 ㈜대한은 20×1년 1월 1일에 취득하여 본사 사옥으로 사용하고 있던 건물(취득원가 ₩2,000,000, 내용연수 20년, 잔존가치 ₩200,000, 정액법 상각)을 20×3년 7월 1일에 ㈜민국에게 운용리스 목적으로 제공하였다. ㈜대한은 투자부동산에 대해서 공정가치모형을 적용하고 있으며, 유형자산에 대해서는 원가모형을 적용하고 있다. 건물의 공정가치는 다음과 같다.

20×2년 말	20×3년 7월 1일	20×3년 말
₩2,000,000	₩2,500,000	₩3,000,000

㈜대한의 건물에 대한 회계처리가 20×3년도 당기순이익에 미치는 영향은 얼마인가? 단, 감가상각비는 월할로 계산한다.

① ₩45,000 감소 ② ₩455,000 증가 ③ ₩500,000 증가
④ ₩600,000 증가 ⑤ ₩1,180,000 증가

09 ㈜대한은 20×1년 3월 1일부터 공장건물 신축공사를 실시하여 20×2년 9월 30일에 해당 공사를 완료하였다. 동 공장건물은 차입원가를 자본화하는 적격자산이다. ㈜대한의 신축공사와 관련된 자료는 다음과 같다.

구분	20×1. 3. 1.	20×1. 10. 1.	20×2. 1. 1.	20×2. 9. 1.
공사대금 지출액	₩300,000	₩400,000	₩300,000	₩120,000

종류	차입금액	차입기간	연 이자율
특정차입금 A	₩240,000	20×1. 3. 1. ~ 20×2. 9. 30.	6%(단리)
일반차입금 B	₩240,000	20×1. 3. 1. ~ 20×2. 6. 30.	6%(단리)
일반차입금 C	₩60,000	20×1. 6. 1. ~ 20×2. 12. 31.	9%(단리)

20×1년 3월 1일의 지출액에는 공장건물 건설과 관련하여 동 일자에 수령한 정부보조금(상환의무 없음) ₩200,000이 포함되어 있다. 특정차입금 A 중 ₩100,000은 20×1년 4월 1일부터 20×1년 9월 30일까지 연 이자율 3%(단리)의 정기예금에 예치하였다. ㈜대한이 20×2년도에 자본화할 차입원가는 얼마인가? 단, 전기 이전에 자본화한 차입원가는 연평균지출액 계산 시 포함하지 아니하며, 연평균지출액, 이자수익 및 이자비용은 월할로 계산한다. 그리고 모든 차입금과 정기예금은 매월 말 이자지급(수취) 조건이다.

① ₩16,450　　　　　② ₩21,900　　　　　③ ₩23,400

④ ₩42,700　　　　　⑤ ₩53,200

10 ㈜대한은 ㈜민국이 20×1년 1월 1일에 발행한 사채를 발행일에 취득하였으며, 취득 시 동 사채를 기타포괄손익-공정가치 측정 금융자산(FVOCI 금융자산)으로 분류하였다. ㈜민국의 사채는 다음과 같은 조건으로 발행되었다.

- 액면금액: ₩1,000,000
- 만기일: 20×3년 12월 31일(일시상환)
- 표시이자율: 연 4%, 매년 말 지급
- 유효이자율: 연 6%

㈜대한은 ㈜민국으로부터 20×1년도 표시이자는 정상적으로 수취하였으나, 20×1년 말에 상기 사채의 신용이 손상되어 향후 표시이자 수령 없이 만기일에 원금의 80%만 회수가능할 것으로 추정하였다. ㈜대한은 20×2년에 예상대로 이자는 회수하지 못하였으나, 20×2년 말 현재 상황이 호전되어 사채의 만기일에 원금의 100%를 회수할 수 있을 것으로 추정하였다(이자는 회수불가능). 상기 사채의 20×1년 말과 20×2년 말 현재 공정가치는 각각 ₩700,000과 ₩820,000이다. ㈜대한의 상기 금융자산이 (1) 20×1년도 총포괄이익에 미치는 영향과 (2) 20×2년도 당기순이익에 미치는 영향은 각각 얼마인가? 단, 단수차이로 인해 오차가 있다면 가장 근사치를 선택한다.

기간 \ 할인율	단일금액 ₩1의 현재가치		정상연금 ₩1의 현재가치	
	4%	6%	4%	6%
1년	0.9615	0.9434	0.9615	0.9434
2년	0.9246	0.8900	1.8861	1.8334
3년	0.8890	0.8396	2.7751	2.6730

	(1) 20×1년도 총포괄이익	(2) 20×2년도 당기순이익
①	₩206,520 감소	₩213,200 증가
②	₩206,520 감소	₩231,400 증가
③	₩186,520 감소	₩213,200 증가
④	₩186,520 감소	₩231,400 증가
⑤	₩186,520 감소	₩121,200 증가

11 ㈜대한은 ㈜민국이 20×1년 1월 1일에 발행한 사채를 동 일자에 ₩950,244에 취득하였으며, 이를 상각후원가로 측정하는 금융자산(AC금융자산)으로 분류하였다. ㈜민국의 사채는 다음과 같은 조건으로 발행되었다.

- 액면금액: ₩1,000,000
- 만기일: 20×3년 12월 31일(일시상환)
- 표시이자율: 연 8%, 매년 말 지급
- 유효이자율: 연 10%

20×1년 12월 31일에 ㈜대한과 ㈜민국은 다음과 같은 조건으로 재협상하여 계약상 현금흐름을 변경하였다.

- 만기일: 20×4년 12월 31일로 1년 연장(일시상환)
- 표시이자율: 20×2년부터 연 5%로 인하, 매년 말 지급
- 변경시점의 현행시장이자율: 연 12%

계약상 현금흐름의 변경과 관련하여 발생한 수수료 ₩124,360은 ㈜대한이 부담하였다. ㈜대한은 재협상을 통한 계약상 현금흐름의 변경이 금융자산의 제거조건을 충족하지 않는 것으로 판단하였다. 상기 금융자산과 관련하여 ㈜대한이 20×2년도에 인식할 이자수익은 얼마인가? 단, 단수차이로 인해 오차가 있다면 가장 근사치를 선택한다.

기간 \ 할인율	단일금액 ₩1의 현재가치		정상연금 ₩1의 현재가치	
	10%	12%	10%	12%
1년	0.9091	0.8929	0.9091	0.8929
2년	0.8264	0.7972	1.7355	1.6901
3년	0.7513	0.7118	2.4868	2.4019

① ₩50,000 ② ₩87,564 ③ ₩89,628
④ ₩95,024 ⑤ ₩96,527

12 ㈜대한은 20×1년 1월 1일에 다음과 같은 조건의 사채를 발행하려고 하였으나 실패하고, 3개월이 경과된 20×1년 4월 1일에 동 사채를 발행하였으며 상각후원가 측정 금융부채(AC금융부채)로 분류하였다. 20×1년 4월 1일 현재 유효이자율은 연 4%이다.

> • 권면상 발행일: 20×1년 1월 1일
> • 액면금액: ₩1,000,000
> • 만기일: 20×3년 12월 31일(일시상환)
> • 표시이자율: 연 6%, 매년 말 지급

㈜대한은 20×2년 4월 1일에 액면금액 중 ₩600,000을 경과이자를 포함하여 ₩610,000에 조기상환하였다. ㈜대한의 사채에 대한 회계처리가 20×2년도 당기순이익에 미치는 영향은 얼마인가? 단, 이자는 월할로 계산하며, 단수차이로 인해 오차가 있다면 가장 근사치를 선택한다.

기간 \ 할인율	단일금액 ₩1의 현재가치		정상연금 ₩1의 현재가치	
	4%	6%	4%	6%
1년	0.9615	0.9434	0.9615	0.9434
2년	0.9246	0.8900	1.8861	1.8334
3년	0.8890	0.8396	2.7751	2.6730

① ₩3,968 감소   ② ₩6,226 감소   ③ ₩22,830 감소
④ ₩2,258 증가   ⑤ ₩12,636 증가

13 '종업원급여'에 대한 다음 설명 중 옳지 않은 것은?

① 확정기여제도에서 가입자의 미래급여금액은 사용자나 가입자가 출연하는 기여금과 기금의 운영효율성 및 투자수익에 따라 결정된다.
② 확정급여제도에서 자산의 원가에 포함하는 경우를 제외한 확정급여원가의 구성요소 중 순확정급여부채의 재측정요소는 기타포괄손익으로 인식한다.
③ 확정급여제도에서 확정급여채무와 사외적립자산에 대한 순확정급여부채(자산)의 순이자는 당기손익으로 인식하나, 자산인식상한효과에 대한 순확정급여부채(자산)의 순이자는 기타포괄손익으로 인식한다.
④ 확정급여제도에서 보험수리적손익은 보험수리적 가정의 변동과 경험조정으로 인한 확정급여채무 현재가치의 증감에 따라 생긴다.
⑤ 퇴직급여가 아닌 기타장기종업원급여에서의 재측정요소는 기타포괄손익으로 인식하지 않고 당기손익으로 인식한다.

14 ㈜대한은 확정급여제도를 채택하고 있으며, 관련 자료는 다음과 같다.

- 20×1년 초 확정급여채무의 현재가치와 사외적립자산의 공정가치는 각각 ₩1,200,000과 ₩900,000이다.
- 20×1년 5월 1일에 퇴직종업원에게 ₩240,000의 현금이 사외적립자산에서 지급되었다.
- 20×1년 9월 1일에 사외적립자산에 ₩120,000을 현금으로 출연하였다.
- 20×1년도의 당기근무원가 발생액은 ₩300,000이다.
- 할인율을 제외한 보험수리적 가정의 변동을 반영한 20×1년 말 확정급여채무의 현재가치는 ₩1,400,000이다.
- 20×1년 말 현재 사외적립자산의 공정가치는 ₩920,000이다.
- 순확정급여자산(부채) 계산 시 적용한 할인율은 연 10%로 매년 변동이 없다.
- 관련 이자비용 및 이자수익은 월할로 계산한다.

㈜대한의 확정급여제도 적용이 20×1년도 총포괄이익에 미치는 영향은 얼마인가?

① ₩300,000 감소   ② ₩280,000 감소   ③ ₩260,000 감소
④ ₩240,000 감소   ⑤ ₩220,000 감소

15 20×1년 1월 1일에 ㈜대한은 보통주와 우선주(배당률 2%)를 발행하여 영업을 개시하였다. 설립 이후 자본금의 변동은 없으며, 배당결의와 지급은 없었다. 20×3년 12월 31일 현재 ㈜대한의 보통주자본금과 우선주자본금의 내역은 다음과 같다.

구분	1주당 액면금액	자본금
보통주	₩1,000	₩10,000,000
우선주	₩1,000	₩6,000,000

20×4년 2월, 주주총회에서 총 ₩1,080,000의 현금배당이 결의되었다. ㈜대한의 우선주가 (1) 누적적, 5% 부분참가적인 경우와 (2) 비누적적, 완전참가적인 경우, 보통주에 배분될 배당금은 각각 얼마인가? 단, ㈜대한의 배당가능이익은 충분하며 자기주식은 취득하지 않았다고 가정한다.

	(1)	(2)
①	₩525,000	₩475,000
②	₩525,000	₩675,000
③	₩540,000	₩405,000
④	₩540,000	₩675,000
⑤	₩555,000	₩405,000

※ 다음 <자료>를 이용하여 16 ~ 17에 답하시오.

<자료>

- ㈜대한은 20×1년 1월 1일에 액면금액 ₩1,000,000의 비분리형 신주인수권부사채를 다음과 같은 조건으로 액면발행하였다.

  - 만기일: 20×3년 12월 31일(일시상환)
  - 표시이자율: 연 4%, 매년 말 지급
  - 발행시점의 일반사채 시장이자율: 연 8%
  - 신주인수권 행사가액: 사채액면금액 ₩20,000당 보통주 1주(주당 액면금액 ₩5,000)를 ₩20,000에 인수
  - 상환할증금: 만기일까지 신주인수권을 행사하지 않으면 만기일에 액면금액의 10%를 지급

- 적용할 현가계수는 아래의 표와 같다.

기간 \ 할인율	단일금액 ₩1의 현재가치			정상연금 ₩1의 현재가치		
	4%	8%	10%	4%	8%	10%
1년	0.9615	0.9259	0.9091	0.9615	0.9259	0.9091
2년	0.9246	0.8573	0.8264	1.8861	1.7832	1.7355
3년	0.8890	0.7938	0.7513	2.7751	2.5770	2.4868

- ㈜대한은 신주인수권부사채 발행 시 인식한 자본요소(신주인수권대가) 중 신주인수권이 행사된 부분은 주식발행초과금으로 대체하는 회계처리를 한다.
- 20×2년 1월 1일에 ㈜대한의 신주인수권부사채 액면금액 중 40%에 해당하는 신주인수권이 행사되었다.

16 ㈜대한이 신주인수권부사채를 발행할 때 인식할 신주인수권대가는 얼마인가? 단, 단수차이로 인해 오차가 있다면 가장 근사치를 선택한다.

① ₩20,000   ② ₩23,740   ③ ₩79,380

④ ₩100,000   ⑤ ₩103,120

17 신주인수권 행사시점에 ㈜대한이 인식해야 하는 자본 변동액은 얼마인가? 단, 단수차이로 인해 오차가 있다면 가장 근사치를 선택한다.

① ₩405,744 증가   ② ₩409,496 증가   ③ ₩415,240 증가

④ ₩434,292 증가   ⑤ ₩443,788 증가

18 유통업을 영위하는 ㈜대한은 20×1년 1월 1일에 종업원 100명에게 각각 3년의 용역제공조건과 함께 주식선택권을 부여하고, 부여일 현재 주식선택권의 단위당 공정가치를 ₩300으로 추정하였다. 가득되는 주식선택권 수량은 연평균 매출액증가율에 따라 결정되며, 그 조건은 다음과 같다.

연평균 매출액증가율	1인당 가득되는 주식선택권 수량
10% 미만	0개(가득되지 않음)
10% 이상 15% 미만	150개
15% 이상	200개

20×1년의 매출액증가율은 15%이었으며, 20×3년까지 동일한 증가율이 유지될 것으로 예상하였다. 20×2년의 매출액증가율은 11%이었으며 20×3년에도 11%로 예상하였다. 그러나 20×3년의 매출액증가율은 1%에 불과하여 최종적으로 가득요건을 충족하지 못하였다. 주식기준보상약정을 체결한 종업원 모두가 20×3년 말까지 근무할 것으로 예측하였고, 이 예측은 실현되었다. ㈜대한의 주식기준보상거래에 대한 회계처리가 20×3년도 당기순이익에 미치는 영향은 얼마인가?

① ₩3,000,000 감소 ② ₩1,000,000 감소 ③ ₩0(영향 없음)
④ ₩1,000,000 증가 ⑤ ₩3,000,000 증가

19 유통업을 영위하는 ㈜대한은 20×1년 1월 1일에 액면금액 ₩10,000인 상품권 50매를 액면금액으로 발행하였다. 20×1년 1월 1일 이전까지 ㈜대한이 상품권을 발행한 사실은 없으며, 이후 20×2년 1월 1일에 추가로 100매를 액면금액으로 발행하였다. ㈜대한은 상품권 액면금액의 60% 이상 사용하고 남은 금액은 현금으로 반환하며, 상품권의 만기는 발행일로부터 1년이다. 만기까지 사용되지 않은 상품권은 만기 이후 1년 이내에는 90%의 현금으로 상환해줄 의무가 있으나, 1년이 경과하면 그 의무는 소멸한다. 20×1년도 발행 상품권 중 42매가 정상적으로 사용되었으며, 사용되지 않은 상품권 중 5매는 20×2년 중에 현금으로 상환되었고, 나머지 3매는 상환되지 않아 20×2년 12월 31일 현재 ㈜대한의 의무는 소멸하였다. 한편, 20×2년도 발행 상품권은 20×2년 중에 90매가 정상적으로 사용되었다. 상품권 사용 시 상품권 잔액을 현금으로 반환한 금액은 다음과 같다.

구분	금액
20×1년도 발행분	₩31,000
20×2년도 발행분	₩77,000

㈜대한의 상품권에 대한 회계처리와 관련하여 20×2년도 포괄손익계산서에 인식할 수익은 얼마인가? 단, ㈜대한은 고객의 미행사권리에 대한 대가를 다른 당사자에게 납부하도록 요구받지 않는다고 가정한다.

① ₩823,000 ② ₩833,000 ③ ₩850,000
④ ₩858,000 ⑤ ₩860,000

20 20×1년 10월 1일에 ㈜대한은 제품 120개를 고객에게 개당 ₩1,000에 판매하기로 약속하였다. 제품은 6개월에 걸쳐 고객에게 이전되며, 각 제품에 대한 통제는 한 시점에 이전된다. ㈜대한은 20×1년 10월 31일에 제품 50개에 대한 통제를 고객에게 이전한 후, 추가로 제품 30개를 개당 ₩800에 고객에게 납품하기로 계약을 변경하였다. 추가된 제품 30개는 구별되는 재화에 해당하며, 최초 계약에 포함되지 않았다. 20×1년 11월 1일부터 20×1년 12월 31일까지 기존 계약수량 중 40개와 추가 계약수량 중 20개에 대한 통제를 고객에게 이전하였다. 계약을 변경할 때, 추가 제품의 가격(₩800/개)이 (1) 계약변경시점의 개별 판매가격을 반영하여 책정된 경우와 (2) 계약변경시점의 개별 판매가격을 반영하지 않은 경우, ㈜대한이 20×1년도 포괄손익계산서에 인식할 수익은 각각 얼마인가? 단, 계약변경일에 아직 이전되지 않은 약속한 제품은 계약변경일 전에 이전한 제품과 구별된다.

	(1)	(2)
①	₩16,000	₩18,800
②	₩90,000	₩87,600
③	₩90,000	₩106,400
④	₩106,000	₩87,600
⑤	₩106,000	₩106,400

21 ㈜대한은 ㈜민국과 다음과 같은 조건으로 사무실에 대한 리스계약을 체결하였다.

- 리스기간: 20×1년 1월 1일 ~ 20×3년 12월 31일(3년)
- 연장선택권: ㈜대한은 리스기간을 3년에서 5년으로 2년 연장할 수 있는 선택권이 있으나 리스개시일 현재 동 선택권을 행사할 의도는 전혀 없다.
- 리스료: ㈜대한은 리스기간 동안 매년 말에 ₩2,000,000의 고정리스료를 ㈜민국에게 지급하며, 연장선택권을 행사하면 20×4년 말과 20×5년 말에는 각각 ₩2,200,000을 지급하기로 약정하였다.
- 내재이자율: ㈜대한은 동 리스에 적용되는 ㈜민국의 내재이자율은 쉽게 산정할 수 없다.
- ㈜대한의 증분차입이자율: 연 8%(20×1. 1. 1.), 연 10%(20×3. 1. 1.)
- 리스개설직접원가: ㈜대한은 리스계약과 관련하여 ₩246,000을 수수료로 지급하였다.
- 리스계약 당시 ㈜민국이 소유하고 있는 사무실의 잔존내용연수는 20년이다.
- 적용할 현가계수는 아래의 표와 같다.

할인율 기간	단일금액 ₩1의 현재가치		정상연금 ₩1의 현재가치	
	8%	10%	8%	10%
1년	0.9259	0.9091	0.9259	0.9091
2년	0.8573	0.8264	1.7832	1.7355
3년	0.7938	0.7513	2.5770	2.4868

㈜대한은 모든 유형자산에 대해 원가모형을 적용하며, 감가상각은 잔존가치 없이 정액법을 사용한다. 20×3년 1월 1일에 영업환경의 변화 때문에 연장선택권을 행사할 것이 상당히 확실해졌다면 ㈜대한의 20×3년 말 재무상태표에 보고할 사용권자산의 장부금액은 얼마인가? 단, 단수차이로 인해 오차가 있다면 가장 근사치를 선택한다.

① ₩3,436,893
② ₩3,491,560
③ ₩3,526,093
④ ₩3,621,613
⑤ ₩3,760,080

22 금융업을 영위하는 ㈜대한리스는 20×1년 1월 1일에 ㈜민국과 다음과 같은 조건으로 리스계약을 체결하였다.

- ㈜대한리스는 ㈜민국이 지정하는 기계설비를 제조사인 ㈜만세로부터 신규 취득하여 20×1년 1월 1일부터 ㈜민국이 사용할 수 있는 장소로 배송한다.
- 리스기간: 20×1년 1월 1일 ~ 20×3년 12월 31일(리스기간 종료 후 반환조건)
- 잔존가치 보증: ㈜대한리스는 리스기간 종료 시 리스자산의 잔존가치를 ₩10,000,000으로 예상하며, ㈜민국은 ₩7,000,000을 보증하기로 약정하였다.
- 리스개설직접원가: ㈜대한리스와 ㈜민국이 각각 ₩300,000과 ₩200,000을 부담하였다.
- ㈜대한리스는 상기 리스를 금융리스로 분류하였고, 동 리스에 대한 내재이자율로 연 10%를 산정하였다.
- 연간 정기리스료: 매년 말 ₩3,000,000 지급
- 할인율이 10%인 경우 현가계수는 아래의 표와 같다.

기간	단일금액 ₩1의 현재가치	정상연금 ₩1의 현재가치
3년	0.7513	2.4868

㈜대한리스의 (1) 기계설비 취득원가(공정가치)와 (2) 리스기간 종료 시 회수된 기계설비의 실제 잔존가치가 ₩5,000,000인 경우의 손실금액은 각각 얼마인가? 단, 단수차이로 인해 오차가 있다면 가장 근사치를 선택한다.

	(1) 취득원가	(2) 회수 시 손실금액
①	₩14,673,400	₩3,000,000
②	₩14,673,400	₩5,000,000
③	₩14,973,400	₩2,000,000
④	₩14,973,400	₩3,000,000
⑤	₩14,973,400	₩5,000,000

23 ㈜대한의 20×1년도와 20×2년도의 법인세비용차감전순이익은 각각 ₩815,000과 ₩600,000 이다. ㈜대한의 20×1년과 20×2년의 법인세와 관련된 세무조정사항은 다음과 같다.

항목	20×1년도	20×2년도
감가상각비 한도초과액	₩6,000	–
당기손익-공정가치 측정 금융자산평가이익	2,000	–
제품보증충당부채	–	₩3,000
정기예금 미수이자	–	4,000

20×1년도 세무조정 항목 중 감가상각비 한도초과액 ₩6,000은 20×2년부터 매년 ₩2,000씩 소멸되며, 당기손익-공정가치 측정 금융자산(FVPL 금융자산)은 20×2년 중에 처분될 예정이다. 20×2년도 세무조정 항목 중 제품보증충당부채 ₩3,000은 20×3년부터 매년 ₩1,000씩 소멸되며, 정기예금의 이자는 만기일인 20×3년 3월 말에 수취한다. ㈜대한의 20×1년도 법인세율은 30%이며, 미래의 과세소득에 적용될 법인세율은 다음과 같다.

구분	20×2년도	20×3년도 이후
적용세율	30%	25%

㈜대한의 20×2년도 법인세비용은 얼마인가? 단, 20×1년 1월 1일 현재 이연법인세자산(부채)의 잔액은 없으며, 일시적 차이에 사용될 수 있는 과세소득의 발생가능성은 높다.

① ₩176,800   ② ₩177,750   ③ ₩178,400
④ ₩179,950   ⑤ ₩180,350

24 ㈜대한의 20×1년도 당기순이익은 ₩15,260,000이며, 주당이익과 관련된 자료는 다음과 같다.

- 20×1년 1월 1일 현재 유통보통주식수는 30,000주(주당 액면금액 ₩1,500)이며, 유통우선 주식수는 20,000주(주당 액면금액 ₩5,000, 배당률 5%)이다. 우선주는 누적적우선주이며, 전년도에 지급하지 못한 우선주배당금을 함께 지급하기로 결의하였다.
- 20×1년 7월 1일에 보통주 2,000주를 공정가치로 유상증자하였으며, 9월 1일에 3,200주를 무상증자하였다.
- 20×1년 10월 1일에 전년도에 발행한 전환사채 액면금액 ₩1,000,000 중 20%가 보통주로 전환되었으며, 전환가격은 ₩500이다. 20×1년도 포괄손익계산서에 계상된 전환사채의 이 자비용은 ₩171,000이며, 세율은 20%이다.

㈜대한의 20×1년도 희석주당이익은 얼마인가? 단, 가중평균유통주식수는 월할로 계산하며, 단 수차이로 인해 오차가 있다면 가장 근사치를 선택한다.

① ₩149   ② ₩166   ③ ₩193
④ ₩288   ⑤ ₩296

25 다음은 ㈜대한의 20×1년도 현금흐름표를 작성하기 위한 자료이다.

- 20×1년도 포괄손익계산서 관련 자료

법인세비용차감전순이익	₩2,150,000
법인세비용	?
이자비용	30,000
감가상각비	77,000

- 20×1년 말 재무상태표 관련 자료

계정과목	기말잔액	기초잔액	증감
매출채권	₩186,000	₩224,000	₩38,000 감소
재고자산	130,000	115,000	15,000 증가
매입채무	144,000	152,000	8,000 감소
미지급이자	9,500	12,000	2,500 감소
당기법인세부채	31,000	28,000	3,000 증가
이연법인세부채	2,600	4,000	1,400 감소

㈜대한은 간접법으로 현금흐름표를 작성하며, 이자지급과 법인세납부는 영업활동현금흐름으로 분류한다. ㈜대한이 20×1년도 현금흐름표에 보고한 영업활동순현금유입액이 ₩1,884,900일 경우, 20×1년도 당기순이익은 얼마인가?

① ₩1,713,600 ② ₩1,754,200 ③ ₩1,791,300
④ ₩1,793,800 ⑤ ₩1,844,100

※ 다음 <자료>를 이용하여 **26 ~ 27**에 답하시오.

<자료>

- ㈜대한은 20×1년 중에 ㈜민국의 의결권 있는 보통주 150주(지분율 15%)를 ₩150,000에 취득하고, 이를 기타포괄손익-공정가치 측정 금융자산(FVOCI 금융자산)으로 분류하였다.
- ㈜대한은 20×2년 초에 추가로 ㈜민국의 나머지 의결권 있는 보통주 850주(지분율 85%)를 취득하여 합병하였다. 이 주식의 취득을 위해 ㈜대한은 ₩200,000의 현금과 함께 보통주 500주(액면총액 ₩500,000, 공정가치 ₩800,000)를 발행하여 ㈜민국의 주주들에게 지급하였다. 합병일 현재 ㈜민국의 의결권 있는 보통주 공정가치는 주당 ₩1,200, 액면가는 주당 ₩1,000이다. ㈜대한은 신주 발행과 관련하여 ₩10,000의 신주발행비용을 지출하였다.
- 취득일 현재 ㈜민국의 요약재무상태표는 다음과 같다.

요약재무상태표
20×2년 1월 1일 현재

	장부금액	공정가치
유동자산	₩150,000	₩200,000
유형자산(순액)	1,050,000	1,280,000
자산	₩1,200,000	
부채	₩600,000	₩600,000
자본금	200,000	
이익잉여금	400,000	
부채와 자본	₩1,200,000	

- ㈜대한은 합병과 관련하여 만세회계법인에게 ㈜민국의 재무상태 실사 용역을 의뢰하였고, ₩30,000의 용역수수료를 지급하였다. 그리고 ㈜대한은 합병업무 전담팀을 구성하였는데, 이 팀 유지원가로 ₩20,000을 지출하였다.
- 합병일 현재 ㈜민국의 종업원들은 회사 경영권의 변동에도 불구하고 대부분 이직하지 않았다. 이 때문에 ㈜대한은 합병일 이후 즉시 ㈜민국이 영위하던 사업을 계속 진행할 수 있었으며, ㈜대한의 경영진은 이러한 ㈜민국의 종업원들의 가치를 ₩80,000으로 추정하였다.
- 합병일 현재 ㈜민국의 상표명 'K-World'는 상표권 등록이 되어 있지 않아 법적으로 보호받을 수 없는 것으로 밝혀졌다. 그러나 ㈜민국이 해당 상표를 오랫동안 사용해왔다는 것을 업계 및 고객들이 인지하고 있어, 합병 이후 ㈜대한이 이 상표를 제3자에게 매각하거나 라이선스 계약을 체결할 수 있을 것으로 확인되었다. ㈜대한은 이 상표권의 가치를 ₩30,000으로 추정하였다.

26 ㈜대한이 합병일(20×2년 1월 1일)에 수행한 사업결합 관련 회계처리를 통해 인식한 영업권은 얼마인가?

① ₩240,000 ② ₩270,000 ③ ₩290,000

④ ₩300,000 ⑤ ₩330,000

27 다음은 ㈜대한과 ㈜민국에 대한 <추가자료>이다.

<추가자료>

• 합병일 현재 ㈜대한은 ㈜민국이 제기한 손해배상청구소송에 피소된 상태이다. 합병일 현재 ㈜대한과 ㈜민국 간에 계류 중인 소송사건의 배상금의 공정가치는 ₩20,000으로 추정되고, 합병에 의해 이 소송관계는 정산되었다. ㈜대한은 이와 관련하여 충당부채를 설정하지 않았다.

위 <자료>와 <추가자료>가 ㈜대한의 20×2년도 당기순이익에 미치는 영향은 얼마인가?

① ₩0(영향 없음) ② ₩20,000 감소 ③ ₩30,000 감소

④ ₩50,000 감소 ⑤ ₩70,000 감소

28 ㈜대한은 20×1년 초에 보유하던 토지(장부금액 ₩20,000, 공정가치 ₩30,000)를 ㈜민국에 출자하고, 현금 ₩10,000과 ㈜민국의 보통주 30%를 수취하여 유의적인 영향력을 행사하게 되었다. 출자 당시 ㈜민국의 순자산 장부금액은 ₩50,000이며 이는 공정가치와 일치하였다. 20×1년 말 현재 해당 토지는 ㈜민국이 소유하고 있으며, ㈜민국은 20×1년도 당기순이익으로 ₩10,000을 보고하였다. ㈜민국에 대한 현물출자와 지분법 회계처리가 ㈜대한의 20×1년도 당기순이익에 미치는 영향은 얼마인가? 단, 현물출자는 상업적 실질이 결여되어 있지 않다.

① ₩6,000 증가 ② ₩8,000 증가 ③ ₩9,000 증가

④ ₩11,000 증가 ⑤ ₩13,000 증가

29 관계기업과 공동기업에 대한 투자 및 지분법 회계처리에 대한 다음 설명 중 옳지 않은 것은?

① 지분법은 투자자산을 최초에 원가로 인식하고, 취득시점 이후 발생한 피투자자의 순자산 변동액 중 투자자의 몫을 해당 투자자산에 가감하여 보고하는 회계처리방법이다.

② 투자자와 관계기업 사이의 상향거래가 구입된 자산의 순실현가능가치의 감소나 그 자산에 대한 손상차손의 증거를 제공하는 경우, 투자자는 그러한 손실 중 자신의 몫을 인식한다.

③ 유의적인 영향력을 상실하지 않는 범위 내에서 관계기업에 대한 보유지분의 변동은 자본거래로 회계처리한다.

④ 관계기업에 대한 순투자 장부금액의 일부를 구성하는 영업권은 분리하여 인식하지 않으므로 별도의 손상검사를 하지 않는다.

⑤ 관계기업이 자본으로 분류되는 누적적 우선주를 발행하였고 이를 제3자가 소유하고 있는 경우, 투자자는 배당결의 여부에 관계없이 이러한 주식의 배당금에 대하여 조정한 후 당기순손익에 대한 자신의 몫을 산정한다.

30 ㈜대한은 20×1년 초에 ㈜민국의 보통주 60%를 취득하여 지배력을 획득하였다. 지배력 획득일 현재 ㈜민국의 순자산 장부금액과 공정가치는 일치하였다. 20×2년 초에 ㈜대한은 사용 중이던 기계장치(취득원가 ₩50,000, 감가상각누계액 ₩30,000, 잔존내용연수 5년, 잔존가치 ₩0, 정액법 상각, 원가모형 적용)를 ㈜민국에 ₩40,000에 매각하였다. 20×3년 말 현재 해당 기계장치는 ㈜민국이 사용하고 있다. ㈜대한과 ㈜민국이 별도(개별)재무제표에서 보고한 20×3년도 당기순이익은 다음과 같다.

구분	㈜대한	㈜민국
당기순이익	₩20,000	₩10,000

㈜대한의 20×3년도 연결포괄손익계산서에 표시되는 지배기업소유주 귀속당기순이익은 얼마인가?

① ₩22,000   ② ₩23,600   ③ ₩26,000
④ ₩28,400   ⑤ ₩30,000

※ 다음 <자료>를 이용하여 **31 ~ 32**에 답하시오.

<자료>

- ㈜대한은 20×1년 초에 ㈜민국의 보통주 75%를 ₩150,000에 취득하여 지배력을 획득하였다. 지배력 획득일 현재 ㈜민국의 순자산 장부금액은 ₩150,000(자본금 ₩100,000, 이익잉여금 ₩50,000)이다.
- 지배력 획득일 현재 ㈜민국의 식별가능한 자산과 부채 중 장부금액과 공정가치가 다른 내역은 다음과 같다.

구분	장부금액	공정가치	추가정보
토지	₩50,000	₩80,000	원가모형 적용

- 20×1년 중에 ㈜민국은 원가 ₩10,000의 재고자산(제품)을 ㈜대한에게 ₩20,000에 판매하였다. ㈜대한은 이 재고자산의 50%를 20×1년 중에 외부로 판매하고, 나머지 50%는 20×1년 말 현재 재고자산으로 보유하고 있다.
- ㈜민국이 보고한 20×1년도 당기순이익은 ₩30,000이다.
- ㈜대한은 별도재무제표에서 ㈜민국에 대한 투자주식을 원가법으로 회계처리하고 있으며, 연결 재무제표 작성 시 비지배지분은 종속기업의 식별가능한 순자산공정가치에 비례하여 결정한다.
- ㈜대한과 ㈜민국에 적용되는 법인세율은 모두 20%이며, 이는 당분간 유지될 전망이다.

31 법인세효과를 고려하는 경우, ㈜대한이 지배력 획득일에 인식할 영업권은 얼마인가?

① ₩10,500 ② ₩15,000 ③ ₩19,500
④ ₩32,000 ⑤ ₩43,500

32 법인세효과를 고려하는 경우, ㈜대한의 20×1년 말 연결포괄손익계산서에 표시되는 비지배지분 귀속당기순이익은 얼마인가? 단, 영업권 손상 여부는 고려하지 않는다.

① ₩6,000 ② ₩6,500 ③ ₩7,000
④ ₩8,000 ⑤ ₩8,500

33 기업회계기준서 제1109호 '금융상품'에 대한 다음 설명 중 옳지 않은 것은?

① 외화위험회피의 경우 비파생금융자산이나 비파생금융부채의 외화위험 부분은 위험회피수단으로 지정할 수 있다. 다만, 공정가치의 변동을 기타포괄손익으로 표시하기로 선택한 지분상품의 투자는 제외한다.

② 연결실체 내의 화폐성항목이 기업회계기준서 제1021호 '환율변동효과'에 따라 연결재무제표에서 모두 제거되지 않는 외환손익에 노출되어 있다면, 그러한 항목의 외화위험은 연결재무제표에서 위험회피대상항목으로 지정할 수 있다.

③ 위험회피관계가 위험회피비율과 관련된 위험회피 효과성의 요구사항을 더는 충족하지 못하지만 지정된 위험회피관계에 대한 위험관리의 목적이 동일하게 유지되고 있다면, 위험회피관계가 다시 적용조건을 충족할 수 있도록 위험회피관계의 위험회피비율을 조정해야 한다.

④ 단일 항목의 구성요소나 항목 집합의 구성요소는 위험회피대상항목이 될 수 있다.

⑤ 사업결합에서 사업을 취득하기로 하는 확정계약은 위험회피대상항목이 될 수 있다. 다만, 외화위험에 대하여는 위험회피대상항목으로 지정할 수 없다.

34 ㈜대한은 전기차용 배터리를 생산 및 판매하는 회사이다. ㈜대한은 20×2년 3월 말에 100개의 배터리를 국내 전기차 제조사들에게 판매할 가능성이 매우 높은 것으로 예측하였다. ㈜대한은 배터리의 판매가격 하락을 우려하여 20×1년 12월 1일에 선도계약을 체결하고, 이를 위험회피수단으로 지정하였다. 관련 정보는 다음과 같다.

- 선도거래 계약기간: 20×1년 12월 1일 ~ 20×2년 3월 31일(만기 4개월)
- 선도거래 계약내용: 결제일에 100개의 배터리에 대해 선도거래 계약금액(개당 ₩12,000)과 시장가격의 차액이 현금으로 결제된다.
- 현물가격 및 선도가격 정보

일자	현물가격(개당)	선도가격(개당)
20×1. 12. 1.	₩13,000	₩12,000(만기 4개월)
20×1. 12. 31.	12,500	11,300(만기 3개월)
20×2. 3. 31.	10,500	

- 배터리의 개당 제조원가는 ₩10,000이고, 판매와 관련하여 다른 비용은 발생하지 않는다.

예측과 같이, ㈜대한은 20×2년 3월 말에 배터리를 판매하였다. ㈜대한이 위 거래에 대해 현금흐름위험회피회계를 적용하는 경우 ㈜대한의 20×2년도 당기순이익에 미치는 영향은 얼마인가? 단, 파생상품 평가손익 계산 시 화폐의 시간가치는 고려하지 않으며, 배터리 판매가 당기순이익에 미치는 영향은 포함한다.

① ₩0(영향 없음) ② ₩130,000 증가 ③ ₩150,000 증가
④ ₩180,000 증가 ⑤ ₩200,000 증가

35 기업회계기준서 제1021호 '환율변동효과'에 대한 다음 설명 중 옳지 않은 것은?

① 해외사업장의 취득으로 생기는 영업권과 자산·부채의 장부금액에 대한 공정가치 조정액은 해외사업장의 자산·부채로 본다. 따라서 이러한 영업권과 자산·부채의 장부금액에 대한 공정가치 조정액은 해외사업장의 기능통화로 표시하고 마감환율로 환산한다.

② 기능통화가 초인플레이션 경제의 통화인 경우 모든 금액(즉, 자산, 부채, 자본항목, 수익과 비용. 비교표시되는 금액 포함)을 최근 재무상태표 일자의 마감환율로 환산한다. 다만, 금액을 초인플레이션이 아닌 경제의 통화로 환산하는 경우에 비교표시되는 금액은 전기에 보고한 재무제표의 금액(즉, 전기 이후의 물가수준변동효과나 환율변동효과를 반영하지 않은 금액)으로 한다.

③ 보고기업의 해외사업장에 대한 순투자의 일부인 화폐성항목에서 생기는 외환차이는 보고기업의 별도재무제표나 해외사업장의 개별재무제표 및 보고기업과 해외사업장을 포함하는 재무제표에서 외환차이가 처음 발생되는 시점부터 당기손익으로 인식한다.

④ 기능통화가 변경되는 경우에는 새로운 기능통화에 의한 환산절차를 변경한 날부터 전진적용한다.

⑤ 재무제표를 작성하는 해외사업장이 없는 기업이나 기업회계기준서 제1027호 '별도재무제표'에 따라 별도재무제표를 작성하는 기업은 재무제표를 어떤 통화로도 표시할 수 있다.

01 자산이나 부채를 인식하고 이에 따른 결과로 수익, 비용 또는 자본변동을 인식하는 것이 재무제표이용자들에게 다음과 같이 유용한 정보를 모두 제공하는 경우에만 자산이나 부채를 인식한다.

(1) 목적적합성: 자산이나 부채에 대한 그리고 이에 따른 결과로 발생하는 수익, 비용 또는 자본변동에 대한 목적적합한 정보를 제공한다.

(2) 표현충실성: 자산이나 부채 그리고 이에 따른 결과로 발생하는 수익, 비용 또는 자본변동의 충실한 표현을 제공한다.

02 보고기업의 경제적자원 및 청구권은 채무상품이나 지분상품의 발행과 같이 재무성과 외의 사유로도 변동될 수 있다. 이러한 유형의 변동에 관한 정보는 보고기업의 경제적자원 및 청구권이 변동된 이유와 그 변동이 미래 재무성과에 주는 의미를 정보이용자가 완전히 이해하는 데 필요하다.

03 1. 기초재고: 100개 × ₩200 − ₩3,000 = ₩17,000

2. 당기매입액: 200개 × ₩200 + 200개 × ₩300 = ₩100,000(9월 1일 매입계약의 경우 도착지 인도조건으로 12월 31일에 운송 중이므로 매입액에 포함하지 않아야 함)

3. 실제수량: 300개(실사수량) − 200개×80%(수탁재고) + 20개(위탁재고) = 160개

4. 장부상 단가: (100개 × ₩200 + 200개 × ₩200 + 200개 × ₩300) ÷ 500개 = ₩240

5. 재고자산감모손실: (200개 − 30개 − 160개) × ₩240 = ₩2,400

6. 재고자산평가손실: 160개 × (₩240 − ₩200) − ₩3,000 = ₩3,400

7. 재무상태표에 표시될 기말재고: 160개 × Min[₩240, ₩200] = ₩32,000

8. 매출원가: ₩17,000 + ₩100,000 − ₩32,000 = ₩85,000

04 1. 순실현가능가치는 통상적인 영업과정에서 재고자산의 판매를 통해 실현할 것으로 기대하는 순매각금액을 말한다. 공정가치는 측정일에 재고자산의 주된 (또는 가장 유리한) 시장에서 시장참여자 사이에 일어날 수 있는 그 재고자산을 판매하는 정상거래의 가격을 반영한다. 전자는 기업특유가치이지만, 후자는 그러하지 아니하다. 재고자산의 순실현가능가치는 순공정가치와 일치하지 않을 수도 있다.

2. 재고자산 기준서는 다음 경우에 해당하는 재고자산의 측정에는 적용하지 않는다.

(1) 생산자가 해당 산업의 합리적인 관행에 따라 순실현가능가치로 측정하는 농림어업과 삼림 제품, 수확한 농림어업 제품 및 광물자원과 광업 제품. 이 경우 순실현가능가치의 변동분은 변동이 발생한 기간의 손익으로 인식한다.

(2) 순공정가치(공정가치에서 매각부대원가를 차감한 금액)로 측정한 일반상품 중개기업의 재고자산. 이 경우 순공정가치의 변동분은 변동이 발생한 기간의 손익으로 인식한다.

05 **1. 20×1년도 당기순이익에 미치는 영향: (1) + (2) = ₩(480,000) 감소**
  (1) 감가상각비: (₩1,500,000 − ₩100,000) × 1/5 = ₩(280,000)
  (2) 재평가손실: ₩1,020,000 − ₩1,220,000 = ₩(200,000)

2. 20×2년도 당기순이익에 미치는 영향: (1) + (2) = ₩0(영향 없음)
  (1) 감가상각비: (₩1,020,000 + ₩300,000 − ₩120,000) × 1/6 = ₩(200,000)
  (2) 재평가이익: ₩200,000

3. 회계처리

20×1년 초	(차) 기계장치	1,500,000	(대) 현금	1,500,000
20×1년 말	(차) 감가상각비(NI)	280,000[1]	(대) 감가상각누계액	280,000
	[1] (₩1,500,000 − ₩100,000) × 1/5 = ₩280,000			
	(차) 감가상각누계액	280,000	(대) 기계장치	480,000
	재평가손실(NI)	200,000		
20×2년 초	(차) 기계장치	300,000	(대) 현금	300,000
20×2년 말	(차) 감가상각비(NI)	200,000[1]	(대) 감가상각누계액	200,000
	[1] (₩1,020,000 + ₩300,000 − ₩120,000) × 1/6 = ₩200,000			
	(차) 감가상각누계액	200,000	(대) 재평가이익(NI)	200,000
	기계장치	30,000	재평가잉여금(OCI)	30,000

06 **1. 20×3년도 당기순이익에 미치는 영향: (1) + (2) = ₩10,000 증가**
  (1) 감가상각비: (₩770,000 − ₩200,000) ÷ 3년 = ₩190,000
  (2) 손상차손환입

회수가능액: Min[₩780,000, ₩920,000[1]] =	₩780,000
장부금액: ₩770,000 − (₩770,000 − ₩200,000) × 1/3 =	(580,000)
손상차손환입	₩200,000

  [1] 한도: 손상되지 않았을 경우의 장부금액 = ₩2,000,000 − (₩2,000,000 − ₩200,000) × 3/5 = ₩920,000

2. 회계처리

20×1년 초	(차) 기계장치	2,000,000	(대) 현금	2,000,000
20×1년 말	(차) 감가상각비	360,000[1]	(대) 감가상각누계액	360,000
	[1] (₩2,000,000 − ₩200,000) ÷ 5년 = ₩360,000			
20×2년 말	(차) 감가상각비	360,000[1]	(대) 감가상각누계액	360,000
	[1] (₩2,000,000 − ₩200,000) ÷ 5년 = ₩360,000			
	(차) 유형자산손상차손	510,000[2]	(대) 손상차손누계액	510,000
	[2] ₩1,280,000 − Max[₩770,000, ₩700,000] = ₩510,000			
20×3년 말	(차) 감가상각비	190,000	(대) 감가상각누계액	190,000
	(차) 손상차손누계액	200,000	(대) 유형자산손상차손환입	200,000

07 개별 취득하는 무형자산은 미래경제적효익의 유입이 있을 것으로 기대하고 있어, 미래경제적효익이 유입될 가능성이 높다는 인식기준을 항상 충족하는 것으로 본다. 사업결합으로 취득하는 무형자산은 미래경제적효익의 유입시기와 금액이 불확실하더라도 '자산에서 발생하는 미래경제적효익이 기업에 유입될 가능성이 높다'는 발생가능성이 인식기준을 항상 충족하는 것으로 본다.

정답 **05** ① **06** ④ **07** ①

08 1. 20×3년도 ㈜대한의 당기순이익에 미치는 영향: (1) + (2) = ₩455,000 증가
   (1) 감가상각비: (₩2,000,000 − ₩200,000) × 1/20 × 6/12 = ₩(45,000)
   (2) 투자부동산평가이익: ₩3,000,000 − ₩2,500,000 = ₩500,000

   2. 회계처리

20×1년 초	(차) 건물	2,000,000	(대) 현금	2,000,000
20×1년 말	(차) 감가상각비(NI) [1] (₩2,000,000 − ₩200,000) × 1/20 = ₩90,000	90,000[1]	(대) 감가상각누계액	90,000
20×2년 말	(차) 감가상각비(NI) [1] (₩2,000,000 − ₩200,000) × 1/20 = ₩90,000	90,000[1]	(대) 감가상각누계액	90,000
20×3. 7. 1. ① 감가상각	(차) 감가상각비(NI) [1] (₩2,000,000 − ₩200,000) × 1/20 × 6/12 = ₩45,000	45,000[1]	(대) 감가상각누계액	45,000
② 계정대체	(차) 감가상각누계액 투자부동산	225,000 1,775,000	(대) 건물	2,000,000
③ 공정가치평가	(차) 투자부동산	725,000	(대) 재평가잉여금(OCI)	725,000
20×3년 말	(차) 투자부동산 [1] ₩3,000,000 − ₩2,500,000 = ₩500,000	500,000[1]	(대) 투자부동산평가이익(NI)	500,000

09 1. 연평균지출액: (₩300,000 − ₩200,000 + ₩400,000 + ₩300,000) × 9/12 + ₩120,000 × 1/12 = ₩610,000

   2. 자본화이자율: $\dfrac{₩240,000 × 6\% × 6/12 + ₩60,000 × 9\% × 12/12}{₩240,000 × 6/12 + ₩60,000 × 12/12} = \dfrac{₩12,600}{₩180,000} = 7\%$

   3. 자본화가능차입원가
   특정차입금: ₩240,000 × 6% × 9/12 =   ₩10,800
   일반차입금: (₩610,000 − ₩180,000[1]) × 7% = ₩30,100(한도: ₩12,600) =   12,600
   계   ₩23,400
   [1] ₩240,000 × 9/12 = ₩180,000

10 1. 20×1년도 총포괄이익에 미치는 영향: (1) + (2) + (3) = ₩(206,520) 감소
   (1) 20×1년 이자수익: (₩40,000 × 2.6730 + ₩1,000,000 × 0.8396) × 6% = ₩946,520 × 6% = ₩56,791
   (2) 20×1년 금융자산손상차손

구분	계산근거	금액
총장부금액	₩946,520 × 1.06 − ₩40,000 =	₩963,311
상각후원가	₩800,000 × 0.8900 =	(712,000)
당기 말 기대신용손실		₩251,311
전기 말 기대신용손실		−
금융자산손상차손		₩251,311

   (3) 기타포괄손익에 미치는 영향: ① − ② = ₩(12,000) 감소
   ① 20×1년 말 기타포괄손익누계액: ₩700,000(공정가치) − ₩712,000(상각후원가) = ₩(12,000)
   ② 20×0년 말 기타포괄손익누계액: ₩0

2. 20×2년도 당기순이익에 미치는 영향: (1) + (2) = ₩231,400 증가

(1) 20×2년 이자수익: ₩712,000 × 6% = ₩42,720

(2) 20×2년 금융자산손상차손환입

구분	계산근거	금액
상각후원가	₩1,000,000 × 0.9434 =	₩943,400
장부금액	₩712,000 × 1.06 =	(754,720)
금융자산손상차손환입		₩188,680

11 1. 변경손익

변경 전 총장부금액: ₩950,244 × 1.1 − ₩80,000 =	₩965,268
변경 후 총장부금액: ₩1,000,000 × 0.7513 + ₩50,000 × 2.4868 =	875,640
변경손실	₩89,628

2. 20×1년 12월 31일 상각후원가측정금융자산의 장부금액: ₩875,640 + ₩124,360 = ₩1,000,000

3. 20×2년도에 인식할 이자수익: ₩1,000,000 × 5% = ₩50,000

4. 이 문제는 계약상 현금흐름의 변경 이후의 유효이자율이 제시되지 않았으나 수수료를 가산하면 액면금액이 된다. 따라서 액면이자율과 유효이자율이 동일해지므로 액면이자가 해답이 되는 문제이다.

5. 금융자산의 계약상 현금흐름이 재협상되거나 변경되었으나 그 금융자산이 제거되지 아니하는 경우에는 해당 금융자산의 총장부금액을 재계산하고 변경손익을 당기손익으로 인식한다. 해당 금융자산의 총장부금액은 재협상되거나 변경된 계약상 현금흐름을 해당 금융자산의 최초 유효이자율로 할인한 현재가치로 재계산한다. 발생한 원가나 수수료는 변경된 금융자산의 장부금액에 반영하여 해당 금융자산의 남은 존속기간에 상각한다.

12 1. 20×1년 초 사채의 현재가치: ₩1,000,000 × 0.8890 + ₩60,000 × 2.7751 = ₩1,055,506

2. 유효이자율법에 의한 상각표

일자	장부금액 (상각후원가)	유효이자 (장부금액 × 4%)	액면이자 (액면금액 × 6%)	상각액 (유효이자 − 액면이자)
20×1년 초	₩1,055,506			
20×1년 말	1,037,726	₩42,220	₩60,000	₩17,780
20×2년 말	1,019,235	41,509	60,000	18,491
		(이하 생략)		

3. 20×2년도 당기순이익에 미치는 영향: (1) + (2) = ₩(3,968) 감소

(1) 사채상환이익: ₩18,862

장부금액(미지급이자 포함): (₩1,037,726 + ₩41,509 × 3/12) × 60% =	₩628,862
상환금액(미지급이자 포함)	(610,000)
사채상환이익	₩18,862

(2) 이자비용: ₩41,509 × 40% × 12/12 + ₩41,509 × 60% × 3/12 = ₩(22,830)

13 자산인식상한효과가 매 보고기간 말 변동되는 경우에 기타포괄손익으로 인식할 금액은 자산인식상한효과의 총변동에서 기초자산인식상한효과에 적절한 할인율을 곱하여 산출된 금액(자산인식상한효과의 순이자)을 제외한 금액이며, 제외된 금액은 당기손익으로 인식하여야 한다.

14 1. 20×1년 총포괄이익에 미치는 영향: ₩(326,000) + ₩26,000 = ₩(300,000) 감소

2. 순확정급여부채의 변동 요약

구분	기초	+	근무원가	+	순이자원가	+	기여금	+	퇴직금	+	재측정요소	=	기말
확정급여채무	(1,200,000)	+	(300,000)[1]	+	(104,000)[2]			+	240,000	+	(36,000)[4]	=	(1,400,000)
사외적립자산	900,000			+	78,000[3]	+	120,000	+	(240,000)	+	62,000[5]	=	920,000
순확정급여부채	(300,000)	+	(300,000)	+	(26,000)	+	120,000	+	0	+	26,000	=	(480,000)
			NI		NI						OCI		부채

[1] 근무원가: 당기근무원가 + 과거근무원가 = ₩300,000 + ₩0 = ₩300,000

[2] 이자원가: ₩1,200,000 × 10% × 4/12 + ₩960,000 × 10% × 8/12 = ₩104,000

[3] 이자수익: ₩900,000 × 10% × 4/12 + ₩660,000 × 10% × 4/12 + ₩780,000 × 10% × 4/12 = ₩78,000

[4] 확정급여채무의 재측정요소: ₩(36,000)(역산)

[5] 사외적립자산의 재측정요소: ₩62,000(역산)

∴ 당기손익(퇴직급여): ₩(300,000) + ₩(26,000) = ₩(326,000)
기타포괄이익(재측정요소): ₩26,000 이익
순확정급여부채(자산): ₩480,000

15 1. 누적적, 5% 부분참가적인 경우

구분	우선주	보통주	합계
과거분 배당	₩6,000,000 × 2% × 2년 = ₩240,000	–	₩240,000
당기분 배당	₩6,000,000 × 2% = ₩120,000	₩10,000,000 × 2% = ₩200,000	₩320,000
참가분 배당	Min[①, ②] = ₩180,000 ① ₩520,000 × 6/16 = ₩195,000 ② ₩6,000,000 × (5% – 2%) = ₩180,000	₩1,080,000 – ₩740,000 = ₩340,000	₩520,000
합계	₩540,000	₩540,000	₩1,080,000

2. 비누적적, 완전참가적인 경우

구분	우선주	보통주	합계
과거분 배당	–	–	–
당기분 배당	₩6,000,000 × 2% = ₩120,000	₩10,000,000 × 2% = ₩200,000	₩320,000
참가분 배당	₩760,000 × 6/16 = ₩285,000	₩760,000 × 10/16 = ₩475,000	₩760,000
합계	₩405,000	₩675,000	₩1,080,000

16 1. 신주인수권부사채의 현재가치

이자의 현재가치: ₩40,000 × 2.5770 =	₩103,080
원금의 현재가치: ₩1,000,000 × 0.7938 =	793,800
상환할증금의 현재가치: ₩100,000[1] × 0.7938 =	79,380
계	₩976,260

[1] ₩1,000,000 × 10% = ₩100,000

2. 신주인수권대가: ₩1,000,000 – ₩976,260 = ₩23,740

17 자본 변동액 = 현금납입액 + 상환할증금 PV
= (50주 × ₩20,000 + ₩100,000/1.08²) × 40%
= ₩434,294 증가(단수차이)

18 1. 각 연도별 주식보상비용

보고기간	주식선택권(B/S)	주식보상비용(I/S)
20×1년	① ₩300 × 100명 × 200개 × 1/3 = ₩2,000,000	① − ₩0 = ₩2,000,000
20×2년	② ₩300 × 100명 × 150개 × 2/3 = ₩3,000,000	② − ① = ₩1,000,000
20×3년	③ ₩300 × 100명 × 0개 × 3/3 = ₩0	③ − ② = ₩(3,000,000) 환입

2. 가득기간은 성과조건이 충족되는 시점에 따라 변경되는 경우가 있다. 성과조건이 비시장조건인 경우에는 기업은 기대가득기간을 추정할 때 가장 실현가능성이 높은 성과에 기초하여야 하며, 만약 후속적인 정보에 비추어 볼 때 기대가득기간이 종전 추정치와 다르다면 추정치를 변경하여야 한다.

19 1. 20×2년도 포괄손익계산서에 인식할 수익: (1) + (2) = ₩860,000
   (1) 매출액: 90매 × ₩10,000 − ₩77,000 = ₩823,000
   (2) 상품권기간경과이익: 10매 × ₩10,000 × 10% + 3매 × ₩10,000 × 90% = ₩37,000

2. 20×1년 회계처리

① 상품권판매 시	(차) 현금	500,000[1]	(대) 선수금(계약부채)	500,000
	[1] 50매 × ₩10,000 = ₩500,000			
② 상품권회수 시	(차) 선수금(계약부채)	420,000[1]	(대) 매출	420,000
	(차) 매출에누리와 환입	31,000	(대) 현금	31,000
	[1] 42매 × ₩10,000 = ₩420,000			
③ 기간경과 시	(차) 선수금(계약부채)	8,000[1]	(대) 상품권기간경과이익	8,000
	[1] 8매 × ₩10,000 × 10% = ₩8,000			

3. 20×2년 회계처리

① 상품권판매 시	(차) 현금	1,000,000[1]	(대) 선수금(계약부채)	1,000,000
	[1] 100매 × ₩10,000 = ₩1,000,000			
② 상품권회수 시	(차) 선수금(계약부채)	900,000[1]	(대) 매출	900,000
	(차) 매출에누리와 환입	77,000	(대) 현금	77,000
	[1] 90매 × ₩10,000 = ₩900,000			
③ 환급 시	(차) 선수금(계약부채)	45,000[1]	(대) 현금	45,000
	[1] 5매 × ₩10,000 × 90% = ₩45,000			
④ 기간경과 시	(차) 선수금(계약부채)	10,000[1]	(대) 상품권기간경과이익	10,000
	[1] 10매 × ₩10,000 × 10% = ₩10,000			
	(차) 선수금(계약부채)	27,000[2]	(대) 상품권기간경과이익	27,000
	[2] 3매 × ₩10,000 × 90% = ₩27,000			

20 1. 계약변경시점의 개별 판매가격을 반영하여 책정된 경우 20×1년 수익으로 인식할 금액: (1) + (2) = ₩106,000
   (1) 20×1년 10월 31일: 50개 × ₩1,000 = ₩50,000
   (2) 20×1년 11월 1일 ~ 12월 31일: 40개 × ₩1,000 + 20개 × ₩800 = ₩56,000

2. 계약변경시점의 개별 판매가격을 반영하지 않은 경우 20×1년 수익으로 인식할 금액: (1) + (2) = ₩106,400
   (1) 20×1년 10월 31일: 50개 × ₩1,000 = ₩50,000
   (2) 20×1년 11월 1일 ~ 12월 31일: 60개 × ₩940[1] = ₩56,400
      [1] (70개 × ₩1,000 + 30개 × ₩800) ÷ 100개 = ₩940

21 **1. 리스부채의 재평가 전 장부금액**
    (1) 20×1년 초: ₩2,000,000 × 2.5770 = ₩5,154,000
    (2) 20×2년 말(= 20×3년 초): ₩2,000,000 × 0.9259 = ₩1,851,800

  2. 20×3년 초 리스부채의 재측정금액: ₩2,000,000 × 0.9091 + ₩2,200,000 × (2.4868 − 0.9091) = ₩5,289,140(수정할인율 적용)

  3. 20×3년 초 리스부채의 증가액: ₩5,289,140 − ₩1,851,800 = ₩3,437,340

  4. 사용권자산의 재평가 전 장부금액
    (1) 20×1년 초: ₩5,154,000 + ₩246,000 = ₩5,400,000
    (2) 20×2년 말(= 20×3년 초): ₩5,400,000 − ₩5,400,000 × 2/3 = ₩1,800,000

  5. 20×3년 초 재평가 후 사용권자산의 장부금액: ₩1,800,000 + ₩3,437,340 = ₩5,237,340

  6. 20×3년 말 사용권자산의 장부금액: ₩5,237,340 × 2/3 = ₩3,491,560

22 **1. 기계설비 취득원가(공정가치):** ₩14,673,400
    (1) 리스순투자와 리스총투자

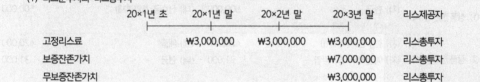

	20×1년 초	20×1년 말	20×2년 말	20×3년 말	리스제공자
고정리스료		₩3,000,000	₩3,000,000	₩3,000,000	리스총투자
보증잔존가치				₩7,000,000	리스총투자
무보증잔존가치				₩3,000,000	리스총투자
기초자산의 공정가치	x				
리스개설직접원가	₩300,000				
리스순투자	₩14,973,400 = ₩3,000,000 × 2.4868 + ₩10,000,000 × 0.7513				

    (2) 기초자산의 공정가치(x) = ₩14,973,400 − ₩300,000 = ₩14,673,400

  2. 회수 시 손실금액: (1) + (2) = ₩(3,000,000)
    (1) 리스채권손상차손: ₩5,000,000 − ₩10,000,000 = ₩(5,000,000)
    (2) 리스보증이익: ₩7,000,000 − ₩5,000,000 = ₩2,000,000

23 1. 세법상 납부할 법인세(당기법인세): ₩179,700

<일시적차이 일정계획표>

<법인세계산> 20×2년		20×3년	20×4년	20×5년
법인세비용차감전순이익	₩600,000			
전기 감가상각비 한도초과액	(2,000)	₩(2,000)	₩(2,000)	
당기손익 – 공정가치 측정 금융자산평가이익	2,000			
제품보증충당부채	3,000	(1,000)	(1,000)	₩(1,000)
미수이자	(4,000)	4,000		
과세소득	₩599,000	₩1,000	₩(3,000)	₩(1,000)
세율	30%	25%	25%	25%
당기법인세	₩179,700	₩250	₩(750)	₩(250)

2. 이연법인세자산·부채
(1) 20×2년 말 이연법인세자산: (₩1,000 – ₩3,000 – ₩1,000) × 25% = ₩750
(2) 20×1년 말 이연법인세자산: (–₩2,000 – ₩2,000) × 25% = ₩1,000

<일정계획표>

20×1년 말		20×2년	20×3년	20×4년
감가상각비 한도초과액	₩6,000	₩(2,000)	₩(2,000)	₩(2,000)
당기손익 – 공정가치 측정 금융자산평가이익	(2,000)	2,000		
합계	₩4,000	₩0	₩(2,000)	₩(2,000)
		30%	25%	25%
		₩0	₩(500)	₩(500)

3. 회계처리

20×2년 말	(차) 법인세비용	179,950	(대) 당기법인세부채	179,700
			이연법인세자산	250

4. 20×2년 법인세비용: ₩179,950

24 1. 보통주당기순이익: ₩15,260,000 – 20,000주 × ₩5,000 × 5% = ₩10,260,000

2. 유통보통주식수: 33,000주 × 12/12 + 2,200주 × 6/12 + 400주 × 3/12 = 34,200주

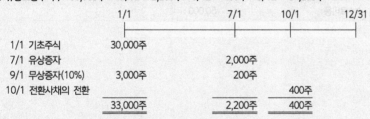

	1/1	7/1	10/1	12/31
1/1 기초주식	30,000주			
7/1 유상증자		2,000주		
9/1 무상증자(10%)	3,000주	200주		
10/1 전환사채의 전환			400주	
	33,000주	2,200주	400주	

3. 기본주당순이익: ₩10,260,000 ÷ 34,200주 = ₩300/주

4. 전환사채의 희석효과: ₩171,000 × (1 – 20%) ÷ 1,900주[1] = ₩72/주(희석효과 있음)

[1] 400주 × 9/12 + 1,600주 × 12/12 = 1,900주

5. 희석주당순이익: $\dfrac{₩10,260,000 + ₩136,800}{34,200주 + 1,900주} = \dfrac{₩10,396,800}{36,100주} = ₩288$

25 **1. 영업활동순현금흐름**

법인세비용차감전순이익	₩2,150,000
이자비용	30,000
감가상각비	77,000
매출채권의 감소	38,000
재고자산의 증가	(15,000)
매입채무의 감소	(8,000)
영업에서 창출된 현금	₩2,272,000
이자지급	(32,500)[1]
법인세지급	x[2]
영업활동순현금흐름	₩1,884,900

[1] 이자지급: 이자비용 ₩(30,000) + 미지급이자의 감소 ₩(2,500) = ₩(32,500)
[2] 법인세지급(x): ₩(354,600)

2. 법인세지급 ₩(354,600) = 법인세비용(y) + 당기법인세부채의 증가 ₩3,000 + 이연법인세부채의 감소 ₩(1,400)

∴ 법인세비용(y) = ₩(356,200)

3. 당기순이익: ₩2,150,000 − ₩356,200 = ₩1,793,800

26 **1. 영업권**

이전대가: 150주 × ₩1,200 + ₩200,000 + ₩800,000 =	₩1,180,000
㈜민국의 순자산공정가치: ₩200,000 + ₩1,280,000 + ₩30,000 − ₩600,000 =	(910,000)
영업권	₩270,000

2. 회계처리

	(차) 기타포괄손익공정가치측정금융자산	30,000	(대) 기타포괄손익공정가치측정금융자산평가이익(OCI)		30,000
	(차) 유동자산	200,000	(대) 부채		600,000
	유형자산(순액)	1,280,000	현금		200,000
20×2. 1. 1.	무형자산(상표권)	30,000	자본금		500,000
	영업권	270,000	주식발행초과금		300,000
			기타포괄손익공정가치측정금융자산		180,000
	(차) 주식발행초과금	10,000	(대) 현금		60,000
	수수료비용	50,000			

27 1. 20×2년도 당기순이익에 미치는 영향: ₩30,000 + ₩20,000 + ₩20,000 = ₩(70,000) 감소

2. 회계처리

	(차) 기타포괄손익공정가치측정금융자산	30,000	(대) 기타포괄손익공정가치측정금융자산평가이익(OCI)	30,000	
	(차) 유동자산	200,000	(대) 부채		600,000
	유형자산(순액)	1,280,000	현금		180,000
	무형자산(상표권)	30,000	자본금		500,000
20×2. 1. 1.	영업권	250,000	주식발행초과금		300,000
			기타포괄손익공정가치측정금융자산		180,000
	(차) 주식발행초과금	10,000	(대) 현금		60,000
	수수료비용	50,000			
	(차) 비용	20,000	(대) 현금		20,000

3. 사업결합 전에 취득자나 취득자의 대리인이 체결하거나 피취득자(또는 피취득자의 이전 소유주)의 효익보다는 주로 취득자나 결합기업의 효익을 위하여 체결한 거래는 별도 거래일 가능성이 높다. 다음은 취득법을 적용하지 않는 별도 거래의 예이다.
   (1) 취득자와 피취득자 사이의 기존 관계를 사실상 정산하는 거래
   (2) 미래 용역에 대하여 종업원이나 피취득자의 이전 소유주에게 보상하는 거래
   (3) 피취득자나 피취득자의 이전 소유주가 대신 지급한 취득자의 취득 관련 원가를 피취득자나 피취득자의 이전 소유주에게 변제하는 거래

4. 사업결합으로 기존 관계를 사실상 정산하는 경우에 취득자는 다음과 같이 측정한 차손익을 인식한다.
   (1) 기존의 비계약관계(예 소송)는 공정가치
   (2) 기존의 계약관계는 다음 ①과 ② 중 적은 금액
      ① 계약이 같거나 비슷한 항목의 현행 시장거래조건과 비교하여 취득자의 관점에서 유리하거나 불리한 경우에 그 금액(불리한 계약은 현행 시장조건에서 불리한 계약이다. 이 계약은 계약상의 의무 이행에서 생기는 회피불가능한 원가가 그 계약에서 받을 것으로 기대하는 경제적 효익을 초과하는 손실부담계약일 필요는 없다)
      ② 거래상대방에게 불리한 조건으로 사용될 수 있는 계약에서 거래상대방에게 정산 규정을 분명하게 밝힌 경우의 그 금액
      만약 ②가 ①보다 적을 경우, 그 차이는 사업결합 회계처리의 일부로 포함한다.

28 1. 회계처리

20×1년 초	(차) 관계기업투자	20,000	(대) 토지		20,000
	현금	10,000	유형자산처분이익(NI)		10,000
20×1년 말	(차) 관계기업투자	1,000	(대) 지분법이익(NI)		1,000[1]
	[1] (₩10,000 − ₩10,000 × ₩20,000/₩30,000) × 30% = ₩1,000				

2. 20×1년도 당기순이익에 미치는 영향: ₩10,000 + ₩1,000 = ₩11,000 증가

29 연결회계와 다르게 유의적인 영향력을 상실하지 않는 범위 내에서 관계기업에 대한 보유지분의 변동은 자본거래로 회계처리하지 않는다. 유의적인 영향력을 획득한 후의 추가 취득이나 유의적인 영향력을 유지하는 경우의 처분거래는 자본거래로 회계처리하지 않는다.

30 20×3년 연결당기순이익

	㈜대한	㈜민국	합계
보고된 당기순이익	₩20,000	₩10,000	₩30,000
투자차액의 상각	–	–	–
내부거래 제거			
기계장치 실현손익	4,000	–	4,000
연결조정 후 당기순이익	₩24,000	₩10,000	₩34,000

∴ 연결당기순이익: ₩24,000 + ₩10,000 = ₩34,000
지배기업소유주 귀속당기순이익: ₩24,000 + ₩10,000 × 60% = ₩30,000
비지배지분순이익: ₩10,000 × 40% = ₩4,000

31 영업권

㈜민국 투자주식의 취득원가		₩150,000
㈜민국의 순자산 장부금액	₩150,000	
토지 과소평가	30,000	
투자차액에 대한 이연법인세부채: ₩30,000 × 20% =	(6,000)	
㈜민국의 순자산공정가치	₩174,000	
지배기업지분율	× 75%	(130,500)
영업권		₩19,500

32 20×1년 비지배지분귀속당기순이익

㈜민국의 보고된 당기순이익	₩30,000
재고자산 미실현손익: ₩10,000 × 50% × (1 − 20%) =	(4,000)
㈜민국의 연결조정 후 당기순이익	₩26,000
비지배지분율	× 25%
비지배지분귀속당기순이익	₩6,500

33 사업결합에서 사업을 취득하기로 하는 확정계약은 위험회피대상항목이 될 수 없다. 다만, 외화위험에 대하여는 위험회피대상항목으로 지정할 수 있다. 그 이유는 외화위험이 아닌 다른 회피대상위험은 특정하여 식별할 수도 없고 측정할 수도 없기 때문이다. 이러한 다른 위험은 일반적인 사업위험이다.

34 1. 20×2년도 당기순이익에 미치는 영향: (1) + (2) + (3) + (4) = ₩180,000 증가
   (1) 매출: 100개 × ₩10,500 = ₩1,050,000
   (2) 매출원가: 100개 × ₩10,000 = ₩(1,000,000)
   (3) 현금흐름위험회피적립금 재분류조정: ₩150,000
   (4) 파생상품평가손실: ₩(20,000)

2. 회계처리

구분	위험회피대상항목(예상거래)	위험회피수단(배터리선도)
20×1. 12. 1.	N/A	N/A
20×1. 12. 31.	N/A	(차) 배터리선도자산　　　　70,000[1)] 　　(대) 현금흐름위험회피적립금(OCI)　50,000[2)] 　　　　파생상품평가이익(NI)　　20,000 [1)] 100개 × (₩12,000 − 11,300) = ₩70,000 [2)] Min[①, ②] = ₩50,000 　① 수단: 100개 × (₩12,000 − 11,300) = ₩70,000 　② 대상: 100개 × (₩13,000 − 12,500) = ₩50,000
20×2. 3. 31.	(차) 현금　　　　1,050,000[1)] 　　(대) 매출　　　　1,050,000 (차) 매출원가　　　　1,000,000[2)] 　　(대) 재고자산　　　　1,000,000 (차) 현금흐름위험회피적립금(OCI) 150,000 　　(대) 매출(NI)　　　　150,000 [1)] 100개 × ₩10,500 = ₩1,050,000 [2)] 100개 × ₩10,000 = ₩1,000,000	(차) 현금　　　　150,000[1)] 　　파생상품평가손실(NI)　20,000 　　(대) 배터리선도자산　　70,000 　　　　현금흐름위험회피적립금(OCI)　100,000[2)] [1)] 100개 × (₩12,000 − 10,500) = ₩150,000 [2)] 누적기준 Min[①, ②] − 50,000 = ₩100,000 　① 수단: 100개 × (₩12,000 − 10,500) = ₩150,000 　② 대상: 100개 × (₩13,000 − 10,500) = ₩250,000

35 보고기업의 해외사업장에 대한 순투자의 일부인 화폐성항목에서 생기는 외환차이는 보고기업의 별도재무제표나 해외사업장의 개별재무제표에서 당기손익으로 적절하게 인식한다. 그러나 보고기업과 해외사업장을 포함하는 재무제표(예 해외사업장이 종속기업인 경우의 연결재무제표)에서는 이러한 외환차이를 처음부터 기타포괄손익으로 인식하고 관련 순투자의 처분시점에 자본에서 당기손익으로 재분류한다.

2022년

공인회계사
1차 기출문제

* 공인회계사 1차 회계학 기출문제 중 재무회계에 해당하는 1～35번 문제를 수록하였습니다.

01 기업회계기준서 제1001호 '재무제표 표시'에 대한 다음 설명 중 옳지 않은 것은?

① 한국채택국제회계기준에서 요구하거나 허용하지 않는 한 자산과 부채 그리고 수익과 비용은 상계하지 아니한다.

② 계속기업의 가정이 적절한지의 여부를 평가할 때 기업이 상당 기간 계속 사업이익을 보고하였고 보고기간 말 현재 경영에 필요한 재무자원을 확보하고 있는 경우에도, 자세한 분석을 의무적으로 수행하여야 하며 이용가능한 모든 정보를 고려하여 계속기업을 전제로 한 회계처리가 적절하다는 결론을 내려야 한다.

③ 기업은 비용의 성격별 또는 기능별 분류방법 중에서 신뢰성 있고 더욱 목적적합한 정보를 제공할 수 있는 방법을 적용하여 당기손익으로 인식한 비용의 분석내용을 표시한다.

④ 유사한 항목은 중요성 분류에 따라 재무제표에 구분하여 표시하고, 상이한 성격이나 기능을 가진 항목은 구분하여 표시한다. 다만 중요하지 않은 항목은 성격이나 기능이 유사한 항목과 통합하여 표시할 수 있다.

⑤ 재무제표 항목의 표시나 분류를 변경하는 경우 실무적으로 적용할 수 없는 것이 아니라면 비교금액도 재분류해야 한다.

02 ㈜대한은 재고자산을 관리하기 위하여 계속기록법과 평균법을 적용하고 있으며, 기말재고자산의 장부수량과 실지재고수량은 일치한다. 다음은 ㈜대한의 20×1년 매입과 매출에 관한 자료이다.

일자	적요	수량(개)	매입단가(₩)
1월 1일	기초재고	100	300
5월 1일	매입	200	400
6월 1일	매입	200	300
9월 1일	매입	100	200
12월 15일	매입	100	200

일자	적요	수량(개)	매출단가(₩)
8월 1일	매출	200	600
10월 1일	매출	200	500

20×1년 기말재고자산의 단위당 순실현가능가치가 ₩200인 경우 ㈜대한이 20×1년 말에 인식할 재고자산평가손실액은 얼마인가? 단, 기초재고자산과 관련된 평가충당금은 없다.

① ₩21,000 ② ₩24,000 ③ ₩27,000
④ ₩30,000 ⑤ ₩33,000

03 ㈜대한이 재고자산을 실사한 결과 20×1년 12월 31일 현재 창고에 보관 중인 상품의 실사금액은 ₩1,500,000인 것으로 확인되었다. 재고자산과 관련된 추가자료는 다음과 같다.

- ㈜대한은 20×1년 9월 1일에 ㈜강원으로부터 원가 ₩100,000의 상품에 대해 판매를 수탁받았으며, 이 중 원가 ₩20,000의 상품을 20×1년 10월 1일에 판매하였다. 나머지 상품은 20×1년 12월 31일 현재 ㈜대한의 창고에 보관 중이며, 창고보관상품의 실사금액에 이미 포함되었다.
- ㈜대한은 20×1년 11월 1일 ㈜경북에 원가 ₩400,000의 상품을 인도하고, 판매대금은 11월 말부터 매월 말일에 3개월에 걸쳐 ₩150,000씩 할부로 수령하기로 하였다.
- ㈜대한은 20×1년 11월 5일에 ㈜충남과 위탁판매계약을 체결하고 원가 ₩200,000의 상품을 적송하였으며, ㈜충남은 20×1년 12월 31일 현재까지 이 중 60%의 상품을 판매하였다.
- ㈜대한이 20×1년 12월 23일에 ㈜민국으로부터 선적지인도조건으로 매입한 원가 ₩100,000의 상품이 20×1년 12월 31일 현재 운송 중에 있다. 이 상품은 20×2년 1월 10일 도착예정이다.
- ㈜대한은 20×1년 12월 24일에 ㈜충북에게 원가 ₩50,000의 상품을 ₩80,000에 판매 즉시 인도하고 2개월 후 ₩100,000에 재구매하기로 약정하였다.

위의 추가자료를 반영한 후 ㈜대한의 20×1년 말 재무상태표에 표시될 기말상품재고액은 얼마인가? 단, 재고자산감모손실 및 재고자산평가손실은 없다. ㈜대한의 위탁(수탁)판매계약은 기업회계기준서 제1115호 '고객과의 계약에서 생기는 수익'의 위탁(수탁)약정에 해당한다.

① ₩1,570,000 ② ₩1,600,000 ③ ₩1,650,000
④ ₩1,730,000 ⑤ ₩1,800,000

04 기업회계기준서 제1034호 '중간재무보고'에 대한 다음 설명 중 옳지 않은 것은?

① 중간재무보고서는 최소한 요약재무상태표, 요약된 하나 또는 그 이상의 포괄손익계산서, 요약자본변동표, 요약현금흐름표 그리고 선별적 주석을 포함하여야 한다.
② 중간재무보고서에는 직전 연차보고기간 말 후 발생한 재무상태와 경영성과의 변동을 이해하는 데 유의적인 거래나 사건에 대한 설명을 포함한다.
③ 특정 중간기간에 보고된 추정금액이 최종 중간기간에 중요하게 변동하였지만 최종 중간기간에 대하여 별도의 재무보고를 하지 않는 경우에는, 추정의 변동 성격과 금액을 해당 회계연도의 연차재무제표에 주석으로 공시하지 않는다.
④ 중간재무보고서를 작성할 때 인식, 측정, 분류 및 공시와 관련된 중요성의 판단은 해당 중간기간의 재무자료에 근거하여 이루어져야 한다.
⑤ 중간재무제표는 연차재무제표에 적용하는 회계정책과 동일한 회계정책을 적용하여 작성한다. 다만 직전 연차보고기간 말 후에 회계정책을 변경하여 그 후의 연차재무제표에 반영하는 경우에는 변경된 회계정책을 적용한다.

05 ㈜대한은 20×1년 1월 1일 정부로부터 자금을 전액 차입하여 기계장치를 ₩400,000에 구입하였다. 정부로부터 수령한 차입금은 20×4년 12월 31일에 일시 상환해야 하며, 매년 말 차입금의 연 3% 이자를 지급하는 조건이다. ㈜대한은 구입한 기계장치에 대해서 원가모형을 적용하며, 추정내용연수 4년, 잔존가치 ₩0, 정액법으로 감가상각한다. 20×1년 1월 1일 차입 시 ㈜대한에 적용되는 시장이자율은 연 8%이다. 정부로부터 수령한 차입금과 관련하여 ㈜대한의 20×1년 말 재무상태표상에 표시될 기계장치의 장부금액은 얼마인가? 단, 정부보조금은 자산의 취득원가에서 차감하는 원가(자산)차감법을 사용하여 표시한다. 단수차이로 인해 오차가 있다면 가장 근사치를 선택한다.

기간 \ 할인율	8%	
	단일금액 ₩1의 현재가치	정상연금 ₩1의 현재가치
4년	0.7350	3.3121

① ₩242,309 ② ₩244,309 ③ ₩246,309
④ ₩248,309 ⑤ ₩250,309

06 다음의 각 독립적인 상황(상황 1, 상황 2)에서 ㈜대한의 유형자산(기계장치) 취득원가는 각각 얼마인가?

상황 1	• ㈜대한은 기계장치(장부금액 ₩800,000, 공정가치 ₩1,000,000)를 ㈜민국의 기계장치와 교환하면서 현금 ₩1,800,000을 추가로 지급하였다. • ㈜대한과 ㈜민국 간의 기계장치 교환은 상업적 실질이 있는 거래이다.
상황 2	• ㈜대한은 기계장치를 ㈜민국의 기계장치와 교환하였다. • ㈜대한과 ㈜민국의 기계장치에 대한 취득원가 및 감가상각누계액은 각각 다음과 같다.

구분	㈜대한	㈜민국
취득원가	₩2,000,000	₩2,400,000
감가상각누계액	1,200,000	1,500,000

• ㈜대한과 ㈜민국 간의 기계장치 교환은 상업적 실질이 결여된 거래이다.

	상황 1	상황 2
①	₩2,700,000	₩800,000
②	₩2,700,000	₩900,000
③	₩2,800,000	₩800,000
④	₩2,800,000	₩900,000
⑤	₩3,100,000	₩2,000,000

07 ㈜대한은 20×1년 7월 1일에 공장건물을 신축하기 시작하여 20×2년 10월 31일에 해당 공사를 완료하였다. ㈜대한의 동 공장건물은 차입원가를 자본화하는 적격자산이다.

구분	20×1. 7. 1.	20×1. 10. 1.	20×2. 4. 1.
공사비 지출액	₩1,500,000	₩3,000,000	₩1,000,000

- 공장건물 신축 관련 공사비 지출 내역은 다음과 같다.

- ㈜대한은 20×1년 7월 1일에 ₩200,000의 정부보조금을 수령하여 즉시 동 공장건물을 건설하는 데 모두 사용하였다.
- 특정차입금 ₩2,500,000 중 ₩300,000은 20×1년 7월 1일부터 9월 30일까지 연 4% 수익률을 제공하는 투자처에 일시적으로 투자하였다.
- ㈜대한의 차입금 내역은 다음과 같으며, 모든 차입금은 매년 말 이자지급조건이다.

차입금	차입일	차입금액	상환일	연 이자율
특정	20×1. 7. 1.	₩2,500,000	20×2. 8. 31.	5%
일반	20×1. 1. 1.	2,000,000	20×3. 12. 31.	4%
일반	20×1. 7. 1.	4,000,000	20×2. 12. 31.	8%

㈜대한이 동 공사와 관련하여 20×1년에 자본화할 차입원가는 얼마인가? 단, 연평균지출액, 이자수익 및 이자비용은 월할로 계산한다.

① ₩73,000   ② ₩83,000   ③ ₩92,500

④ ₩148,500   ⑤ ₩152,500

08 다음은 ㈜대한의 무형자산과 관련된 자료이다.

- ㈜대한은 탄소배출량을 혁신적으로 감소시킬 수 있는 신기술에 대해서 연구 및 개발활동을 수행하고 있다. ㈜대한의 20×1년과 20×2년의 연구 및 개발활동에서 발생한 지출내역을 요약하면 다음과 같다.

구분	20×1년	20×2년
연구활동	₩900,000	₩300,000
개발활동	–	3,500,000

- ㈜대한의 개발활동과 관련된 지출은 모두 무형자산의 인식요건을 충족한다.
- ㈜대한의 탄소배출량 감소와 관련된 신기술은 20×2년 중에 개발이 완료되었으며, 20×2년 10월 1일부터 사용가능하게 되었다.
- ㈜대한은 신기술 관련 무형자산에 대해서 원가모형을 적용하며 추정내용연수 20년, 잔존가치 ₩0, 정액법으로 상각한다.
- 20×3년 말 상기 신기술의 사업성이 매우 낮은 것으로 판명되었고, 신기술의 회수가능가액은 ₩2,000,000으로 평가되었다.

동 신기술 관련 무형자산 회계처리가 ㈜대한의 20×3년도 포괄손익계산서상 당기순이익에 미치는 영향은 얼마인가?

① ₩1,496,250 감소   ② ₩1,486,250 감소   ③ ₩1,480,250 감소
④ ₩1,456,250 감소   ⑤ ₩1,281,250 감소

09 ㈜대한은 20×1년 4월 1일에 ㈜민국이 20×1년 1월 1일 발행한 액면금액 ₩1,000,000(만기 3년, 표시이자율 연 4%, 매년 말 이자지급)의 사채를 취득하면서 상각후원가로 측정하는 금융자산(AC금융자산)으로 분류하였다. ㈜대한이 사채 취득 시 적용할 유효이자율은 연 6%이다. ㈜민국이 20×2년 10월 1일 사채액면금액의 60%를 ₩610,000(경과이자 포함)에 조기상환 시 ㈜대한이 인식할 처분손익은 얼마인가? 단, 이자는 월할로 계산하며, 단수차이로 인해 오차가 있다면 가장 근사치를 선택한다.

기간 \ 할인율	단일금액 ₩1의 현재가치		정상연금 ₩1의 현재가치	
	4%	6%	4%	6%
1년	0.9615	0.9434	0.9615	0.9434
2년	0.9246	0.8900	1.8861	1.8334
3년	0.8890	0.8396	2.7751	2.6730

① 처분이익 ₩24,004   ② 처분이익 ₩6,004   ③ ₩0
④ 처분손실 ₩6,004   ⑤ 처분손실 ₩24,004

10 ㈜대한은 ㈜민국이 20×1년 1월 1일 발행한 사채를 발행일에 취득하였으며, 취득 시 상각후원가로 측정하는 금융자산(AC금융자산)으로 분류하였다. ㈜민국의 사채는 다음과 같은 조건으로 발행되었다.

- 액면금액: ₩500,000
- 표시이자율: 연 6%
- 이자지급일: 매년 말
- 유효이자율: 연 8%
- 만기일: 20×3년 12월 31일

20×2년 12월 31일 ㈜대한과 ㈜민국은 다음과 같은 조건으로 재협상하여 계약상 현금흐름을 변경하였다. 변경시점의 현행시장이자율은 연 10%이다.

- 만기일을 20×4년 12월 31일로 연장
- 표시이자율을 연 4%로 인하

위 계약상 현금흐름의 변경이 금융자산의 제거조건을 충족하지 않는 경우 ㈜대한이 인식할 변경손익은 얼마인가? 단, 단수차이로 인해 오차가 있다면 가장 근사치를 선택한다.

할인율 기간	단일금액 ₩1의 현재가치			정상연금 ₩1의 현재가치		
	6%	8%	10%	6%	8%	10%
1년	0.9434	0.9259	0.9091	0.9434	0.9259	0.9091
2년	0.8900	0.8573	0.8264	1.8334	1.7832	1.7355
3년	0.8396	0.7938	0.7513	2.6730	2.5770	2.4868

① 변경이익 ₩42,809   ② 변경이익 ₩26,405   ③ ₩0
④ 변경손실 ₩26,405   ⑤ 변경손실 ₩42,809

11 ㈜대한은 20×1년 1월 1일에 ㈜민국에게 사채(액면금액 ₩1,000,000, 3년 만기, 표시이자율 연 10%, 매년 말 이자지급)를 발행하였으며, 동 사채를 상각후원가로 측정하는 금융부채로 분류 하였다. 사채발행일의 시장이자율은 연 12%이다. ㈜대한은 20×1년 12월 31일 동 사채의 만기 를 20×4년 12월 31일로 연장하고 매년 말 연 4%의 이자를 지급하는 조건으로 ㈜민국과 합의 하였다. 조건변경 전 20×1년 12월 31일 사채의 장부금액은 ₩966,218이며, 현행시장이자율은 연 15%이다. ㈜대한이 20×1년 12월 31일 동 사채의 조건변경으로 인식할 조정손익은 얼마인 가? 단, 단수차이로 인해 오차가 있다면 가장 근사치를 선택한다.

기간 \ 할인율	단일금액 ₩1의 현재가치			정상연금 ₩1의 현재가치		
	10%	12%	15%	10%	12%	15%
3년	0.7513	0.7118	0.6575	2.4868	2.4018	2.2832

① 조정이익 ₩217,390   ② 조정이익 ₩158,346   ③ ₩0
④ 조정손실 ₩158,346   ⑤ 조정손실 ₩217,390

12 ㈜대한은 20×1년 1월 1일 사채(액면금액 ₩5,000,000, 표시이자율 연 6%, 매년 말 이자지급, 3년 만기)를 발행하였으며, 동 사채를 상각후원가로 측정하는 금융부채로 분류하였다. 사채발행 일의 시장이자율은 연 8%이며, 사채발행비 ₩50,000이 지급되었다. 20×1년 12월 31일 사채의 장부금액이 ₩4,814,389일 경우 ㈜대한이 동 사채와 관련하여 20×2년에 인식할 이자비용은 얼 마인가? 단, 단수차이로 인해 오차가 있다면 가장 근사치를 선택한다.

기간 \ 할인율	단일금액 ₩1의 현재가치		정상연금 ₩1의 현재가치	
	6%	8%	6%	8%
1년	0.9434	0.9259	0.9434	0.9259
2년	0.8900	0.8573	1.8334	1.7832
3년	0.8396	0.7938	2.6730	2.5770

① ₩394,780   ② ₩404,409   ③ ₩414,037
④ ₩423,666   ⑤ ₩433,295

※ 다음 자료를 이용하여 **13 ~ 14**에 답하시오.

(1) ㈜대한은 20×1년 1월 1일 액면금액 ₩1,000,000의 전환사채를 다음과 같은 조건으로 액면발행하였다.
- 표시이자율: 연 4%
- 일반사채 시장이자율: 연 8%
- 이자지급일: 매년 말
- 만기일: 20×3년 12월 31일
- 전환조건: 사채액면금액 ₩5,000당 1주의 보통주(1주당 액면금액 ₩3,000)로 전환되며, 후속적으로 변경되지 않는다.
- 만기일까지 전환권을 행사하지 않으면 만기일에 액면금액의 108.6%를 지급

(2) 적용할 현가계수는 아래의 표와 같다.

기간 \ 할인율	단일금액 ₩1의 현재가치			정상연금 ₩1의 현재가치		
	4%	8%	10%	4%	8%	10%
1년	0.9615	0.9259	0.9091	0.9615	0.9259	0.9091
2년	0.9246	0.8573	0.8264	1.8861	1.7832	1.7355
3년	0.8890	0.7938	0.7513	2.7751	2.5770	2.4868

13 20×2년 1월 1일 위 전환사채의 액면금액 40%가 전환되었을 때, ㈜대한의 자본증가액은 얼마인가? 단, 단수차이로 인해 오차가 있다면 가장 근사치를 선택한다.

① ₩365,081   ② ₩379,274   ③ ₩387,003
④ ₩400,944   ⑤ ₩414,885

14 ㈜대한은 전환되지 않고 남아있는 전환사채를 모두 20×3년 1월 1일 조기상환하였다. 조기상환 시 전환사채의 공정가치는 ₩650,000이며, 일반사채의 시장이자율은 연 10%이다. ㈜대한의 조기상환이 당기순이익에 미치는 영향은 얼마인가? 단, 단수차이로 인해 오차가 있다면 가장 근사치를 선택한다.

① ₩3,560 증가   ② ₩11,340 증가   ③ ₩14,900 증가
④ ₩3,560 감소   ⑤ ₩11,340 감소

15 20×1년 1월 1일에 설립된 ㈜대한은 확정급여제도를 채택하고 있으며, 관련 자료는 다음과 같다. 순확정급여자산(부채) 계산 시 적용한 할인율은 연 6%로 매년 변동이 없다.

<20×1년>
- 20×1년 말 확정급여채무 장부금액은 ₩500,000이다.
- 20×1년 말 사외적립자산에 ₩460,000을 현금으로 출연하였다.

<20×2년>
- 20×2년 말에 퇴직종업원에게 ₩40,000의 현금이 사외적립자산에서 지급되었다.
- 20×2년 말에 사외적립자산에 ₩380,000을 현금으로 출연하였다.
- 당기근무원가는 ₩650,000이다.
- 20×2년 말 현재 사외적립자산의 공정가치는 ₩850,000이다.
- 할인율을 제외한 보험수리적 가정의 변동을 반영한 20×2년 말 확정급여채무는 ₩1,150,000이다.

㈜대한의 확정급여제도 적용이 20×2년도 총포괄이익에 미치는 영향은 얼마인가?

① ₩580,000 감소   ② ₩635,200 감소   ③ ₩640,000 감소
④ ₩685,000 감소   ⑤ ₩692,400 감소

16 20×1년 1월 1일 현재 ㈜대한의 보통주 발행주식수는 7,000주(1주당 액면금액 ₩500)이며, 이 중 600주는 자기주식이고, 전환우선주(누적적) 발행주식수는 900주(1주당 액면금액 ₩200, 연 배당률 20%, 3주당 보통주 1주로 전환 가능)이다.

- 3월 1일 유상증자를 실시하여 보통주 2,000주가 증가하였다. 유상증자 시 1주당 발행금액은 ₩2,000이고 유상증자 직전 1주당 공정가치는 ₩2,500이다.
- 7월 1일 전년도에 발행한 전환사채(액면금액 ₩500,000, 액면금액 ₩500당 1주의 보통주로 전환) 중 25%가 보통주로 전환되었다.
- 10월 1일 전환우선주 600주가 보통주로 전환되었다.

㈜대한이 20×1년 당기순이익으로 ₩2,334,600을 보고한 경우 20×1년도 기본주당이익은 얼마인가? 단, 기중에 전환된 전환우선주에 대해서는 우선주배당금을 지급하지 않는다. 가중평균유통보통주식수는 월할계산하되, 잠재적보통주(전환사채, 전환우선주)에 대해서는 실제 전환일을 기준으로 한다.

① ₩220   ② ₩240   ③ ₩260
④ ₩280   ⑤ ₩300

17 기업회계기준서 제1102호 '주식기준보상'에 대한 다음 설명 중 옳지 않은 것은?

① 주식결제형 주식기준보상거래에서는, 제공받는 재화나 용역과 그에 상응하는 자본의 증가를 제공받는 재화나 용역의 공정가치로 직접 측정한다. 그러나 제공받는 재화나 용역의 공정가치를 신뢰성 있게 추정할 수 없다면, 제공받는 재화나 용역과 그에 상응하는 자본의 증가는 부여한 지분상품의 공정가치에 기초하여 간접 측정한다.

② 주식결제형 주식기준보상거래에서 부여한 지분상품의 공정가치에 기초하여 거래를 측정하는 때에는 시장가격을 구할 수 있다면, 지분상품의 부여조건을 고려한 공정가치와 가치평가기법을 사용하여 부여한 지분상품의 공정가치 중 한 가지를 선택하여 측정한다.

③ 현금결제형 주식기준보상거래에서 주가차액보상권을 부여함에 따라 인식하는 부채는 부여일과 부채가 결제될 때까지 매 보고기간 말과 결제일에 주가차액보상권의 공정가치로 측정한다.

④ 거래상대방이 결제방식을 선택할 수 있는 주식기준보상거래의 경우 종업원과의 주식기준보상거래를 포함하여 제공받는 재화나 용역의 공정가치를 직접 측정할 수 없는 거래에서는 현금이나 지분상품에 부여된 권리의 조건을 고려하여 측정기준일 현재 복합금융상품의 공정가치를 측정한다.

⑤ 기업이 현금이나 지분상품발행으로 결제할 수 있는 선택권을 갖는 조건이 있는 주식기준보상거래의 경우에는, 현금을 지급해야 하는 현재의무가 있는지를 결정하고 그에 따라 주식기준보상거래를 회계처리한다.

18 ㈜대한리스는 ㈜민국과 리스개시일인 20×1년 1월 1일에 운용리스에 해당하는 리스계약(리스기간 3년)을 체결하였으며, 관련 정보는 다음과 같다.

- ㈜대한리스는 리스개시일인 20×1년 1월 1일에 기초자산인 기계장치를 ₩40,000,000(잔존 가치 ₩0, 내용연수 10년)에 신규 취득하였다. ㈜대한리스는 동 기초자산에 대해 원가모형을 적용하며, 정액법으로 감가상각한다.
- 정액 기준 외 기초자산의 사용으로 생기는 효익의 감소형태를 보다 잘 나타내는 다른 체계적인 기준은 없다.
- ㈜대한리스는 리스기간 종료일인 20×3년 12월 31일에 기초자산을 반환받으며, 리스종료일에 리스이용자가 보증한 잔존가치는 없다.
- ㈜대한리스는 ㈜민국으로부터 각 회계연도 말에 다음과 같은 고정리스료를 받는다.

20×1년 말	20×2년 말	20×3년 말
₩6,000,000	₩8,000,000	₩10,000,000

- ㈜대한리스와 ㈜민국은 20×1년 1월 1일 운용리스 개설과 관련한 직접원가로 ₩600,000과 ₩300,000을 각각 지출하였다.
- ㈜민국은 사용권자산에 대해 원가모형을 적용하며, 정액법으로 감가상각한다.
- 동 거래는 운용리스거래이기 때문에 ㈜민국은 ㈜대한리스의 내재이자율을 쉽게 산정할 수 없으며, 리스개시일 현재 ㈜민국의 증분차입이자율은 연 8%이다.
- 적용할 현가계수는 아래의 표와 같다.

기간 \ 할인율	8%	
	단일금액 ₩1의 현재가치	정상연금 ₩1의 현재가치
1년	0.9259	0.9259
2년	0.8573	1.7832
3년	0.7938	2.5770

동 운용리스거래가 리스제공자인 ㈜대한리스와 리스이용자인 ㈜민국의 20×1년도 포괄손익계산서상 당기순이익에 미치는 영향은 각각 얼마인가? 단, 감가상각비의 자본화는 고려하지 않으며, 단수차이로 인해 오차가 있다면 가장 근사치를 선택한다.

	㈜대한리스	㈜민국
①	₩1,400,000 증가	₩8,412,077 감소
②	₩3,400,000 증가	₩8,412,077 감소
③	₩3,400,000 증가	₩8,512,077 감소
④	₩3,800,000 증가	₩8,412,077 감소
⑤	₩3,800,000 증가	₩8,512,077 감소

19 ㈜대한은 기계장치를 제조 및 판매하는 기업이다. 20×1년 1월 1일 ㈜대한은 ㈜민국에게 원가 (장부금액) ₩100,000의 재고자산(기초자산)을 아래와 같은 조건으로 판매하였는데, 이 거래는 금융리스에 해당한다.

- 리스개시일은 20×1년 1월 1일이며, 리스개시일 현재 재고자산(기초자산)의 공정가치는 ₩130,000이다.
- ㈜대한은 20×1년부터 20×3년까지 매년 12월 31일에 ㈜민국으로부터 ₩50,000의 고정리스료를 받는다.
- ㈜대한은 동 금융리스 계약의 체결과 관련하여 리스개시일에 ₩1,000의 수수료를 지출하였다.
- ㈜민국은 리스기간 종료일인 20×3년 12월 31일에 리스자산을 해당 시점의 공정가치보다 충분히 낮은 금액인 ₩8,000에 매수할 수 있는 선택권을 가지고 있으며, 20×1년 1월 1일 현재 ㈜민국이 이를 행사할 것이 상당히 확실하다고 판단된다.
- 20×1년 1월 1일에 ㈜대한의 증분차입이자율은 연 8%이며, 시장이자율은 연 12%이다.
- 적용할 현가계수는 아래의 표와 같다.

기간 \ 할인율	단일금액 ₩1의 현재가치 8%	단일금액 ₩1의 현재가치 12%	정상연금 ₩1의 현재가치 8%	정상연금 ₩1의 현재가치 12%
1년	0.9259	0.8929	0.9259	0.8929
2년	0.8573	0.7972	1.7832	1.6901
3년	0.7938	0.7118	2.5770	2.4019

위 거래가 ㈜대한의 20×1년도 포괄손익계산서상 당기순이익에 미치는 영향은 얼마인가? 단, 단수차이로 인해 오차가 있다면 가장 근사치를 선택한다.

① ₩24,789 증가 ② ₩25,789 증가 ③ ₩39,884 증가
④ ₩40,884 증가 ⑤ ₩42,000 증가

20 기업회계기준서 제1115호 '고객과의 계약에서 생기는 수익'에 대한 다음 설명 중 옳지 않은 것은?

① 일반적으로 고객과의 계약에는 기업이 고객에게 이전하기로 약속하는 재화나 용역을 분명히 기재한다. 그러나 고객과의 계약에서 식별되는 수행의무는 계약에 분명히 기재한 재화나 용역에만 한정되지 않을 수 있다.

② 계약을 이행하기 위해 해야 하지만 고객에게 재화나 용역을 이전하는 활동이 아니라면 그 활동은 수행의무에 포함되지 않는다.

③ 고객이 약속한 대가(판매대가) 중 상당한 금액이 변동될 수 있으며 그 대가의 금액과 시기가 고객이나 기업이 실질적으로 통제할 수 없는 미래 사건의 발생 여부에 따라 달라진다면 판매대가에 유의적인 금융요소는 없는 것으로 본다.

④ 적절한 진행률 측정방법에는 산출법과 투입법이 포함된다. 진행률 측정방법을 적용할 때, 고객에게 통제를 이전하지 않은 재화나 용역은 진행률 측정에서 제외하는 반면, 수행의무를 이행할 때 고객에게 통제를 이전하는 재화나 용역은 모두 진행률 측정에 포함한다.

⑤ 수익은 한 시점에 이행하는 수행의무 또는 기간에 걸쳐 이행하는 수행의무로 구분한다. 이러한 구분을 위해 먼저 통제 이전 지표에 의해 한 시점에 이행하는 수행의무인지를 판단하고, 이에 해당하지 않는다면 그 수행의무는 기간에 걸쳐 이행되는 것으로 본다.

21 유통업을 영위하고 있는 ㈜대한은 20×1년 1월 1일 제품 A와 제품 B를 생산하는 ㈜민국과 각 제품에 대해 다음과 같은 조건의 판매 계약을 체결하였다.

<제품 A>

• ㈜대한은 제품 A에 대해 매년 최소 200개의 판매를 보장하며, 이에 대해서는 재판매 여부에 관계없이 ㈜민국에게 매입대금을 지급한다. 다만, ㈜대한이 200개를 초과하여 제품 A를 판매한 경우 ㈜대한은 판매되지 않은 제품 A를 모두 조건 없이 ㈜민국에게 반환할 수 있다.

• 고객에게 판매할 제품 A의 판매가격은 ㈜대한이 결정한다.

• ㈜민국은 ㈜대한에 제품 A를 1개당 ₩1,350에 인도하며, ㈜대한은 판매수수료 ₩150을 가산하여 1개당 ₩1,500에 고객에게 판매한다.

<제품 B>

• ㈜대한은 제품 B에 대해 연간 최소 판매 수량을 보장하지 않으며, 매년 말까지 판매하지 못한 제품 B를 모두 조건 없이 ㈜민국에게 반환할 수 있다.

• 고객에게 판매할 제품 B의 판매가격은 ㈜민국이 결정한다.

• ㈜대한은 인도받은 제품 B 중 제3자에게 판매한 부분에 대해서만 ㈜민국에게 관련 대금을 지급한다.

• ㈜민국은 고객에게 판매할 제품 B의 판매가격을 1개당 ₩1,000으로 결정하였으며, ㈜대한은 해당 판매가격에서 ₩50의 판매수수료를 차감한 금액을 ㈜민국에게 지급한다.

㈜민국은 위 계약을 체결한 즉시 ㈜대한에게 제품 A 250개와 제품 B 100개를 인도하였다. ㈜대한이 20×1년에 제품 A 150개와 제품 B 80개를 판매하였을 경우 동 거래로 인해 ㈜대한과 ㈜민국이 20×1년도에 인식할 수익은 각각 얼마인가?

	㈜대한	㈜민국
①	₩26,500	₩278,500
②	₩26,500	₩305,000
③	₩229,000	₩305,000
④	₩229,000	₩350,000
⑤	₩305,000	₩278,500

22 ㈜대한은 상업용 로봇을 제작하여 고객에게 판매한다. 20×1년 9월 1일에 ㈜대한은 청소용역업체인 ㈜민국에게 청소로봇 1대를 ₩600,000에 판매하고, ㈜민국으로부터 2개월간 청소용역을 제공받는 계약을 체결하였다. ㈜대한은 ㈜민국의 청소용역에 대한 대가로 ₩50,000을 지급하기로 하였다. ㈜대한은 20×1년 10월 1일 청소로봇 1대를 ㈜민국에게 인도하고 현금 ₩600,000을 수취하였으며, ㈜민국으로부터 20×1년 10월 1일부터 2개월간 청소용역을 제공받고 현금 ₩50,000을 지급하였다. 다음의 독립적인 2가지 상황(상황 1, 상황 2)에서 상기 거래로 인해 ㈜대한이 20×1년도에 인식할 수익은 각각 얼마인가?

> (상황 1) ㈜민국이 ㈜대한에 제공한 청소용역의 공정가치가 ₩40,000인 경우
> (상황 2) ㈜민국이 ㈜대한에 제공한 청소용역의 공정가치를 합리적으로 추정할 수 없는 경우

	(상황 1)	(상황 2)
①	₩590,000	₩550,000
②	₩590,000	₩600,000
③	₩560,000	₩550,000
④	₩560,000	₩600,000
⑤	₩600,000	₩600,000

23 다음은 기업회계기준서 제1012호 '법인세'와 관련된 내용이다. 이에 대한 설명으로 옳은 것은?

① 복합금융상품(예 전환사채)의 발행자가 해당 금융상품의 부채요소와 자본요소를 각각 부채와 자본으로 분류하였다면, 그러한 자본요소의 최초 인식 금액에 대한 법인세효과(이연법인세)는 자본요소의 장부금액에 직접 반영한다.

② 과세대상수익의 수준에 따라 적용되는 세율이 다른 경우에는 일시적차이가 소멸될 것으로 예상되는 기간의 과세소득(세무상결손금)에 적용될 것으로 기대되는 한계세율을 사용하여 이연법인세자산과 부채를 측정한다.

③ 일시적차이는 포괄손익계산서상 법인세비용차감전순이익과 과세당국이 제정한 법규에 따라 납부할 법인세를 산출하는 대상이 되는 이익 즉, 과세소득 간의 차이를 말한다.

④ 재평가모형을 적용하고 있는 유형자산과 관련된 재평가잉여금은 법인세효과를 차감한 후의 금액으로 기타포괄손익에 표시하고 법인세효과는 이연법인세자산으로 인식한다.

⑤ 이연법인세자산과 부채는 장기성 채권과 채무이기 때문에 각 일시적차이의 소멸시점을 상세히 추정하여 신뢰성 있게 현재가치로 할인한다.

24 ㈜대한의 회계감사인은 20×2년도 재무제표에 대한 감사과정에서 20×1년 말 재고자산 금액이 ₩10,000만큼 과대계상되어 있음을 발견하였으며, 이는 중요한 오류에 해당한다. 동 재고자산의 과대계상 오류가 수정되지 않은 ㈜대한의 20×1년과 20×2년의 손익은 다음과 같다.

구분	20×1년	20×2년
수익	₩150,000	₩170,000
비용	90,000	40,000
당기순이익	₩60,000	₩130,000

한편, 20×2년 말 재고자산 금액은 정확하게 계상되어 있으며, ㈜대한의 20×1년 초 이익잉여금은 ₩150,000이다. 상기 재고자산 오류를 수정하여 비교재무제표를 작성할 경우, ㈜대한의 20×1년 말과 20×2년 말의 이익잉여금은 각각 얼마인가?

	20×1년 말	20×2년 말
①	₩200,000	₩330,000
②	₩200,000	₩340,000
③	₩210,000	₩330,000
④	₩210,000	₩340,000
⑤	₩220,000	₩340,000

25 다음의 자료를 이용하여 ㈜대한의 20×1년도 매출액과 매출원가를 구하면 각각 얼마인가?

- ㈜대한의 20×1년도 현금흐름표상 '고객으로부터 유입된 현금'과 '공급자에 대한 현금유출'은 각각 ₩730,000과 ₩580,000이다.
- ㈜대한의 재무상태표에 표시된 매출채권, 매출채권 관련 손실충당금, 재고자산, 매입채무의 금액은 각각 다음과 같다.

구분	20×1년 초	20×1년 말
매출채권	₩150,000	₩115,000
(손실충당금)	(40,000)	(30,000)
재고자산	200,000	230,000
매입채무	90,000	110,000

- 20×1년도 포괄손익계산서에 매출채권 관련 외환차익과 매입채무 관련 외환차익이 각각 ₩200,000과 ₩300,000으로 계상되어 있다.
- 20×1년도 포괄손익계산서에 매출채권에 대한 손상차손 ₩20,000과 기타비용(영업외비용)으로 표시된 재고자산감모손실 ₩15,000이 각각 계상되어 있다.

	매출액	매출원가
①	₩525,000	₩855,000
②	₩525,000	₩645,000
③	₩545,000	₩855,000
④	₩545,000	₩645,000
⑤	₩725,000	₩555,000

26 기업회계기준서 제1103호 '사업결합'에 대한 다음 설명 중 옳지 않은 것은?

① 취득자는 식별할 수 있는 취득 자산과 인수 부채를 취득일의 공정가치로 측정한다. 다만 일부 제한적인 예외항목은 취득일의 공정가치가 아닌 금액으로 측정한다.

② 취득자는 사업결합으로 취득 자산과 인수 부채에서 생기는 이연법인세자산이나 부채를 기업회계기준서 제1012호 '법인세'에 따라 인식하고 측정한다.

③ 시장참여자가 공정가치를 측정할 때 계약의 잠재적 갱신을 고려하는지와 무관하게, 취득자는 무형자산으로 인식하는 '다시 취득한 권리'의 가치를 관련 계약의 남은 계약기간에 기초하여 측정한다.

④ 조건부대가를 자본으로 분류한 경우, 조건부대가의 공정가치 변동이 측정기간의 조정 사항에 해당하지 않는다면 재측정하지 않는다.

⑤ 사업결합에서 인식한 우발부채는 이후 소멸하는 시점까지 기업회계기준서 제1037호 '충당부채, 우발부채, 우발자산'에 따라 후속 측정하여야 한다.

27 ㈜대한은 20×1년 초 두 개의 현금창출단위(A사업부, B사업부)를 보유하고 있는 ㈜민국을 흡수합병(사업결합)하였으며, 이전대가로 지급한 ₩30,000은 각 현금창출단위에 다음과 같이 배분되었다.

구분	이전대가	식별가능한 순자산의 공정가치
A사업부	₩22,000	₩19,000
B사업부	8,000	6,000
합계	₩30,000	₩25,000

20×1년 말 현재 강력한 경쟁기업의 등장으로 인해 A사업부의 매출이 상당히 위축될 것으로 예상되자, ㈜대한은 A사업부(현금창출단위)의 회수가능액을 ₩13,500으로 추정하였다. 손상차손을 인식하기 전 A사업부에 속하는 모든 자산의 20×1년 말 장부금액과 추가정보는 다음과 같다.

구분	손상 전 장부금액	추가정보
토지	₩5,000	순공정가치는 ₩5,500임
건물	8,000	순공정가치는 ₩6,800이며, 사용가치는 ₩7,200임
기계장치	2,000	회수가능액을 측정할 수 없음
영업권	?	

손상차손을 인식한 후, ㈜대한의 20×1년 말 재무상태표에 보고되는 A사업부의 기계장치 장부금액은 얼마인가? 단, ㈜대한은 유형자산에 대해 원가모형을 적용하고 있다.

① ₩1,700 ② ₩1,300 ③ ₩1,200
④ ₩800 ⑤ ₩500

※ 다음 자료를 이용하여 **28 ~ 29**에 답하시오.

제조업을 영위하는 ㈜대한은 20×1년 초에 ㈜민국의 보통주 60%를 ₩140,000에 취득하여 지배력을 획득하였다. 취득일 현재 ㈜민국의 순자산 장부금액은 ₩150,000(자본금 ₩100,000, 이익잉여금 ₩50,000)이다.

<추가자료>

• 취득일 현재 ㈜민국의 식별가능한 자산과 부채 중 장부금액과 공정가치가 다른 내역은 다음과 같다.

구분	장부금액	공정가치	추가정보
재고자산 (상품)	₩50,000	₩60,000	20×1년 중에 모두 외부판매됨
기계장치	120,000	160,000	취득일 현재 잔존내용연수는 8년이고, 잔존가치 없이 정액법으로 상각함

• 20×1년 중에 ㈜대한은 장부금액 ₩20,000의 재고자산(제품)을 ㈜민국에게 ₩30,000에 판매하였다. ㈜민국은 이 재고자산의 50%를 20×1년에, 나머지 50%를 20×2년에 외부로 판매하였다.

• 20×2년 1월 1일에 ㈜민국은 ㈜대한으로부터 ₩100,000을 차입하였다. 동 차입금의 만기는 20×2년 12월 31일이며, 이자율은 연 10%이다.

• ㈜대한과 ㈜민국이 별도(개별)재무제표에서 보고한 20×1년과 20×2년의 당기순이익은 다음과 같다.

구분	20×1년	20×2년
㈜대한	₩80,000	₩100,000
㈜민국	30,000	50,000

• ㈜대한은 별도재무제표에서 ㈜민국에 대한 투자주식을 원가법으로 회계처리한다. 연결재무제표 작성 시 유형자산에 대해서는 원가모형을 적용하고, 비지배지분은 종속기업의 식별가능한 순자산 공정가치에 비례하여 결정한다.

28 ㈜대한의 20×1년 말 연결재무상태표에 표시되는 비지배지분은 얼마인가?

① ₩80,000   ② ₩82,000   ③ ₩84,000
④ ₩86,000   ⑤ ₩92,000

29 ㈜대한의 20×2년도 연결포괄손익계산서에 표시되는 지배기업소유주귀속당기순이익은 얼마인가?

① ₩132,000   ② ₩130,000   ③ ₩128,000
④ ₩127,000   ⑤ ₩123,000

해커스 회계사 IFRS 김원종 재무회계 1차 기출문제집

2022년

30 ㈜대한은 20×1년 초에 ㈜민국의 보통주 80주(80%)를 ₩240,000에 취득하여 지배력을 획득하였다. 취득일 현재 ㈜민국의 순자산은 자본금 ₩150,000과 이익잉여금 ₩100,000이며, 식별가능한 자산과 부채의 장부금액과 공정가치는 일치하였다. 취득일 이후 20×2년까지 ㈜대한과 ㈜민국이 별도(개별)재무제표에 보고한 순자산변동(당기순이익)은 다음과 같으며, 이들 기업 간에 발생한 내부거래는 없다.

구분	20×1년	20×2년
㈜대한	₩80,000	₩120,000
㈜민국	20,000	30,000

20×3년 1월 1일에 ㈜대한은 보유 중이던 ㈜민국의 보통주 50주(50%)를 ₩200,000에 처분하여 ㈜민국에 대한 지배력을 상실하였다. 남아 있는 ㈜민국의 보통주 30주(30%)의 공정가치는 ₩120,000이며, ㈜대한은 이를 관계기업투자주식으로 분류하였다. ㈜민국에 대한 지배력 상실 시점의 회계처리가 ㈜대한의 20×3년도 연결당기순이익에 미치는 영향은 얼마인가? 단, 20×3년 말 현재 ㈜대한은 다른 종속기업을 지배하고 있어 연결재무제표를 작성한다.

① ₩10,000 감소   ② ₩10,000 증가   ③ ₩40,000 증가
④ ₩50,000 증가   ⑤ ₩80,000 증가

31 ㈜대한은 20×1년 초 ㈜민국의 의결권 있는 주식 20%를 ₩60,000에 취득하여 유의적인 영향력을 행사할 수 있게 되었다. ㈜민국에 대한 추가정보는 다음과 같다.

- 20×1년 1월 1일 현재 ㈜민국의 순자산 장부금액은 ₩200,000이며, 자산과 부채는 장부금액과 공정가치가 모두 일치한다.
- ㈜대한은 20×1년 중 ㈜민국에게 원가 ₩20,000인 제품을 ₩25,000에 판매하였다. ㈜민국은 20×1년 말 현재 ㈜대한으로부터 취득한 제품 ₩25,000 중 ₩10,000을 기말재고로 보유하고 있다.
- ㈜민국의 20×1년 당기순이익은 ₩28,000이며, 기타포괄이익은 ₩5,000이다.

㈜민국에 대한 지분법적용투자주식과 관련하여 ㈜대한이 20×1년도 포괄손익계산서상 당기손익에 반영할 지분법이익은 얼마인가?

① ₩5,200   ② ₩5,700   ③ ₩6,200
④ ₩6,700   ⑤ ₩7,200

32 ㈜대한은 20×1년 초 설립된 해운기업이다. 우리나라에 본사를 두고 있는 ㈜대한의 표시통화는 원화(₩)이나, 해상운송을 주된 영업활동으로 하고 있어 기능통화는 미국달러화($)이다. 기능통화로 표시된 ㈜대한의 20×1년 및 20×2년 요약 재무정보(시산표)와 관련 정보는 다음과 같다.

- ㈜대한의 20×1년 및 20×2년 요약 재무정보(시산표)

계정과목	20×1년		20×2년	
	차변	대변	차변	대변
자산	$3,000		$4,000	
부채		$1,500		$2,300
자본금		1,000		1,000
이익잉여금		–		500
수익		2,500		3,000
비용	2,000		2,800	
합계	$5,000	$5,000	$6,800	$6,800

- 20×1년 및 20×2년 환율(₩/$) 변동정보

구분	기초	연평균	기말
20×1년	1,000	1,100	1,200
20×2년	1,200	1,150	1,100

- 기능통화와 표시통화는 모두 초인플레이션 경제의 통화가 아니며, 설립 이후 환율에 유의적인 변동은 없었다.
- 수익과 비용은 해당 회계기간의 연평균환율을 사용하여 환산한다.

㈜대한의 20×1년도 및 20×2년도 원화(₩) 표시 포괄손익계산서상 총포괄이익은 각각 얼마인가?

	20×1년	20×2년
①	₩600,000	₩120,000
②	₩600,000	₩320,000
③	₩800,000	₩70,000
④	₩800,000	₩120,000
⑤	₩800,000	₩320,000

33 유럽에서의 사업 확장을 계획 중인 ㈜대한(기능통화 및 표시통화는 원화(₩)임)은 20×1년 10월 1일 독일 소재 공장용 토지를 €1,500에 취득하였다. 그러나 탄소 과다배출 가능성 등 환경 이슈로 독일 주무관청으로부터 영업허가를 얻지 못함에 따라 20×2년 6월 30일 해당 토지를 €1,700에 처분하였다. 이와 관련한 추가정보는 다음과 같다.

- 환율(₩/€) 변동정보

일자	20×1. 10. 1.	20×1. 12. 31.	20×2. 6. 30.
환율	1,600	1,500	1,550

- 20×1년 12월 31일 현재 ㈜대한이 취득한 토지의 공정가치는 €1,900이다.

상기 토지에 대해 (1) 원가모형과 (2) 재평가모형을 적용하는 경우, ㈜대한이 20×2년 6월 30일 토지 처분 시 인식할 유형자산처분손익은 각각 얼마인가?

	(1) 원가모형	(2) 재평가모형
①	처분이익 ₩165,000	처분손실 ₩185,000
②	처분이익 ₩235,000	처분손실 ₩215,000
③	처분이익 ₩235,000	처분손실 ₩185,000
④	처분이익 ₩385,000	처분손실 ₩215,000
⑤	처분이익 ₩385,000	처분손실 ₩185,000

34 기업회계기준서 제1109호 '금융상품'에 따른 위험회피회계에 대한 다음 설명 중 옳지 않은 것은?

① 위험회피회계의 목적상, 보고실체의 외부 당사자와 체결한 계약만을 위험회피수단으로 지정할 수 있다.

② 일부 발행한 옵션을 제외하고, 당기손익 – 공정가치 측정 파생상품은 위험회피수단으로 지정할 수 있다.

③ 인식된 자산이나 부채, 인식되지 않은 확정계약, 예상거래나 해외사업장순투자는 위험회피대상항목이 될 수 있다. 다만, 위험회피대상항목이 예상거래인 경우 그 거래는 발생 가능성이 매우 커야 한다.

④ 공정가치위험회피회계의 위험회피대상항목이 자산을 취득하거나 부채를 인수하는 확정계약인 경우에는 확정계약을 이행한 결과로 인식하는 자산이나 부채의 최초 장부금액이 재무상태표에 인식된 위험회피대상항목의 공정가치 누적변동분을 포함하도록 조정한다.

⑤ 위험회피수단을 제공하는 거래상대방이 계약을 미이행할 가능성이 높더라도(즉, 신용위험이 지배적이더라도) 위험회피대상항목과 위험회피수단 사이에 경제적 관계가 있는 경우에는 위험회피회계를 적용할 수 있다.

35 ㈜대한은 20×1년 1월 1일 ₩500,000(3년 만기, 고정이자율 연 5%)을 차입하였다. 고정이자율 연 5%는 20×1년 1월 1일 한국은행 기준금리(연 3%)에 ㈜대한의 신용스프레드(연 2%)가 가산되어 결정된 것이다. 한편, ㈜대한은 금리변동으로 인한 차입금의 공정가치 변동위험을 회피하고자 다음과 같은 이자율스왑계약을 체결하고 위험회피관계를 지정하였다(이러한 차입금과 이자율스왑계약 간의 위험회피관계는 위험회피회계의 적용요건을 충족한다).

- 이자율스왑계약 체결일: 20×1년 1월 1일
- 이자율스왑계약 만기일: 20×3년 12월 31일
- 이자율스왑계약 금액: ₩500,000
- 이자율스왑계약 내용: 매년 말 연 3%의 고정이자를 수취하고, 매년 초(또는 전년도 말)에 결정되는 한국은행 기준금리에 따라 변동이자를 지급

차입금에 대한 이자지급과 이자율스왑계약의 결제는 매년 말에 이루어지며, 이자율스왑계약의 공정가치는 무이표채권할인법으로 산정된다. 전년도 말과 당년도 초의 한국은행 기준금리는 동일하며, 연도별로 다음과 같이 변동하였다.

20×1. 1. 1.	20×1. 12. 31.	20×2. 12. 31.
연 3%	연 2%	연 1%

㈜대한이 상기 거래와 관련하여 20×1년도에 인식할 차입금평가손익과 이자율스왑계약평가손익은 각각 얼마인가? 단, 단수차이로 인해 오차가 있다면 가장 근사치를 선택한다.

	차입금	이자율스왑계약
①	평가이익 ₩9,708	평가손실 ₩9,708
②	평가손실 ₩9,708	평가이익 ₩9,708
③	₩0	₩0
④	평가이익 ₩9,430	평가손실 ₩9,430
⑤	평가손실 ₩9,430	평가이익 ₩9,430

01 계속기업의 가정이 적절한지의 여부를 평가할 때 경영진은 적어도 보고기간 말로부터 향후 12개월 기간에 대하여 이용가능한 모든 정보를 고려해야 한다. 각 상황의 사실내용에 따라 고려의 정도를 결정한다. 기업이 상당 기간 계속 사업이익을 보고하였고, 보고기간 말 현재 경영에 필요한 재무자원을 확보하고 있는 경우에는 자세한 분석 없이도 계속기업을 전제로 한 회계처리가 적절하다는 결론을 내릴 수 있다.

02 **1. 이동평균단가**
    (1) 1월 1일: ₩300
    (2) 5월 1일: (100개 × ₩300 + 200개 × ₩400)/300개 = ₩366.67
    (3) 6월 1일: (100개 × ₩300 + 200개 × ₩400 + 200개 × ₩300)/500개 = ₩340
    (4) 9월 1일: (300개 × ₩340 + 100개 × ₩200)/400개 = ₩305
    (5) 12월 15일: (200개 × ₩305 + 100개 × ₩200)/300개 = ₩270

  2. 기말재고자산 수량: 100개 + 200개 + 200개 – 200개 + 100개 – 200개 + 100개 = 300개

  3. 재고자산평가손실액: 300개 × (₩270 – ₩200) = ₩21,000

03 **1. 기말상품재고액**

실사금액	₩1,500,000
(1) 수탁판매: ₩100,000 – ₩20,000 =	(80,000)
(2) 할부판매	–
(3) 위탁판매: ₩200,000 × (1 – 60%) =	80,000
(4) 선적지인도조건의 매입	100,000
(5) 재매입약정	50,000
기말상품재고액	₩1,650,000

  2. 수탁판매의 경우 위탁자의 재고에 포함해야 하므로, 이미 실사금액에 포함되어 있는 ₩80,000을 차감해야 한다.

04 특정 중간기간에 보고된 추정금액이 최종 중간기간에 중요하게 변동하였지만 최종 중간기간에 대하여 별도의 재무보고를 하지 않는 경우에는, 추정의 변동 성격과 금액을 해당 회계연도의 연차재무제표에 주석으로 공시하여야 한다.

05 **1. 20×1년 1월 1일에 정부보조금으로 인식할 금액**
    정부보조금: 취득금액 – 현재가치 = ₩400,000 – (₩400,000 × 0.7350 + ₩12,000 × 3.3121) = ₩66,255

  2. 20×1년 12월 31일 현재 기계장치의 장부금액

기계장치	₩400,000
감가상각누계액: (₩400,000 – ₩0) ÷ 4년 =	(100,000)
정부보조금: ₩66,255 – ₩100,000 × ₩66,255/(₩400,000 – ₩0) =	(49,691)
장부금액	₩250,309

  3. 회계처리

20×1년 초	(차) 현금	400,000	(대) 정부보조금		66,255
			차입금		333,745
	(차) 기계장치	400,000	(대) 현금		400,000
20×1년 말	(차) 감가상각비	100,000	(대) 감가상각누계액		100,000
	(차) 정부보조금	16,564[1]	(대) 감가상각비		16,564
	[1] ₩100,000 × ₩66,255/(₩400,000 – ₩0) = ₩16,564				
	(차) 이자비용	26,700[2]	(대) 현금		12,000
			차입금		14,700
	[2] ₩333,745 × 8% = ₩26,700				

정답 **01** ② **02** ① **03** ③ **04** ③ **05** ⑤

해설

1. 시장이자율보다 낮은 이자율의 정부대여금의 효익은 정부보조금으로 처리한다.

2. 대여금은 K-IFRS 제1109호 '금융상품'에 따라 인식하고 측정한다.

3. 시장이자율보다 낮은 이자율의 효익은 K-IFRS 제1109호 '금융상품'에 따라 산정되는 정부대여금의 최초 장부금액과 수취한 대가의 차이로 측정하고 이를 정부보조금으로 인식한다.

06 1. 상업적 실질이 있는 거래(상황 1)

(1) 취득원가: ₩1,000,000(제공한 자산의 공정가치) + ₩1,800,000(현금지급액) = ₩2,800,000

(2) 회계처리

상황 1	(차) 기계장치(신)	2,800,000	(대) 기계장치(구)	800,000
			현금	1,800,000
			유형자산처분이익	200,000

2. 상업적 실질이 결여된 거래(상황 2)

(1) 취득원가: ₩800,000(제공한 자산의 장부금액)

(2) 회계처리

상황 2	(차) 감가상각누계액	1,200,000	(대) 기계장치(구)	2,000,000
	기계장치(신)	800,000		

07 1. 연평균지출액: ₩1,500,000 × 6/12 − ₩200,000(정부보조금 수령액) × 6/12 + ₩3,000,000 × 3/12 = ₩1,400,000

2. 자본화이자율: $\dfrac{₩2,000,000 × 4\% × 12/12 + ₩4,000,000 × 8\% × 6/12}{₩2,000,000 × 12/12 + ₩4,000,000 × 6/12} = \dfrac{₩240,000}{₩4,000,000} = 6\%$

3. 자본화가능차입원가

특정차입금: ₩2,500,000 × 5% × 6/12 − ₩300,000 × 4% × 3/12 =		₩59,500
일반차입금: (₩1,400,000 − ₩1,175,000[1]) × 6% = ₩13,500(한도: ₩240,000) =		13,500
계		₩73,000

[1] ₩2,500,000 × 6/12 − ₩300,000 × 3/12 = ₩1,175,000

08 1. 20×2년 10월 1일 무형자산의 장부금액: ₩3,500,000

2. 20×2년 12월 31일 무형자산의 장부금액: ₩3,500,000 − ₩3,500,000 × 1/20 × 3/12 = ₩3,456,250

3. 20×3년도 포괄손익계산서상 당기순이익에 미치는 영향: (1) + (2) = ₩(1,456,250) 감소

(1) 무형자산상각비: ₩3,500,000 × 1/20 = ₩(175,000)

(2) 무형자산손상차손: ₩3,500,000 × 225/240 − ₩2,000,000 = ₩(1,281,250)

09 1. 20×1년 1월 1일 상각후원가측정금융자산: ₩40,000 × 2.6730 + ₩1,000,000 × 0.8396 = ₩946,520

2. 유효이자율법에 의한 상각표

일자	장부금액	유효이자(6%)	액면이자(4%)	상각액
20×1년 초	₩946,520			
20×1년 말	963,311	₩56,791	₩40,000	₩16,791
20×2년 말	981,110	57,799	40,000	17,799
		(이하 생략)		

3. 금융자산처분손익

처분금액(경과이자 포함)	₩610,000
장부금액(경과이자 포함): (₩963,311 + ₩57,799 × 9/12) × 60% =	(603,996)
금융자산처분이익	₩6,004

10 변경손익

변경 전 총장부금액: ₩500,000 × 0.9259 + ₩30,000 × 0.9259 =	₩490,727
변경 후 총장부금액: ₩500,000 × 0.8573 + ₩20,000 × 1.7832 =	464,314
변경손실	₩26,413 (단수차이)

11 1. 조건변경 전 20×1년 12월 31일 사채의 장부금액: ₩966,218

2. 실질적 조건변경인지 여부의 판단

(1) 조정 전 금융부채의 현재가치(최초 유효이자율 적용)		₩966,218
(2) 조정 후 미래현금흐름의 현재가치(최초 유효이자율 적용)		
원금의 현재가치: ₩1,000,000 × 0.7118(3년, 12% 현가) =	₩711,800	
이자의 현재가치: ₩40,000 × 2.4018(3년, 12% 연금현가) =	96,072	(807,872)
(3) (1)과 (2)의 차액		₩158,346

∴ ₩158,346/₩966,218(= 16.39%) ≥ 10%이므로 실질적 조건변경에 해당된다.

3. 조건변경이익

(1) 조정 전 금융부채의 장부금액		₩966,218
(2) 조정 후 미래현금흐름의 현재가치(조건변경시점의 유효이자율 적용)		
원금의 현재가치: ₩1,000,000 × 0.6575(3년, 15% 현가) =	₩657,500	
이자의 현재가치: ₩40,000 × 2.2832(3년, 15% 연금현가) =	91,328	(748,828)
(3) (1)과 (2)의 차액		₩217,390

4. 회계처리

20×1년 말	(차) 사채(구)	966,218	(대) 사채(신)	748,828
			조건변경이익	217,390

12 1. 20×1년 1월 1일 사채의 장부금액
(1) 20×1년 1월 1일 사채의 발행금액: ₩5,000,000 × 0.7938 + ₩300,000 × 2.5770 = ₩4,742,100
(2) 20×1년 1월 1일 사채의 장부금액: ₩4,742,100 − ₩50,000 = ₩4,692,100

2. 유효이자율(x)의 계산
₩4,692,100 + ₩4,692,100 × x − ₩300,000 = ₩4,814,389
∴ 유효이자율(x) = 9%

3. 20×2년 이자비용: ₩4,814,389 × 9% = ₩433,295

13 1. 20×1년 1월 1일 전환사채의 장부금액: ₩40,000 × 2.5770 + ₩1,086,000 × 0.7938 = ₩965,147

    2. 20×2년 1월 1일 전환사채의 장부금액: ₩965,147 × 1.08 - ₩40,000 = ₩1,002,359

    3. 20×2년 1월 1일 전환 시 자본증가액: 전환사채의 장부금액 × 40% = ₩1,002,359 × 40% = ₩400,944

14 사채상환이익

전환사채의 장부금액(PV 8%): (₩40,000 × 0.9259 + ₩1,086,000 × 0.9259) × 60% =	₩625,538
부채요소의 공정가치(PV 10%): (₩40,000 × 0.9091 + ₩1,086,000 × 0.9091) × 60% =	(614,188)
사채상환이익	₩11,350 (단수차이)

15 20×2년 순확정급여부채의 변동

구분	기초	+	근무원가	+	순이자원가	+	기여금	+	퇴직금	+	재측정요소	=	기말
확정급여채무	(500,000)	+	(650,000)[1]	+	(30,000)[2]	+			40,000	+	(10,000)[4]	=	(1,150,000)
사외적립자산	460,000			+	27,600[3]	+	380,000	+	(40,000)	+	22,400[5]	=	850,000
순확정급여부채	(40,000)	+	(650,000)	+	(2,400)	+	380,000	+	0	+	12,400	=	(300,000)
			NI		NI						OCI		부채

[1] 근무원가: ₩650,000

[2] 이자원가: ₩500,000 × 6% = ₩30,000

[3] 이자수익: ₩460,000 × 6% = ₩27,600

[4] 확정급여채무의 재측정요소: ₩(10,000)(역산)

[5] 사외적립자산의 재측정요소: ₩22,400(역산)

∴ 총포괄이익에 미치는 영향: ₩(650,000) + ₩(2,400) + ₩12,400 = ₩(640,000) 감소

16 1. 보통주당기순이익: ₩2,334,600 - 300주 × ₩200 × 20% = ₩2,322,600

    2. 유통보통주식수: 6,720주 × 12/12 + 1,680주 × 10/12 + 250주 × 6/12 + 200주 × 3/12 = 8,295주

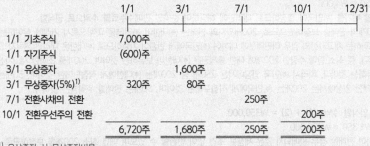

	1/1	3/1	7/1	10/1	12/31
1/1 기초주식	7,000주				
1/1 자기주식	(600)주				
3/1 유상증자		1,600주			
3/1 무상증자(5%)[1]	320주	80주			
7/1 전환사채의 전환			250주		
10/1 전환우선주의 전환				200주	
	6,720주	1,680주	250주	200주	

[1] 유상증자 시 무상증자비율
  ① 공정가치로 유상증자 시 발행가능한 주식수: (2,000주 × ₩2,000) ÷ ₩2,500 = 1,600주
  ② 무상증자주식수: 2,000주 - 1,600주 = 400주
  ③ 무상증자비율: 400주 ÷ (7,000주 - 600주 + 1,600주) = 5%

    3. 기본주당순이익: ₩2,322,600 ÷ 8,295주 = ₩280/주

17 종업원으로부터 제공받는 용역의 공정가치는 일반적으로 신뢰성 있게 추정할 수 없기 때문에, 부여일 기준으로 부여한 지분상품의 공정가치에 기초하여 측정한다. 부여한 지분상품의 공정가치에 기초하여 거래를 측정하는 때에는, 시장가격을 구할 수 있다면 시장가격을 기초로 하되 지분상품의 부여조건을 고려하여 측정기준일 현재 공정가치를 측정한다. 만일 시장가격을 구할 수 없다면 가치평가기법을 사용하여 부여한 지분상품의 공정가치를 추정하며, 이때 가치평가기법은 합리적 판단력과 거래의사가 있는 독립된 당사자 사이의 거래에서 측정기준일 현재 지분상품 가격이 얼마인지를 추정하는 가치평가기법이어야 한다. 이 가치평가기법은 일반적으로 인정된 금융상품 가치평가방법과 일관되어야 하며 합리적 판단력과 거래의사가 있는 시장참여자가 가격을 결정할 때 고려할 모든 요소와 가정을 포함하여야 한다.

정답 13 ④ 14 ② 15 ③ 16 ④ 17 ②

18 **1. 리스제공자인 ㈜대한리스의 20×1년도 포괄손익계산서상 당기순이익에 미치는 영향**

(1) 운용리스료수익: (₩6,000,000 + ₩8,000,000 + ₩10,000,000) ÷ 3년 = ₩8,000,000

(2) 감가상각비(취득원가): (₩40,000,000 − ₩0) ÷ 10년 = ₩(4,000,000)

(3) 감가상각비(리스개설직접원가): ₩600,000 ÷ 3년 = ₩(200,000)

∴ 당기순이익에 미치는 영향: ₩8,000,000 + ₩(4,000,000) + ₩(200,000) = ₩3,800,000 증가

2. 리스이용자인 ㈜민국의 20×1년도 포괄손익계산서상 당기순이익에 미치는 영향

(1) 이자비용: (₩6,000,000 × 0.9259 + ₩8,000,000 × 0.8573 + ₩10,000,000 × 0.7938) × 8% = ₩(1,628,144)

(2) 감가상각비: (₩20,351,800 + ₩300,000 − ₩0) ÷ 3년 = ₩(6,883,933)

∴ 당기순이익에 미치는 영향: ₩(1,628,144) + ₩(6,883,933) = ₩(8,512,077) 감소

19 **1. 매출액:** Min[리스료의 현재가치, 기초자산의 공정가치] = Min[₩125,789[1)], ₩130,000] = ₩125,789

   [1)] ₩50,000 × 2.4019 + ₩8,000 × 0.7118 = ₩125,789

2. 매출원가: ₩(100,000)

3. 판매비(리스개설직접원가): ₩(1,000)

4. 이자수익: ₩125,789 × 12% = ₩15,095

5. 20×1년도 포괄손익계산서상 당기순이익에 미치는 영향: ₩125,789 + ₩(100,000) + ₩(1,000) + ₩15,095 = ₩39,884 증가

20 고객에게 약속한 재화나 용역, 즉 자산을 이전하여 수행의무를 이행할 때 또는 기간에 걸쳐 이행하는 대로 수익을 인식한다. 자산은 고객이 그 자산을 통제할 때 또는 기간에 걸쳐 통제하게 되는 대로 이전된다. 식별한 각 수행의무를 기간에 걸쳐 이행하는지 또는 한 시점에 이행하는지를 계약 개시시점에 판단하며, 수행의무가 기간에 걸쳐 이행되지 않는다면, 그 수행의무는 한 시점에 이행되는 것이다.

21 **1. ㈜대한이 20×1년도에 인식할 수익:** (1) + (2) = ₩229,000

(1) 제품 A: 150개 × ₩1,500 = ₩225,000
   ◑ 고객에게 판매할 대가를 ㈜대한이 결정하므로 본인에 해당하여 총액으로 수익을 인식함

(2) 제품 B: 80개 × ₩50 = ₩4,000
   ◑ 고객에게 판매할 대가를 ㈜민국이 결정하므로 대리인에 해당하여 순액인 판매수수료를 수익으로 인식함

(3) ㈜대한이 최소 200개의 판매를 보장하였으므로, 200개까지의 판매는 ㈜대한이 본인(최종고객)으로서 거래에 참여하는 것이다. 하지만 200개를 초과하는 재고자산의 경우 미판매분에 대하여 ㈜민국에게 반환이 가능하므로 ㈜대한은 대리인(위탁자)으로서 거래에 참여하는 것이다. 즉 최소 판매 수량인 200개에 대한 통제권은 ㈜대한이 보유하는 것이며, 200개를 초과한 재고자산의 통제권은 ㈜민국이 보유하는 것이다. 따라서 ㈜민국 입장에서는 250개 중 200개는 ㈜대한에게 직접판매한 것이며, 50개는 판매를 위탁한 것이다. ㈜대한 입장에서는 200개는 ㈜민국에게 직접구매한 것이며, 50개는 판매를 위탁받은 것이다.

2. ㈜민국이 20×1년도에 인식할 수익: (1) + (2) = ₩350,000

(1) 제품 A: 200개 × ₩1,350 = ₩270,000
   ◑ 200개를 초과하여 판매할 경우 판매되지 않은 제품을 조건 없이 반환할 수 있으며 매년 최소 200개를 보장하므로 200개에 대해서만 수익을 인식함

(2) 제품 B: 80개 × ₩1,000 = ₩80,000
   ◑ ㈜민국의 판매는 위탁판매에 해당하므로 수탁자인 ㈜대한이 판매한 80개에 대해서 수익을 인식함

22 **1. 청소용역의 공정가치가 ₩40,000인 경우(상황 1)**

(1) 20×1년도에 인식할 수익: ₩600,000 - (₩50,000 - ₩40,000) = ₩590,000

(2) 회계처리

20×1. 10. 1.	(차) 현금	600,000	(대) 매출	590,000
			환불부채	10,000
20×1. 11. 30.	(차) 환불부채	10,000	(대) 현금	50,000
	용역수수료비용	40,000		

2. 청소용역의 공정가치를 합리적으로 추정할 수 없는 경우(상황 2)

(1) 20×1년도에 인식할 수익: ₩600,000 - ₩50,000 = ₩550,000

(2) 회계처리

20×1. 10. 1.	(차) 현금	600,000	(대) 매출	550,000
			환불부채	50,000
20×1. 11. 30.	(차) 환불부채	50,000	(대) 현금	50,000

3. 고객에게 지급할 대가

구분	내용
정의	기업이 고객에게 지급하거나 지급할 것으로 예상하는 현금 금액을 포함
재화나 용역의 대가로 지급하지 않는 경우	거래가격(수익)에서 차감하여 회계처리
재화나 용역의 대가로 지급하는 경우	(1) 고객에게 지급할 대가가 고객에게서 받은 구별되는 재화나 용역에 대한 지급: 다른 공급자에게서 구매한 경우와 같은 방법으로 회계처리 (2) 고객에게 지급할 대가가 고객에게서 받은 구별되는 재화나 용역의 공정가치를 초과: 초과액을 거래 가격에서 차감하여 회계처리 (3) 고객에게서 받은 재화나 용역의 공정가치를 합리적으로 추정할 수 없는 경우: 고객에게 지급할 대가 전액을 거래가격에서 차감하여 회계처리

23 ② 과세대상수익의 수준에 따라 적용되는 세율이 다른 경우에는 일시적차이가 소멸될 것으로 예상되는 기간의 과세소득에 적용될 것으로 기대되는 평균세율을 사용하여 이연법인세자산과 부채를 측정한다.

③ 일시적차이란 재무상태표상 자산 또는 부채의 장부금액과 세무기준액의 차이를 말한다.

④ 재평가모형을 적용하고 있는 유형자산과 관련된 재평가잉여금은 법인세효과를 차감한 후의 금액으로 기타포괄손익에 표시하고 법인세 효과는 이연법인세부채로 인식한다.

⑤ 이연법인세자산과 부채는 할인하지 아니한다. 이연법인세자산과 부채를 신뢰성 있게 현재가치로 할인하기 위해서는 각 일시적차이의 소멸시점을 상세히 추정하여야 하고, 많은 경우 소멸시점을 실무적으로 추정할 수 없거나 추정이 매우 복잡하므로 이연법인세자산과 부채를 할인하도록 하는 것은 적절하지 않기 때문이다. 또한 할인을 강요하지 않지만 허용한다면 기업 간 이연법인세자산과 부채의 비교가능성이 저해될 것이기 때문이다.

24 **1. 오류수정 정산표**

구분	20×1년	20×2년
20×1년 말 재고자산 과대	₩(10,000)	₩10,000
오류수정으로 인한 증감금액	₩(10,000)	₩10,000

2. 20×1년 말의 이익잉여금: ₩150,000 + ₩60,000 - ₩10,000 = ₩200,000

3. 20×2년 말의 이익잉여금: ₩150,000 + ₩60,000 + ₩130,000 - ₩10,000 + ₩10,000 = ₩340,000

25 **1. 고객으로부터 유입된 현금**

구분		금액
포괄손익계산서의 매출활동 관련 손익	매출액	₩x
	손상차손	(20,000)
	외환차익(매출채권)	200,000
매출활동과 관련된 자산·부채의 변동	매출채권의 감소	35,000
	손실충당금의 감소	(10,000)
고객으로부터 유입된 현금		₩730,000

∴ 매출액(x): ₩525,000

2. 공급자에 대한 현금유출

구분		금액
포괄손익계산서의 매입활동 관련 손익	매출원가	₩y
	재고자산감모손실	(15,000)
	외환차익(매입채무)	300,000
매입활동과 관련된 자산·부채의 변동	매입채무의 증가	20,000
	재고자산의 증가	(30,000)
공급자에 대한 현금유출		₩(580,000)

∴ 매출원가(y): ₩(855,000)

26 취득자는 사업결합에서 인식한 우발부채를 처음 인식 이후 정산, 취소, 소멸하기 전까지 다음 중 큰 금액으로 측정한다.
(1) K-IFRS 제1037호 '충당부채, 우발부채 및 우발자산'에 따라 인식하여야 할 금액
(2) 처음 인식금액에서, 적절하다면 K-IFRS 제1115호 '고객과의 계약에서 생기는 수익'의 원칙에 따라 누적수익금액을 차감한 금액

27 **1. 손상차손의 배분: ₩17,200 − ₩13,500 = ₩3,700**

구분	장부금액	손상차손 배분		배분 후 장부금액
영업권	₩3,000	<1순위>	₩(3,000)	–
토지	5,000	<2순위>	0[1]	₩5,000
건물	7,200	<2순위>	0[1]	7,200
기계장치	2,000	<2순위>	(700)	1,300
합계	₩17,200		₩(3,700)	₩13,500

[1] 현금창출단위(현금창출단위집단)의 손상차손을 배분할 때 개별 자산의 장부금액은 순공정가치, 사용가치, 영(0) 중 가장 큰 금액 이하로 감액할 수 없다. 위의 제약 때문에 특정 자산에 배분하지 않은 손상차손은 현금창출단위(현금창출단위집단) 내의 다른 자산에 각각의 장부금액에 비례하여 배분한다.

2. 기계장치의 장부금액: ₩1,300

28 **20×1년 말 비지배지분: 종속기업 순자산 공정가치 × 비지배지분율**

20×1년 말 ㈜민국의 순자산 장부금액: ₩150,000 + ₩30,000 = ₩180,000
20×1년 말 투자차액 미상각잔액

기계장치: ₩40,000 × 7/8 =	35,000
20×1년 말 ㈜민국의 순자산 공정가치	₩215,000
× 비지배지분율	× 40%
20×1년 말 비지배지분	₩86,000

29 20×2년도 연결당기순이익

	㈜대한	㈜민국	합계
보고된 당기순이익	₩100,000	₩50,000	₩150,000
투자차액의 상각			
기계장치	–	(5,000)	(5,000)
내부거래 제거			
재고자산 실현손익	5,000	–	5,000
연결조정 후 당기순이익	₩105,000	₩45,000	₩150,000

∴ 연결당기순이익:　　　　　₩105,000 ＋ ₩45,000　　　＝　₩150,000
　지배기업소유주귀속당기순이익:　₩105,000 ＋ ₩45,000 × 60%　＝　₩132,000
　비지배지분순이익:　　　　　　　₩45,000 × 40%　＝　₩18,000

30 1. 20×3년 초의 별도재무제표상 회계처리

20×3년 초	(차) 현금	200,000	(대) 투자주식	240,000[1]
	관계기업투자	120,000[2]	이익잉여금	40,000[3]
			금융자산처분이익	40,000[4]

[1] 별도재무제표상 원가법으로 측정한 투자주식 중 처분된 50주는 제거되어야 하며, 지배력 상실 후 보유주식 30주도 관계기업투자주식으로 재분류해야 하므로 투자주식의 취득원가 ₩240,000을 모두 제거함
[2] 관계기업투자주식을 공정가치인 ₩120,000으로 측정함
[3] 투자주식 취득 이후에 증가한 ㈜민국의 이익잉여금(당기순이익) 중 ㈜대한 지분 해당액 ₩40,000[= (₩20,000 + ₩30,000) × 80%]을 이익잉여금으로 인식함
[4] 대차차액을 금융자산처분손익으로 인식함

2. ㈜대한의 20×3년도 연결당기순이익에 미치는 영향: ₩40,000 증가

31 20×1년도 지분법손익

피투자자의 보고된 당기순이익	₩28,000
투자차액의 상각	–
피투자자의 상향 내부거래 제거	–
피투자자의 조정 후 당기순이익	₩28,000
× 투자자의 지분율	× 20%
① 피투자자의 조정 후 당기순이익에 대한 지분	₩5,600
② 투자자의 하향 내부거래 제거 × 투자자의 지분율	
재고자산 미실현: ₩10,000 × 20% × 20% =	(400)
③ 염가매수차익	–
지분법손익(① + ② + ③)	₩5,200

해커스 회계사 IFRS **김원종 재무회계 1차 기출문제집**

2022년

32 **1. 20×1년도 포괄손익계산서**

포괄손익계산서

	외화($)	환율	원화(₩)
당기순이익	500	1,100	550,000
해외사업환산이익: ₩250,000 − ₩0 =			250,000
총포괄이익			800,000

2. 20×1년 말 재무상태표

재무상태표

순자산 = ($3,000 − $1,500) × ₩1,200 = ₩1,800,000	자본금 = $1,000 × ₩1,000 = ₩1,000,000
	이익잉여금 = $0 × ₩1,000 = ₩0
	당기순이익 = $500 × ₩1,100 = ₩550,000
	해외사업환산이익 = ₩250,000

3. 20×2년도 포괄손익계산서

포괄손익계산서

	외화($)	환율	원화(₩)
당기순이익	200	1,150	230,000
해외사업환산이익: ₩90,000 − ₩250,000 =			(160,000)
총포괄이익			70,000

4. 20×2년 말 재무상태표

재무상태표

순자산 = ($4,000 − $2,300) × ₩1,100 = ₩1,870,000	자본금 = $1,000 × ₩1,000 = ₩1,000,000
	기초 이익잉여금 = $500 × ₩1,100 = ₩550,000
	당기순이익 = $200 × ₩1,150 = ₩230,000
	해외사업환산이익 = ₩90,000

해설

본 문제는 두 보고기간의 외화표시 재무제표 환산과 관련된 문제로서 재무상태표에 대차차액으로 구해진 해외사업환산손익은 자본항목(기타포괄손익누계액)이므로 20×2년의 포괄손익계산서상 기타포괄손익을 계산할 때 기말 해외사업환산손익에서 기초 해외사업환산손익을 차감한 금액으로 계산하는 것에 유의해야 한다.

33 **1. 원가모형**

(1) 유형자산처분손익

처분대가: €1,700 × ₩1,550 =	₩2,635,000
장부금액: €1,500 × ₩1,600 =	(2,400,000)
유형자산처분이익	₩235,000

(2) 회계처리

20×2. 6. 30.	(차) 현금	2,635,000	(대) 토지	2,400,000
			유형자산처분이익	235,000

2. 재평가모형

(1) 유형자산처분손익

처분대가: €1,700 × ₩1,550 =	₩2,635,000
장부금액: €1,900 × ₩1,500 =	(2,850,000)
유형자산처분손실	₩(215,000)

(2) 회계처리

20×2. 6. 30.	(차) 현금	2,635,000	(대) 토지	2,850,000
	유형자산처분손실	215,000		

34 다음의 조건을 모두 충족하는 위험회피관계에 대해서만 위험회피회계를 적용할 수 있다.

(1) 위험회피관계는 적격한 위험회피수단과 적격한 위험회피대상항목으로만 구성된다.

(2) 위험회피의 개시시점에 위험회피관계와 위험회피를 수행하는 위험관리의 목적과 전략을 공식적으로 지정하고 문서화한다. 이 문서에는 위험회피수단, 위험회피대상항목, 회피대상위험의 특성과 위험회피관계가 위험회피효과에 대한 요구사항을 충족하는지를 평가하는 방법(위험회피의 비효과적인 부분의 원인 분석과 위험회피비율의 결정 방법 포함)이 포함되어야 한다.

(3) 위험회피관계는 다음의 위험회피효과에 관한 요구사항을 모두 충족한다.

• 위험회피대상항목과 위험회피수단 사이에 경제적 관계가 있다.

• 신용위험의 효과가 위험회피대상항목과 위험회피수단의 경제적 관계로 인한 가치 변동보다 지배적이지 않다.

• 위험회피관계의 위험회피비율은 기업이 실제로 위험을 회피하는 위험회피대상항목의 수량과 위험회피대상항목의 수량의 위험을 회피하기 위해 기업이 실제 사용하는 위험회피수단의 수량의 비율과 같다.

35 **1. 이자율스왑과 차입금의 공정가치**

일자	이자율스왑의 공정가치	차입금의 공정가치
20×1. 1. 1.	–	₩25,000/1.05 + ₩25,000/1.05^2 + ₩525,000/1.05^3 = ₩500,000
20×1. 12. 31.	₩5,000/1.04 + ₩5,000/1.04^2 = ₩9,430	₩25,000/1.04 + ₩525,000/1.04^2 = ₩509,430

2. 차입금평가손실: ₩500,000 − ₩509,430 = ₩(9,430)

3. 이자율스왑평가이익: ₩9,430

4. 회계처리

구분	위험회피대상항목(차입금)		위험회피수단(이자율스왑)	
20×1. 1. 1.	(차) 현금	500,000	N/A	
	(대) 차입금	500,000		
20×1. 12. 31.	(차) 이자비용(NI)	25,000	N/A	
	(대) 현금	25,000		
	(차) 차입금평가손실(NI)	9,430	(차) 이자율스왑	9,430
	(대) 차입금	9,430	(대) 이자율스왑평가이익(NI)	9,430

회계사 · 세무사 · 경영지도사 단번에 합격!
해커스 경영아카데미 cpa.Hackers.com

2021년

공인회계사
1차 기출문제

* 공인회계사 1차 회계학 기출문제 중 재무회계에 해당하는 1~35번 문제를 수록하였습니다.

01 재무보고를 위한 개념체계 중 측정에 관한 다음의 설명 중 옳지 않은 것은?

① 역사적 원가 측정기준을 사용할 경우, 다른 시점에 취득한 동일한 자산이나 발생한 동일한 부채가 재무제표에 다른 금액으로 보고될 수 있다.

② 공정가치는 자산을 취득할 때 발생한 거래원가로 인해 증가하지 않으며, 또한 자산의 궁극적인 처분에서 발생할 거래원가를 반영하지 않는다.

③ 자산의 현행원가는 측정일 현재 동등한 자산의 원가로서 측정일에 지급할 대가와 그 날에 발생할 거래원가를 포함한다.

④ 현행가치와 달리 역사적 원가는 자산의 손상이나 손실부담에 따른 부채와 관련되는 변동을 제외하고는 가치의 변동을 반영하지 않는다.

⑤ 이행가치는 부채가 이행될 경우보다 이전되거나 협상으로 결제될 때 특히 예측가치를 가진다.

02 ㈜대한은 20×1년 1월 1일에 장부금액이 ₩700,000인 기계장치를 ㈜민국의 기계장치(장부금액: ₩800,000, 공정가치: ₩900,000)와 교환하면서 현금 ₩50,000을 추가로 지급하였으며, 유형자산처분손실로 ₩100,000을 인식하였다. ㈜대한은 교환으로 취득한 기계장치와 관련하여 설치장소 준비원가 ₩50,000과 설치원가 ₩50,000을 20×1년 1월 1일에 지출하고 즉시 사용하였다. 한편, ㈜대한은 취득한 기계장치의 잔존가치와 내용연수를 각각 ₩50,000과 5년으로 추정하였으며, 정액법으로 감가상각한다. ㈜대한이 동 기계장치와 관련하여 20×1년 감가상각비로 인식할 금액은 얼마인가? 단, 동 자산의 교환은 상업적 실질이 있으며, ㈜대한의 기계장치 공정가치는 신뢰성 있게 측정가능하고 ㈜민국의 기계장치 공정가치보다 명백하다고 가정한다.

① ₩130,000   ② ₩140,000   ③ ₩160,000

④ ₩212,500   ⑤ ₩250,000

03 차량운반구에 대해 재평가모형을 적용하고 있는 ㈜대한은 20×1년 1월 1일에 영업용으로 사용할 차량운반구를 ₩2,000,000(잔존가치: ₩200,000, 내용연수: 5년, 정액법 상각)에 취득하였다. 동 차량운반구의 20×1년 말 공정가치와 회수가능액은 각각 ₩1,800,000으로 동일하였으나, 20×2년 말 공정가치는 ₩1,300,000이고 회수가능액은 ₩1,100,000으로 자산손상이 발생하였다. 동 차량운반구와 관련하여 ㈜대한이 20×2년 포괄손익계산서에 당기비용으로 인식할 총금액은 얼마인가? 단, 차량운반구의 사용기간 동안 재평가잉여금을 이익잉여금으로 대체하지 않는다.

① ₩200,000   ② ₩360,000   ③ ₩400,000

④ ₩540,000   ⑤ ₩600,000

04 ㈜대한은 20×1년 7월 1일에 차입원가 자본화 적격자산에 해당하는 본사 사옥 신축공사를 시작하였으며, 본 공사는 20×2년 9월 말에 완료될 것으로 예상된다. 동 공사와 관련하여 20×1년에 지출한 공사비는 다음과 같다.

일자	20×1. 7. 1.	20×1. 10. 1.	20×1. 12. 1.
지출액	₩500,000	₩600,000	₩1,200,000

㈜대한의 차입금 내역은 아래와 같다.

구분	차입금액	차입일	상환일	연 이자율
특정차입금	₩800,000	20×1. 7. 1.	20×3. 6. 30.	5%
일반차입금	1,000,000	20×1. 1. 1.	20×3. 12. 31.	?

모든 차입금은 매년 말 이자 지급조건이며, 특정차입금 중 50%는 20×1년 9월 말까지 3개월간 연 3% 수익률을 제공하는 투자처에 일시적으로 투자하였다. ㈜대한이 동 공사와 관련하여 20×1년 말에 건설중인자산(유형자산)으로 ₩2,333,000을 보고하였다면, 일반차입금의 연 이자율은 몇 퍼센트(%)인가? 단, 연평균지출액, 이자수익 및 이자비용은 월할로 계산한다.

① 1.6%   ② 3%   ③ 5%
④ 8%   ⑤ 10.5%

05 기업회계기준서 제1002호 '재고자산'에 관한 다음의 설명 중 옳지 않은 것은?

① 재고자산의 지역별 위치나 과세방식이 다르다는 이유만으로 동일한 재고자산에 다른 단위원가 결정방법을 적용하는 것은 정당화된다.

② 통상적으로 상호 교환될 수 없는 재고자산항목의 원가와 특정 프로젝트별로 생산되고 분리되는 재화 또는 용역의 원가는 개별법을 사용하여 결정한다.

③ 재고자산의 전환원가는 원재료를 완제품으로 전환하는 데 드는 고정 및 변동 제조간접원가의 체계적인 배부액도 포함한다.

④ 보유하고 있는 재고자산의 수량이 확정판매계약의 이행에 필요한 수량을 초과하는 경우에는 그 초과 수량의 순실현가능가치는 일반 판매가격에 기초한다.

⑤ 원재료가격이 하락하여 제품의 원가가 순실현가능가치를 초과할 것으로 예상된다면 해당 원재료를 순실현가능가치로 감액한다.

06 ㈜대한은 ㈜민국이 20×1년 1월 1일에 발행한 액면금액 ₩50,000(만기 5년(일시상환), 표시이자율 연 10%, 매년 말 이자지급)인 사채를 동 일자에 액면금액으로 취득하고, 상각후원가로 측정하는 금융자산(AC금융자산)으로 분류하여 회계처리하였다. 그러나 ㈜대한은 20×2년 중 사업모형의 변경으로 동 사채를 당기손익 – 공정가치로 측정하는 금융자산(FVPL금융자산)으로 재분류하였다. 20×2년 말 현재 동 사채와 관련하여 인식한 손실충당금은 ₩3,000이다. 동 사채의 20×3년 초와 20×3년 말의 공정가치는 각각 ₩45,000과 ₩46,000이다. 동 사채가 ㈜대한의 20×3년 포괄손익계산서상 당기순이익에 미치는 영향은 얼마인가? 단, 동 사채의 20×3년 말 공정가치는 이자수령 후 금액이다.

① ₩2,000 감소　　　　② ₩1,000 감소　　　　③ ₩4,000 증가
④ ₩5,000 증가　　　　⑤ ₩6,000 증가

07 ㈜대한은 ㈜민국이 20×1년 1월 1일에 발행한 액면금액 ₩100,000(만기 3년(일시상환), 표시이자율 연 10%, 매년 말 이자지급)의 사채를 동 일자에 ₩95,198(유효이자율 연 12%)을 지급하고 취득하였다. 동 금융자산의 20×1년 말과 20×2년 말의 이자수령 후 공정가치는 각각 ₩93,417과 ₩99,099이며, ㈜대한은 20×3년 초 ₩99,099에 동 금융자산을 처분하였다. 동 금융자산과 관련한 다음의 설명 중 옳지 않은 것은? 단, 필요시 소수점 첫째 자리에서 반올림한다.

① 금융자산을 상각후원가로 측정하는 금융자산(AC금융자산)으로 분류한 경우에 기타포괄손익 – 공정가치로 측정하는 금융자산(FVOCI금융자산)으로 분류한 경우보다 ㈜대한의 20×1년 말 자본총액은 더 크게 계상된다.

② 금융자산을 상각후원가로 측정하는 금융자산(AC금융자산)으로 분류한 경우 ㈜대한이 금융자산과 관련하여 20×1년의 이자수익으로 인식할 금액은 ₩11,424이다.

③ 금융자산을 상각후원가로 측정하는 금융자산(AC금융자산)으로 분류한 경우와 기타포괄손익 – 공정가치로 측정하는 금융자산(FVOCI금융자산)으로 분류한 경우를 비교하였을 때, 금융자산이 ㈜대한의 20×2년 당기손익에 미치는 영향은 차이가 없다.

④ 금융자산을 기타포괄손익 – 공정가치로 측정하는 금융자산(FVOCI금융자산)으로 분류한 경우 금융자산과 관련한 ㈜대한의 20×2년 말 재무상태표상 기타포괄손익누계액은 ₩882이다.

⑤ 금융자산을 상각후원가로 측정하는 금융자산(AC금융자산)으로 분류한 경우에 기타포괄손익 – 공정가치로 측정하는 금융자산(FVOCI금융자산)으로 분류한 경우보다 ㈜대한이 20×3년 초 금융자산 처분 시 처분이익을 많이 인식한다.

08 낙농업을 영위하는 ㈜대한목장은 20×1년 1월 1일에 우유 생산이 가능한 젖소 10마리를 보유하고 있다. ㈜대한목장은 우유의 생산 확대를 위하여 20×1년 6월 젖소 10마리를 1마리당 ₩100,000에 추가로 취득하였으며, 취득시점의 1마리당 순공정가치는 ₩95,000이다. 한편 ㈜대한목장은 20×1년에 100리터(ℓ)의 우유를 생산하였으며, 생산시점(착유시점) 우유의 1리터(ℓ)당 순공정가치는 ₩3,000이다. ㈜대한목장은 생산된 우유 전부를 20×1년에 거래처인 ㈜민국유업에 1리터(ℓ)당 ₩5,000에 판매하였다. 20×1년 말 현재 ㈜대한목장이 보유 중인 젖소 1마리당 순공정가치는 ₩100,000이다. 위 거래로 인한 ㈜대한목장의 20×1년 포괄손익계산서상 당기순이익의 증가액은 얼마인가? 단, 20×0년 말 젖소의 1마리당 순공정가치는 ₩105,000이다.

① ₩340,000　　　　② ₩450,000　　　　③ ₩560,000
④ ₩630,000　　　　⑤ ₩750,000

09 기업회계기준서 제1038호 '무형자산'에 관한 다음 설명 중 옳지 않은 것은?

① 개별 취득하는 무형자산의 원가는 그 자산을 경영자가 의도하는 방식으로 운용될 수 있는 상태에 이를 때까지 인식하므로 무형자산을 사용하거나 재배치하는 데 발생하는 원가도 자산의 장부금액에 포함한다.

② 미래경제적효익이 기업에 유입될 가능성은 무형자산의 내용연수 동안의 경제적 상황에 대한 경영자의 최선의 추정치를 반영하는 합리적이고 객관적인 가정에 근거하여 평가하여야 한다.

③ 자산의 사용에서 발생하는 미래경제적효익의 유입에 대한 확실성 정도에 대한 평가는 무형자산을 최초로 인식하는 시점에서 이용가능한 증거에 근거하며, 외부 증거에 비중을 더 크게 둔다.

④ 무형자산의 미래경제적효익은 제품의 매출, 용역수익, 원가절감 또는 자산의 사용에 따른 기타 효익의 형태로 발생할 수 있다.

⑤ 내부적으로 창출한 영업권은 원가를 신뢰성 있게 측정할 수 없고 기업이 통제하고 있는 식별가능한 자원이 아니기 때문에 자산으로 인식하지 아니한다.

※ ㈜대한이 발행한 상각후원가(AC)로 측정하는 금융부채(사채)와 관련된 다음 <자료>를 이용하여 10과 11에 대해 답하시오.

<자료>

액면금액	₩3,000,000
사채권면상 발행일	20×1년 1월 1일
사채 실제 발행일	20×1년 3월 1일
표시이자율	연 6%(매년 12월 31일에 지급)
사채권면상 발행일의 유효이자율	연 6%
상환만기일	20×3년 12월 31일(만기 일시상환)

현가계수표

기간 \ 할인율	단일금액 ₩1의 현재가치			정상연금 ₩1의 현재가치		
	6%	7%	8%	6%	7%	8%
1년	0.9434	0.9346	0.9259	0.9434	0.9346	0.9259
2년	0.8900	0.8734	0.8573	1.8334	1.8080	1.7832
3년	0.8396	0.8163	0.7938	2.6730	2.6243	2.5770

10 다음 (A) 또는 (B)의 조건으로 사채를 발행하는 경우, ㈜대한이 20×1년 3월 1일에 사채발행으로 수취하는 금액에 대한 설명으로 옳은 것은? 단, 이자는 월할로 계산하며, 단수차이로 인해 오차가 있다면 가장 근사치를 선택한다.

(A) 사채 실제 발행일의 유효이자율이 연 8%인 경우
(B) 사채 실제 발행일의 유효이자율이 연 7%인 경우

① (A)가 (B)보다 수취하는 금액이 ₩76,014만큼 많다.
② (A)가 (B)보다 수취하는 금액이 ₩72,159만큼 많다.
③ (A)가 (B)보다 수취하는 금액이 ₩76,014만큼 적다.
④ (A)가 (B)보다 수취하는 금액이 ₩72,159만큼 적다.
⑤ (A)와 (B)의 수취하는 금액은 동일하다.

11 ㈜대한은 20×3년 4월 1일에 사채액면금액 중 30%를 경과이자를 포함하여 현금 ₩915,000에 조기상환하였다. 위 <자료>에서 사채 실제 발행일(20×1년 3월 1일)의 유효이자율이 연 8%인 경우, ㈜대한이 조기상환시점에 사채상환손실로 인식할 금액은 얼마인가? 단, 이자는 월할로 계산하며, 단수차이로 인해 오차가 있다면 가장 근사치를 선택한다.

① ₩9,510 　　　　　② ₩14,030 　　　　　③ ₩15,000
④ ₩31,700 　　　　　⑤ ₩46,800

12 20×1년 1월 1일에 설립된 ㈜대한은 확정급여제도를 채택하고 있으며, 관련 자료는 다음과 같다. 순확정급여자산(부채) 계산 시 적용한 할인율은 연 8%로 매년 변동이 없다.

<20×1년>
- 20×1년 말 사외적립자산의 공정가치는 ₩1,100,000이다.
- 20×1년 말 확정급여채무의 현재가치는 ₩1,000,000이다.
- 20×1년 말 순확정급여자산의 자산인식상한금액은 ₩60,000이다.

<20×2년>
- 20×2년 당기근무원가는 ₩900,000이다.
- 20×2년 말에 일부 종업원의 퇴직으로 ₩100,000을 사외적립자산에서 현금으로 지급하였다.
- 20×2년 말에 ₩1,000,000을 현금으로 사외적립자산에 출연하였다.
- 20×2년 말 사외적립자산의 공정가치는 ₩2,300,000이다.
- 20×2년 말 확정급여채무의 현재가치는 ₩2,100,000이다.

㈜대한의 20×2년 말 재무상태표에 표시될 순확정급여자산이 ₩150,000인 경우, ㈜대한의 확정급여제도 적용이 20×2년 포괄손익계산서의 기타포괄이익(OCI)에 미치는 영향은 얼마인가?

① ₩12,800 감소 ② ₩14,800 감소 ③ ₩17,800 감소
④ ₩46,800 감소 ⑤ ₩54,800 감소

13 ㈜대한은 20×1년 1월 1일에 종업원 30명 각각에게 앞으로 5년간 근무할 것을 조건으로 주가차액보상권(SARs) 30개씩을 부여하였다. 20×1년 말과 20×2년 말 주가차액보상권의 1개당 공정가치는 각각 ₩100과 ₩110이다. 20×2년 말 ㈜대한은 동 주가차액보상권을 모두 취소하고, 그 대신 상기 종업원 30명 각각에게 앞으로 3년간 근무할 것을 조건으로 주식선택권 30개씩을 부여하였다. 따라서 당초 가득기간에는 변함이 없다. 또한 ㈜대한은 모든 종업원이 요구되는 용역을 제공할 것으로 예상하였으며, 실제로도 모든 종업원이 용역을 제공하였다. ㈜대한의 주식기준보상거래 관련 회계처리가 20×2년 포괄손익계산서의 당기순이익을 ₩28,800만큼 감소시키는 경우, 20×2년 말 주식선택권의 1개당 공정가치는 얼마인가?

① ₩100 ② ₩110 ③ ₩120
④ ₩130 ⑤ ₩140

14 기업회계기준서 제1116호 '리스'에 관한 다음 설명 중 옳지 않은 것은?

① 리스개설직접원가는 리스를 체결하지 않았더라면 부담하지 않았을 리스체결의 증분원가이다. 다만, 금융리스와 관련하여 제조자 또는 판매자인 리스제공자가 부담하는 원가는 제외한다.

② 포괄손익계산서에서 리스이용자는 리스부채에 대한 이자비용을 사용권자산의 감가상각비와 구분하여 표시한다.

③ 리스이용자는 리스부채의 원금에 해당하는 현금 지급액은 현금흐름표에 재무활동으로 분류하고, 리스부채 측정치에 포함되지 않은 단기리스료, 소액자산 리스료, 변동리스료는 현금흐름표에 영업활동으로 분류한다.

④ 무보증잔존가치는 리스제공자가 실현할 수 있을지 확실하지 않거나 리스제공자의 특수관계자만이 보증한, 기초자산의 잔존가치 부분이다.

⑤ 리스이용자는 하나 이상의 기초자산 사용권이 추가되어 리스의 범위가 넓어진 경우 또는 개별 가격에 적절히 상응하여 리스대가가 증액된 경우에 리스변경을 별도 리스로 회계처리한다.

15 리스이용자인 ㈜대한은 리스제공자인 ㈜민국리스와 리스개시일인 20×1년 1월 1일에 다음과 같은 조건의 리스계약을 체결하였다.

- 기초자산(생산공정에 사용할 기계장치)의 리스기간은 20×1년 1월 1일부터 20×3년 12월 31일까지이다.
- 기초자산의 내용연수는 4년으로 내용연수 종료시점의 잔존가치는 없으며, 정액법으로 감가상각한다.
- ㈜대한은 리스기간 동안 매년 말 ₩3,000,000의 고정리스료를 지급한다.
- 사용권자산은 원가모형을 적용하여 정액법으로 감가상각하고, 잔존가치는 없다.
- 20×1년 1월 1일에 동 리스의 내재이자율은 연 8%로 리스제공자와 리스이용자가 이를 쉽게 산정할 수 있다.
- ㈜대한은 리스기간 종료시점에 기초자산을 현금 ₩500,000에 매수할 수 있는 선택권을 가지고 있으나, 리스개시일 현재 동 매수선택권을 행사하지 않을 것이 상당히 확실하다고 판단하였다. 그러나 20×2년 말에 ㈜대한은 유의적인 상황변화로 인해 동 매수선택권을 행사할 것이 상당히 확실하다고 판단을 변경하였다.
- 20×2년 말 현재 ㈜대한은 남은 리스기간의 내재이자율을 쉽게 산정할 수 없으며, ㈜대한의 증분차입이자율은 연 10%이다.
- 적용할 현가계수는 아래의 표와 같다.

기간	단일금액 ₩1의 현재가치 8%	단일금액 ₩1의 현재가치 10%	정상연금 ₩1의 현재가치 8%	정상연금 ₩1의 현재가치 10%
1년	0.9259	0.9091	0.9259	0.9091
2년	0.8573	0.8264	1.7832	1.7355
3년	0.7938	0.7513	2.5770	2.4868

㈜대한이 20×3년에 인식할 사용권자산의 감가상각비는 얼마인가? 단, 단수차이로 인해 오차가 있다면 가장 근사치를 선택한다.

① ₩993,804 ② ₩1,288,505 ③ ₩1,490,706
④ ₩2,577,003 ⑤ ₩2,981,412

16 20×1년 1월 1일 현재 ㈜대한의 유통보통주식수는 200,000주(1주당 액면금액 ₩1,000)이며, 자기주식과 우선주는 없다. ㈜대한은 20×1년 1월 1일에 주식매입권 30,000개(20×3년 말까지 행사 가능)를 발행하였으며, 주식매입권 1개가 행사되면 보통주 1주가 발행된다. 주식매입권의 행사가격은 1개당 ₩20,000이며, 20×1년 보통주의 평균시장가격은 1주당 ₩25,000이다. 20×1년 10월 1일에 동 주식매입권 20,000개가 행사되었다. ㈜대한이 20×1년 당기순이익으로 ₩205,000,000을 보고한 경우 20×1년 희석주당이익은 얼마인가? 단, 가중평균유통보통주식수는 월할로 계산하며, 단수차이로 인해 오차가 있다면 가장 근사치를 선택한다.

① ₩960 ② ₩972 ③ ₩976
④ ₩982 ⑤ ₩987

17 ㈜대한은 20×1년 1월 1일에 상환우선주 200주(1주당 액면금액 ₩500)를 공정가치로 발행하였다. 동 상환우선주와 관련된 자료는 다음과 같다.

- ㈜대한은 상환우선주를 20×2년 12월 31일에 1주당 ₩600에 의무적으로 상환해야 한다.
- 상환우선주의 배당률은 액면금액기준 연 3%이며, 배당은 매년 말에 지급한다. 배당이 지급되지 않는 경우에는 상환금액에 가산하여 지급한다.
- 20×1년 1월 1일 현재 상환우선주에 적용되는 유효이자율은 연 6%이며, 그 현가계수는 아래 표와 같다.

할인율 기간	6%	
	단일금액 ₩1의 현재가치	정상연금 ₩1의 현재가치
2년	0.8900	1.8334

- 20×1년 말에 ㈜대한은 동 상환우선주의 보유자에게 배당을 결의하고 지급하였다.

㈜대한이 동 상환우선주와 관련하여 20×1년 포괄손익계산서상 이자비용으로 인식해야 할 금액은 얼마인가? 단, 단수차이로 인해 오차가 있다면 가장 근사치를 선택한다.

① ₩0 ② ₩3,000 ③ ₩3,600
④ ₩6,408 ⑤ ₩6,738

18 20×1년 9월 1일에 ㈜대한은 ㈜민국에게 1년간의 하자보증조건으로 중장비 1대를 ₩500,000에 현금 판매하였다. 동 하자보증은 용역 유형의 보증에 해당한다. ㈜대한은 1년간의 하자보증을 제공하지 않는 조건으로도 중장비를 판매하고 있으며, 이 경우 중장비의 개별 판매가격은 보증조건 없이 1대당 ₩481,000이며, 1년간의 하자보증용역의 개별 판매가격은 ₩39,000이다. ㈜대한은 ㈜민국에게 판매한 중장비 1대에 대한 하자보증으로 20×1년에 ₩10,000의 원가를 투입하였으며, 20×2년 8월 말까지 추가로 ₩20,000을 투입하여 하자보증을 완료할 계획이다. 상기 하자보증조건부판매와 관련하여 ㈜대한이 20×1년에 인식할 총수익금액과 20×1년 말 재무상태표에 인식할 부채는 각각 얼마인가?

	총수익	부채
①	₩475,000	₩25,000
②	₩475,000	₩20,000
③	₩462,500	₩37,500
④	₩462,500	₩20,000
⑤	₩500,000	₩0

19 ㈜대한은 20×1년 12월 1일에 ㈜민국에게 원가 ₩500,000의 제품을 ₩1,000,000에 현금 판매하였다. 판매계약에는 20×2년 3월 31일에 동 제품을 ₩1,100,000에 다시 살 수 있는 권리를 ㈜대한에게 부여하는 콜옵션이 포함되어 있다. ㈜대한은 20×2년 3월 31일에 계약에 포함된 콜옵션을 행사하지 않았으며, 이에 따라 해당 콜옵션은 동 일자에 소멸되었다. 상기 재매입약정 거래가 ㈜대한의 20×2년 당기순이익에 미치는 영향은 얼마인가? 단, 현재가치평가는 고려하지 않으며, 계산과정에 오차가 있으면 가장 근사치를 선택한다.

① ₩100,000 감소 ② ₩75,000 감소 ③ ₩500,000 증가
④ ₩525,000 증가 ⑤ ₩600,000 증가

20 기업회계기준서 제1115호 '고객과의 계약에서 생기는 수익'에 대한 다음 설명 중 옳지 않은 것은?

① 유형자산의 처분은 계약상대방이 기업회계기준서 제1115호에서 정의하고 있는 고객에 해당되지 않기 때문에 유형자산 처분손익에 포함되는 대가(금액)를 산정함에 있어 처분유형에 관계없이 동 기준서의 거래가격 산정에 관한 요구사항을 적용할 수 없다.

② 기업이 수행하여 만든 자산이 기업 자체에는 대체 용도가 없고, 지금까지 수행을 완료한 부분에 대해 집행 가능한 지급청구권이 기업에 있다면, 기업은 재화나 용역에 대한 통제를 기간에 걸쳐 이전하므로, 기간에 걸쳐 수행의무를 이행하는 것이고 기간에 걸쳐 수익을 인식한다.

③ 고객이 약속한 대가 중 상당한 금액이 변동될 수 있으며 그 대가의 금액과 시기는 고객이나 기업이 실질적으로 통제할 수 없는 미래 사건의 발생 여부에 따라 달라진다면, 그 계약에는 유의적인 금융요소가 없을 것이다.

④ 고객이 현금 외의 형태로 대가를 약속한 계약의 경우에 거래가격을 산정하기 위하여 비현금대가(또는 비현금대가의 약속)를 공정가치로 측정한다.

⑤ 고객에게 지급할 대가가 고객에게서 받은 구별되는 재화나 용역의 공정가치를 초과한다면, 그 초과액을 거래가격에서 차감하여 회계처리한다.

21 다음은 ㈜대한의 20×1년 법인세 관련 자료이다.

- 20×1년 법인세비용차감전순이익은 ₩500,000이다.
- 20×1년 말 접대비 한도초과액은 ₩20,000이며, 20×1년 말 재고자산평가손실의 세법상 부인액은 ₩5,000이다.
- 20×1년 5월 1일에 ₩30,000에 취득한 자기주식을 20×1년 10월 1일에 ₩40,000에 처분하였다.
- 20×1년 말 기타포괄손익 – 공정가치(FVOCI)로 측정하는 금융자산(지분상품)평가손실 ₩20,000을 기타포괄손익으로 인식하였다.
- 20×1년 10월 1일 본사 사옥을 건설하기 위하여 ₩100,000에 취득한 토지의 20×1년 말 현재 공정가치는 ₩120,000이다. ㈜대한은 유형자산에 대해 재평가모형을 적용하고 있으나, 세법에서는 이를 인정하지 않는다.
- 연도별 법인세율은 20%로 일정하다.
- 일시적차이에 사용될 수 있는 과세소득의 발생가능성은 높으며, 전기이월 일시적차이는 없다.

㈜대한이 20×1년 포괄손익계산서에 당기비용으로 인식할 법인세비용은 얼마인가?

① ₩96,000   ② ₩100,000   ③ ₩104,000
④ ₩106,000   ⑤ ₩108,000

22 ㈜대한은 20×3년 말 장부 마감 전에 과거 3년간의 회계장부를 검토한 결과 다음과 같은 오류사항을 발견하였으며, 이는 모두 중요한 오류에 해당한다.

- 기말재고자산은 20×1년에 ₩20,000 과소계상, 20×2년에 ₩30,000 과대계상, 20×3년에 ₩35,000 과대계상되었다.
- 20×2년에 보험료로 비용 처리한 금액 중 ₩15,000은 20×3년 보험료의 선납분이다.
- 20×1년 초 ㈜대한은 잔존가치 없이 정액법으로 감가상각하고 있던 기계장치에 대해 ₩50,000의 지출을 하였다. 동 지출은 기계장치의 장부금액에 포함하여 인식 및 감가상각하여야 하나, ㈜대한은 이를 지출시점에 즉시 비용(수선비)으로 처리하였다. 20×3년 말 현재 동 기계장치의 잔존내용연수는 2년이며, ㈜대한은 모든 유형자산에 대하여 원가모형을 적용하고 있다.

위 오류사항에 대한 수정효과가 ㈜대한의 20×3년 전기이월이익잉여금과 당기순이익에 미치는 영향은 각각 얼마인가?

	전기이월이익잉여금	당기순이익
①	₩15,000 감소	₩15,000 감소
②	₩15,000 증가	₩15,000 감소
③	₩15,000 감소	₩30,000 감소
④	₩15,000 증가	₩30,000 감소
⑤	₩0	₩0

23 기업회계기준서 제1105호 '매각예정비유동자산과 중단영업'에 대한 다음 설명 중 옳지 않은 것은?

① 비유동자산의 장부금액이 계속사용이 아닌 매각거래를 통하여 주로 회수될 것이라면 이를 매각예정으로 분류한다.

② 매각예정비유동자산으로 분류하기 위한 요건이 보고기간 후에 충족된 경우 당해 비유동자산은 보고기간 후 발행되는 당해 재무제표에서 매각예정으로 분류할 수 없다.

③ 매각예정으로 분류된 비유동자산은 공정가치에서 처분부대원가를 뺀 금액과 장부금액 중 작은 금액으로 측정한다.

④ 비유동자산이 매각예정으로 분류되거나 매각예정으로 분류된 처분자산집단의 일부이면 그 자산은 감가상각(또는 상각)하지 아니하며, 매각예정으로 분류된 처분자산집단의 부채와 관련된 이자와 기타 비용 또한 인식하지 아니한다.

⑤ 과거 재무상태표에 매각예정으로 분류된 비유동자산 또는 처분자산집단에 포함된 자산과 부채의 금액은 최근 재무상태표의 분류를 반영하기 위하여 재분류하거나 재작성하지 아니한다.

24 다음은 ㈜대한의 재무상태표에 표시된 두 종류의 상각후원가(AC)로 측정하는 금융부채(A사채, B사채)와 관련된 계정의 장부금액이다. 상기 금융부채 외에 ㈜대한이 보유한 이자발생 부채는 없으며, ㈜대한은 20×1년 포괄손익계산서상 당기손익으로 이자비용 ₩48,191을 인식하였다. 이자지급을 영업활동으로 분류할 경우, ㈜대한이 20×1년 현금흐름표의 영업활동현금흐름에 표시할 이자지급액은 얼마인가? 단, 당기 중 사채의 추가발행·상환·출자전환 및 차입금의 신규차입은 없었으며, 차입원가의 자본화는 고려하지 않는다.

구분	20×1년 1월 1일	20×1년 12월 31일
미지급이자	₩10,000	₩15,000
A사채(순액)	94,996	97,345
B사채(순액)	110,692	107,334

① ₩42,182   ② ₩43,192   ③ ₩44,200
④ ₩45,843   ⑤ ₩49,200

※ 다음 <자료>를 이용하여 **25**와 **26**에 답하시오.

<자료>

- 자동차제조사인 ㈜대한과 배터리제조사인 ㈜민국은 동일 지배하에 있는 기업이 아니다.
- ㈜대한은 향후 전기자동차 시장에서의 경쟁력 확보를 위해 20×1년 7월 1일을 취득일로 하여 ㈜민국을 흡수합병했으며, 합병대가로 ㈜민국의 기존주주에게 ㈜민국의 보통주(1주당 액면가 ₩100) 2주당 ㈜대한의 보통주(1주당 액면가 ₩200, 1주당 공정가치 ₩1,400) 1주를 교부하였다.
- 취득일 현재 ㈜민국의 요약재무상태표는 다음과 같다.

요약재무상태표
20×1년 7월 1일 현재

	장부금액	공정가치
현금	₩50,000	₩50,000
재고자산	140,000	200,000
유형자산(순액)	740,000	800,000
무형자산(순액)	270,000	290,000
자산	₩1,200,000	
매입채무	₩80,000	₩80,000
차입금	450,000	450,000
자본금	160,000	
주식발행초과금	320,000	
이익잉여금	190,000	
부채와 자본	₩1,200,000	

- ㈜대한은 ㈜민국의 유형자산에 대해 독립적인 가치평가를 진행하려 하였으나, 20×1년 재무제표 발행이 승인되기 전까지 불가피한 사유로 인해 완료하지 못하였다. 이에 ㈜대한은 ㈜민국의 유형자산을 잠정적 공정가치인 ₩800,000으로 인식하였다. ㈜대한은 취득일 현재 동 유형자산(원가모형 적용)의 잔존내용연수를 5년으로 추정하였으며, 잔존가치 없이 정액법으로 감가상각(월할상각)하기로 하였다.
- ㈜대한은 합병 후 배터리사업 부문의 영업성과가 약정된 목표치를 초과할 경우 ㈜민국의 기존주주에게 현금 ₩100,000의 추가 보상을 실시할 예정이며, 취득일 현재 이러한 조건부대가에 대한 합리적 추정치는 ₩60,000이다.
- 취득일 현재 ㈜민국은 배터리 급속 충전 기술에 대한 연구·개발 프로젝트를 진행 중이다. ㈜민국은 합병 전까지 동 프로젝트와 관련하여 총 ₩60,000을 지출하였으나, 아직 연구 단계임에 따라 무형자산으로 인식하지 않았다. ㈜대한은 합병과정에서 동 급속 충전 기술 프로젝트가 자산의 정의를 충족하고 있으며 개별적인 식별이 가능하다고 판단하였다. ㈜대한이 평가한 동 프로젝트의 공정가치는 ₩90,000이다.

25 ㈜대한이 취득일(20×1년 7월 1일)에 수행한 사업결합 관련 회계처리를 통해 최초 인식한 영업권은 얼마인가?

① ₩240,000   ② ₩260,000   ③ ₩280,000

④ ₩300,000   ⑤ ₩320,000

26 다음의 <추가자료> 고려 시, 20×2년 12월 31일에 ㈜대한의 흡수합병과 관련하여 재무상태표에 계상될 영업권과 유형자산의 장부금액(순액)은 각각 얼마인가?

<추가자료>

• 합병 후 ㈜민국의 배터리 제품에 대한 화재 위험성 문제가 제기되어 20×1년 12월 31일 현재 추가 현금보상을 위한 영업성과 목표치가 달성되지 못했다. 그 결과 ㈜민국의 기존주주에 대한 ㈜대한의 추가 현금보상 지급의무가 소멸되었다. 이는 취득일 이후 발생한 사실과 상황으로 인한 조건부대가의 변동에 해당한다.

• ㈜대한이 ㈜민국으로부터 취득한 유형자산에 대한 독립적인 가치평가는 20×2년 4월 1일(즉, 20×1년 재무제표 발행 승인 후)에 완료되었으며, 동 가치평가에 의한 취득일 당시 ㈜민국의 유형자산 공정가치는 ₩900,000이다. 잔존내용연수, 잔존가치, 감가상각방법 등 기타 사항은 동일하다.

• 자산과 관련한 손상징후는 없다.

	영업권	유형자산(순액)
①	₩120,000	₩640,000
②	₩280,000	₩630,000
③	₩180,000	₩640,000
④	₩280,000	₩540,000
⑤	₩180,000	₩630,000

27 기업회계기준서 제1028호 '관계기업과 공동기업에 대한 투자'에 관한 다음 설명 중 옳지 않은 것은?

① A기업이 보유하고 있는 B기업의 지분이 10%에 불과하더라도 A기업의 종속회사인 C기업이 B기업 지분 15%를 보유하고 있는 경우, 명백한 반증이 제시되지 않는 한 A기업이 B기업에 대해 유의한 영향력을 행사할 수 있는 것으로 본다.

② 관계기업 투자가 공동기업 투자로 되거나 공동기업 투자가 관계기업 투자로 되는 경우, 기업은 보유 지분을 투자 성격 변경시점의 공정가치로 재측정한다.

③ 기업이 유의적인 영향력을 보유하는지를 평가할 때에는 다른 기업이 보유한 잠재적 의결권을 포함 하여 현재 행사할 수 있거나 전환할 수 있는 잠재적 의결권의 존재와 영향을 고려한다.

④ 손상차손 판단 시 관계기업이나 공동기업에 대한 투자의 회수가능액은 각 관계기업이나 공동기업 별로 평가하여야 한다. 다만, 관계기업이나 공동기업이 창출하는 현금유입이 그 기업의 다른 자산에 서 창출되는 현금흐름과 거의 독립적으로 구별되지 않는 경우에는 그러하지 아니한다.

⑤ 관계기업이나 공동기업에 대한 지분 일부를 처분하여 잔여 보유 지분이 금융자산이 되는 경우, 기업 은 해당 잔여 보유 지분을 공정가치로 재측정한다.

28 20×1년 1월 1일에 ㈜대한은 ㈜민국의 의결권 있는 주식 20%를 ₩600,000에 취득하여 유의적 인 영향력을 가지게 되었다. 20×1년 1월 1일 현재 ㈜민국의 순자산 장부금액은 ₩2,000,000 이다.

> • ㈜대한의 주식 취득일 현재 ㈜민국의 자산 및 부채 가운데 장부금액과 공정가치가 일치 하지 않는 계정과목은 다음과 같다.
>
> | 계정과목 | 장부금액 | 공정가치 |
> |---|---|---|
> | 토지 | ₩350,000 | ₩400,000 |
> | 재고자산 | 180,000 | 230,000 |
>
> • ㈜민국은 20×1년 7월 1일에 토지 전부를 ₩420,000에 매각하였으며, 이외에 20×1년 동안 토지의 추가 취득이나 처분은 없었다.
> • ㈜민국의 20×1년 1월 1일 재고자산 중 20×1년 12월 31일 현재 보유하고 있는 재고자산의 장부금액은 ₩36,000이다.
> • ㈜민국은 20×1년 8월 31일에 이사회 결의로 ₩100,000의 현금배당(중간배당)을 선언 · 지 급하였으며, ㈜민국의 20×1년 당기순이익은 ₩300,000이다.

㈜대한의 20×1년 12월 31일 현재 재무상태표에 표시되는 ㈜민국에 대한 지분법적용투자주식 의 장부금액은 얼마인가? 단, 상기 기간 중 ㈜민국의 기타포괄손익은 발생하지 않은 것으로 가정 한다.

① ₩622,000   ② ₩642,000   ③ ₩646,000
④ ₩650,000   ⑤ ₩666,000

29 20×1년 1월 1일에 ㈜대한은 ㈜민국의 지분 60%를 ₩35,000에 취득하여 ㈜민국의 지배기업이 되었다. ㈜대한의 ㈜민국에 대한 지배력 획득일 현재 ㈜민국의 자본총계는 ₩40,000(자본금 ₩5,000, 자본잉여금 ₩10,000, 이익잉여금 ₩25,000)이며, 장부금액과 공정가치가 차이를 보이는 계정과목은 다음과 같다.

계정과목	장부금액	공정가치	비고
토지	₩17,000	₩22,000	20×2년 중 매각완료
차량운반구 (순액)	8,000	11,000	잔존내용연수 3년 잔존가치 ₩0 정액법으로 감가상각

㈜민국이 보고한 당기순이익이 20×1년 ₩17,500, 20×2년 ₩24,000일 때 ㈜대한의 20×2년 연결포괄손익계산서상 비지배주주 귀속 당기순이익과 20×2년 12월 31일 연결재무상태표상 비지배지분은 얼마인가? 단, 비지배지분은 ㈜민국의 식별가능한 순자산 공정가치에 비례하여 결정하고, 상기 기간 중 ㈜민국의 기타포괄손익은 발생하지 않은 것으로 가정한다.

	비지배주주 귀속 당기순이익	비지배지분
①	₩7,200	₩33,000
②	₩7,200	₩32,600
③	₩7,600	₩33,000
④	₩7,600	₩32,600
⑤	₩8,000	₩33,000

30 기업회계기준서 제1110호 '연결재무제표'에 관한 다음 설명 중 옳은 것은?

① 투자자가 피투자자 의결권의 과반수를 보유하는 경우 예외 없이 피투자자를 지배하는 것으로 본다.

② 지배기업과 종속기업의 보고기간 종료일이 다른 경우 실무적으로 적용할 수 없지 않다면 종속기업은 연결재무제표 작성을 위해 지배기업의 보고기간 종료일을 기준으로 재무제표를 추가로 작성해야 한다.

③ 투자자가 시세차익, 투자이익이나 둘 다를 위해서만 자금을 투자하는 기업회계기준서 제1110호상의 투자기업으로 분류되더라도 지배력을 가지는 종속회사에 대해서는 연결재무제표를 작성해야 한다.

④ 투자자는 권리 보유자의 이익을 보호하기 위해 설계된 방어권으로도 피투자자에 대한 힘을 가질 수 있다.

⑤ 연결재무제표에 추가로 작성하는 별도재무제표에서 종속기업과 관계기업에 대한 투자지분은 지분법으로 표시할 수 없다.

※ 다음 <자료>를 이용하여 **31**과 **32**에 답하시오.

<자료>

- ㈜대한은 20×1년 1월 1일에 ㈜민국의 의결권 있는 주식 60%를 ₩300,000에 취득하여 지배력을 획득하였다. 지배력 획득시점의 ㈜민국의 순자산 장부금액은 공정가치와 동일하다.
- 다음은 20×1년부터 20×2년까지 ㈜대한과 ㈜민국의 요약재무정보이다.

요약포괄손익계산서

계정과목	20×1년		20×2년	
	㈜대한	㈜민국	㈜대한	㈜민국
매출	₩850,000	₩500,000	₩800,000	₩550,000
(매출원가)	(700,000)	(380,000)	(670,000)	(420,000)
기타수익	210,000	170,000	190,000	150,000
(기타비용)	(270,000)	(230,000)	(200,000)	(210,000)
당기순이익	₩90,000	₩60,000	₩120,000	₩70,000

요약재무상태표

계정과목	20×1년		20×2년	
	㈜대한	㈜민국	㈜대한	㈜민국
현금 등	₩450,000	₩270,000	₩620,000	₩300,000
재고자산	280,000	150,000	250,000	200,000
종속기업투자	300,000	–	300,000	–
유형자산	670,000	530,000	630,000	400,000
자산	₩1,700,000	₩950,000	₩1,800,000	₩900,000
부채	₩710,000	₩490,000	₩690,000	₩370,000
자본금	700,000	250,000	700,000	250,000
이익잉여금	290,000	210,000	410,000	280,000
부채와 자본	₩1,700,000	₩950,000	₩1,800,000	₩900,000

- ㈜대한과 ㈜민국 간의 20×1년과 20×2년 내부거래는 다음과 같다.

연도	내부거래 내용
20×1년	㈜대한은 보유 중인 재고자산을 ₩100,000(매출원가 ₩80,000)에 ㈜민국에게 판매하였다. ㈜민국은 ㈜대한으로부터 매입한 재고자산 중 20×1년 말 현재 40%를 보유하고 있으며, 20×2년 동안 연결실체 외부로 모두 판매하였다.
20×2년	㈜민국은 보유 중인 토지 ₩95,000을 ㈜대한에게 ₩110,000에 매각하였으며, ㈜대한은 20×2년 말 현재 동 토지를 보유 중이다.

- ㈜대한의 별도재무제표에 ㈜민국의 주식은 원가법으로 표시되어 있다.
- 자산의 손상 징후는 없으며, 연결재무제표 작성 시 비지배지분은 종속기업의 식별가능한 순자산 공정가치에 비례하여 결정한다.

31 20×1년 12월 31일 현재 ㈜대한의 연결재무상태표에 표시되는 영업권을 포함한 자산총액은 얼마인가?

① ₩2,402,000   ② ₩2,500,000   ③ ₩2,502,000

④ ₩2,702,000   ⑤ ₩2,850,000

32 20×2년 ㈜대한의 연결포괄손익계산서에 표시되는 연결당기순이익은 얼마인가?

① ₩208,000   ② ₩197,000   ③ ₩183,000

④ ₩182,000   ⑤ ₩177,000

33 ㈜대한(기능통화는 원화(₩)임)의 다음 외화거래 사항들로 인한 손익효과를 반영하기 전 20×1년 당기순이익은 ₩20,400이다.

- ㈜대한은 20×1년 11월 1일에 재고자산 ¥500을 현금 매입하였으며 기말 현재 순실현가능가치는 ¥450이다. ㈜대한은 계속기록법과 실지재고조사법을 병행·적용하며 장부상 수량은 실제수량과 같았다.
- ㈜대한은 20×1년 1월 1일에 일본 소재 토지를 장기 시세차익을 얻을 목적으로 ¥2,000에 현금 취득하였으며 이를 투자부동산으로 분류하였다.
- 동 토지(투자부동산)에 대해 공정가치모형을 적용하며 20×1년 12월 31일 현재 공정가치는 ¥2,200이다.
- 20×1년 각 일자별 환율정보는 다음과 같다.

구분	20×1. 1. 1.	20×1. 11. 1.	20×1. 12. 31.	20×1년 평균
₩/¥	10.0	10.3	10.4	10.2

- 기능통화와 표시통화는 모두 초인플레이션 경제의 통화가 아니다.
- 거래일을 알 수 없는 수익과 비용은 해당 회계기간의 평균환율을 사용하여 환산하며, 설립 이후 기간에 환율의 유의한 변동은 없었다.

위 외화거래들을 반영한 후 ㈜대한의 20×1년 포괄손익계산서상 당기순이익은 얼마인가?

① ₩23,750 ② ₩23,000 ③ ₩22,810
④ ₩21,970 ⑤ ₩21,930

34 ㈜대한은 20×1년 9월 1일에 옥수수 100단위를 ₩550,000에 취득하였다. 20×1년 10월 1일에 ㈜대한은 옥수수 시가 하락을 우려하여 만기가 20×2년 3월 1일인 선도가격(₩520,000)에 옥수수 100단위를 판매하는 선도계약을 체결하여 위험회피관계를 지정하였으며, 이는 위험회피회계 적용요건을 충족한다. 일자별 옥수수 현물가격 및 선도가격은 다음과 같다.

일자	옥수수 100단위 현물가격	옥수수 100단위 선도가격
20×1. 10. 1.	₩550,000	₩520,000(만기 5개월)
20×1. 12. 31.	510,000	480,000(만기 2개월)
20×2. 3. 1.	470,000	

자산에 대한 손상 징후에 따른 시가 하락은 고려하지 않는다. 파생상품평가손익 계산 시 화폐의 시간가치는 고려하지 않는다. 20×2년 3월 1일에 수행하는 회계처리가 포괄손익계산서상 당기순이익에 미치는 순효과는 얼마인가?

① ₩50,000 이익   ② ₩45,000 손실   ③ ₩30,000 이익
④ ₩30,000 손실   ⑤ ₩10,000 이익

35 다음 중 기업회계기준서 제1021호 '환율변동효과'에서 사용하는 용어의 정의로 옳지 않은 것은?

① 환율은 두 통화 사이의 교환비율이다.
② 외화는 회사 본사 소재지 국가 외에서 통용되는 통화이다.
③ 마감환율은 보고기간 말의 현물환율이다.
④ 표시통화는 재무제표를 표시할 때 사용하는 통화이다.
⑤ 현물환율은 즉시 인도가 이루어지는 거래에서 사용하는 환율이다.

01 이행가치는 부채의 이행에 필요한 추정 현금흐름의 현재가치에 관한 정보를 제공한다. 따라서 이행가치는 부채가 이전되거나 협상으로 결제될 때보다는 특히 이행될 경우에 예측가치를 가질 수 있다.

02 1. 상업적 실질이 있는 경우
  (1) 신기계의 취득원가: ₩600,000(= ₩700,000 − ₩100,000) + ₩50,000 + ₩50,000 + ₩50,000 = ₩750,000
  (2) 유형자산처분손실: ₩100,000
  (3) 감가상각비: (₩750,000 − ₩50,000) × 1/5 = ₩140,000

2. 회계처리

20×1. 1. 1.	(차) 신기계	650,000	(대) 구기계	700,000
	유형자산처분손실	100,000	현금	50,000
	(차) 신기계	100,000	(대) 현금	100,000
20×1. 12. 31.	(차) 감가상각비	140,000	(대) 감가상각누계액	140,000

03 1. 20×2년 포괄손익계산서에 당기비용으로 인식할 총금액: (1) + (2) = ₩540,000
  (1) 감가상각비: (₩1,800,000 − ₩200,000) ÷ 4년 = ₩400,000
  (2) 유형자산손상차손: ₩200,000(손상차손총액) − ₩60,000(재평가잉여금잔액) = ₩140,000

2. 회계처리

20×1년 초	(차) 차량운반구	2,000,000	(대) 현금	2,000,000
20×1년 말 ① 감가상각	(차) 감가상각비(NI)	360,000[1]	(대) 감가상각누계액	360,000
	[1] (₩2,000,000 − ₩200,000) ÷ 5년 = ₩360,000			
② 재평가	(차) 감가상각누계액	360,000	(대) 차량운반구	200,000
			재평가잉여금(OCI)	160,000
20×2년 말 ① 감가상각	(차) 감가상각비(NI)	400,000[1]	(대) 감가상각누계액	400,000
	[1] (₩1,800,000 − ₩200,000) ÷ 4년 = ₩400,000			
② 대체		N/A		
③ 재평가	(차) 감가상각누계액	400,000	(대) 차량운반구	500,000
	재평가잉여금(OCI)	100,000[2]		
	[2] ₩1,400,000 − ₩1,300,000 = ₩100,000			
④ 손상차손	(차) 재평가잉여금(OCI)	60,000[3]	(대) 손상차손누계액	200,000[5]
	유형자산손상차손(NI)	140,000[4]		
	[3] ₩160,000 − ₩100,000 = ₩60,000(재평가잉여금잔액)			
	[4] ₩200,000(손상차손총액) − ₩60,000(재평가잉여금잔액) = ₩140,000			
	[5] 손상차손누계액			

장부금액	₩1,300,000
회수가능액	(1,100,000)
손상차손누계액	₩200,000

04 1. 연평균지출액: ₩500,000 × 6/12 + ₩600,000 × 3/12 + ₩1,200,000 × 1/12 = ₩500,000

2. 일반차입금 자본화이자율: x

3. 자본화가능차입원가: ₩2,333,000 − ₩2,300,000 = ₩33,000

특정차입금: ₩800,000 × 5% × 6/12 − ₩400,000 × 3% × 3/12 =	₩17,000
일반차입금: {₩500,000 − (₩800,000 × 6/12 − ₩400,000 × 3/12)} × x =	16,000
계	₩33,000

∴ 일반차입금 자본화이자율(x) = 8%

05 성격과 용도 면에서 유사한 재고자산에는 동일한 단위원가 결정방법을 적용하여야 하며, 성격이나 용도 면에서 차이가 있는 재고자산에는 서로 다른 단위원가 결정방법을 적용할 수 있다. 예를 들어, 동일한 재고자산이 동일한 기업 내에서 영업부문에 따라 서로 다른 용도로 사용되는 경우도 있다. 그러나 재고자산의 지역별 위치나 과세방식이 다르다는 이유만으로 동일한 재고자산에 다른 단위원가 결정방법을 적용하는 것이 정당화될 수는 없다.

06 1. 20×1년 회계처리

20×1년 초	(차) 상각후원가측정금융자산	50,000	(대) 현금	50,000
20×1년 말	(차) 현금	5,000	(대) 이자수익	5,000

20×1년 말 재무상태표		20×1년 포괄손익계산서	
상각후원가측정금융자산	₩50,000	이자수익	₩5,000

2. 20×2년 회계처리

20×2년 말	(차) 현금	5,000	(대) 이자수익	5,000
	(차) 금융자산손상차손	3,000[1]	(대) 손실충당금	3,000

[1] ₩3,000(당기 말 손실충당금) − ₩0(전기 말 손실충당금) = ₩3,000

20×2년 말 재무상태표		20×2년 포괄손익계산서	
상각후원가측정금융자산	₩50,000	이자수익	₩5,000
손실충당금	(3,000)	금융자산손상차손	(3,000)
	₩47,000		

3. 20×3년 회계처리

20×3년 초	(차) 손실충당금	3,000	(대) 상각후원가측정금융자산	50,000
	당기손익공정가치측정금융자산	45,000		
	당기손익공정가치측정금융자산평가손실(NI)	2,000[1]		

[1] ₩45,000(공정가치) − ₩47,000(전기 말 상각후원가) = ₩(2,000)

20×3년 말	(차) 현금	5,000	(대) 이자수익	5,000
	(차) 당기손익공정가치측정금융자산	1,000[1]	(대) 당기손익공정가치측정금융자산평가이익(NI)	1,000

[1] ₩46,000 − ₩45,000 = ₩1,000

20×3년 말 재무상태표		20×3년 포괄손익계산서	
당기손익공정가치측정금융자산	₩46,000	이자수익	₩5,000
		당기손익공정가치측정금융자산평가손실	(2,000)
		당기손익공정가치측정금융자산평가이익	1,000

07 금융자산을 상각후원가로 측정하는 금융자산(AC금융자산)으로 분류한 경우 기타포괄손익 – 공정가치로 측정하는 금융자산(FVOCI금융자산)으로 분류한 경우와 ㈜대한이 인식하는 20×3년 초 금융자산 처분 시 처분이익은 동일하다.

1. 유효이자율법에 의한 상각표

일자	장부금액 (상각후원가)	유효이자 (장부금액 × 12%)	액면이자 (액면금액 × 10%)	상각액 (유효이자 – 액면이자)
20×1년 초	₩95,198			
20×1년 말	96,622	₩11,424	₩10,000	₩1,424
20×2년 말	98,216	11,594	10,000	1,594
20×3년 말	100,000	11,784	10,000	1,784
계		₩34,802	₩30,000	₩4,802

2. 상각후원가측정금융자산으로 분류할 경우 회계처리

20×1년 초	(차) 상각후원가측정금융자산	95,198	(대) 현금	95,198
20×1년 말	(차) 현금 상각후원가측정금융자산	10,000 1,424	(대) 이자수익	11,424
20×2년 말	(차) 현금 상각후원가측정금융자산	10,000 1,594	(대) 이자수익	11,594
20×3년 초	(차) 현금	99,099	(대) 상각후원가측정금융자산 금융자산처분이익	98,216[1)] 883

[1)] ₩98,216(상각후원가)

3. 기타포괄손익공정가치측정금융자산으로 분류할 경우 회계처리

20×1년 초		(차) 기타포괄손익공정가치측정금융자산	95,198	(대) 현금	95,198
20×1년 말					
	① 상각	(차) 현금 기타포괄손익공정가치측정금융자산	10,000 1,424	(대) 이자수익(NI)	11,424
	② 공정가치평가	(차) 기타포괄손익공정가치측정금융자산평가손실(OCI)	3,205	(대) 기타포괄손익공정가치측정금융자산	3,205[1)]
		[1)] ₩93,417 – ₩96,622 = ₩(3,205)			
20×2년 말					
	① 상각	(차) 현금 기타포괄손익공정가치측정금융자산	10,000 1,594	(대) 이자수익(NI)	11,594
	② 공정가치평가	(차) 기타포괄손익공정가치측정금융자산	4,088[1)]	(대) 기타포괄손익공정가치측정금융자산평가손실(OCI) 기타포괄손익공정가치측정금융자산평가이익(OCI)	3,205 883
		[1)] ₩99,099 – (₩93,417 + ₩1,594) = ₩4,088			
20×3년 초		(차) 현금 기타포괄손익공정가치측정금융자산평가이익(OCI)	99,099 883	(대) 기타포괄손익공정가치측정금융자산 금융자산처분이익(NI)	99,099 883

08 1. 당기순이익에 미치는 영향

(₩95,000 − ₩100,000) × 10마리 + ₩3,000 × 100리터 + (₩5,000 − ₩3,000) × 100리터 + (₩100,000 − ₩105,000) × 10마리
+ (₩100,000 − ₩95,000) × 10마리 = ₩450,000 증가

2. 20×0년 말 재무상태표의 생물자산(젖소) 금액: ₩105,000 × 10마리 = ₩1,050,000

3. 회계처리

20×1년 6월	(차) 생물자산(젖소) 생물자산평가손실	950,000 50,000	(대) 현금	1,000,000
20×1년 중	(차) 수확물(우유)	300,000	(대) 수확물평가이익	300,000
20×1년 중	(차) 현금	500,000	(대) 수확물(우유) 수확물평가이익	300,000 200,000
20×1년 12월 말	N/A			

09 무형자산 원가의 인식은 그 자산을 경영자가 의도하는 방식으로 운용될 수 있는 상태에 이르면 중지되므로 다음의 원가는 무형자산의 장부금액에 포함하지 아니한다.

(1) 경영자가 의도하는 방식으로 운용될 수 있으나 아직 사용하지 않고 있는 기간에 발생한 원가
(2) 자산의 산출물에 대한 수요가 확립되기 전까지 발생하는 손실과 같은 초기 영업손실
(3) 무형자산을 사용하거나 재배치하는 데 발생하는 원가

10 1. (A) 사채 실제 발행일의 유효이자율이 연 8%인 경우

(1) 20×1년 1월 1일 사채의 현재가치: ₩3,000,000 × 0.7938 + ₩180,000 × 2.5770 = ₩2,845,260
(2) 20×1년 3월 1일 현금수취: 20×1년 1월 1일 사채의 현재가치 + 유효이자
    = ₩2,845,260 + ₩2,845,260 × 8% × 2/12 = ₩2,883,197

2. (B) 사채 실제 발행일의 유효이자율이 연 7%인 경우

(1) 20×1년 1월 1일 사채의 현재가치: ₩3,000,000 × 0.8163 + ₩180,000 × 2.6243 = ₩2,921,274
(2) 20×1년 3월 1일 현금수취액: 20×1년 1월 1일 사채의 현재가치 + 유효이자
    = ₩2,921,274 + ₩2,921,274 × 7% × 2/12 = ₩2,955,356

3. (A)가 (B)보다 수취하는 금액이 ₩72,159(= ₩2,883,197 − ₩2,955,356)만큼 적다.

11 1. 20×1년 초 사채의 상각후원가: ₩3,000,000 × 0.7938 + ₩180,000 × 2.5770 = ₩2,845,260

2. 20×2년 초 사채의 상각후원가: ₩2,845,260 × 1.08 − ₩180,000 = ₩2,892,881

3. 20×3년 초 사채의 상각후원가: ₩2,892,881 × 1.08 − ₩180,000 = ₩2,944,311

4. 20×3년 4월 1일 사채상환손익

장부금액(미지급이자 포함): (₩2,944,311 + ₩2,944,311 × 8% × 3/12) × 30% =	₩900,959
상환금액(미지급이자 포함)	(915,000)
사채상환손실	₩(14,041) (단수차이)

12 20×2년 순확정급여자산의 변동

구분	기초	+	근무원가	+	순이자원가	+	기여금	+	퇴직금	+	재측정요소	=	기말
확정급여채무	(1,000,000)	+	(900,000)[1]	+	(80,000)[2]	+			100,000	+	(220,000)	=	(2,100,000)
사외적립자산	1,100,000	+		+	88,000[3]	+	1,000,000	+	(100,000)	+	212,000	=	2,300,000
계	100,000	+	(900,000)	+	8,000	+	1,000,000	+	0	+	(8,000)	=	200,000
자산인식상한효과	(40,000)			+	(3,200)					+	(6,800)	=	(50,000)
순확정급여자산	60,000	+	(900,000)	+	4,800	+	1,000,000	+	0	+	(14,800)	=	150,000
			NI		NI						OCI		자산

[1] 근무원가: ₩900,000
[2] 이자원가: ₩1,000,000 × 8% = ₩80,000
[3] 이자수익: ₩1,100,000 × 8% = ₩88,000

∴ 20×2년 기타포괄손익에 미치는 영향: ₩(14,800) 감소

13 1. 현금결제형에서 주식결제형 주식기준보상거래로 분류를 바꾸는 조건변경의 회계처리는 다음과 같이 처리해야 한다.
    (1) 조건변경일부터 주식선택권을 조건변경일 현재 공정가치에 기초하여 측정하고, 조건변경일에 주식선택권을 종업원이 용역을 제공한 만큼 자본으로 인식한다.
    (2) 조건변경일에 주가차액보상권 관련 부채를 제거한다.
    (3) 조건변경일에 제거된 부채의 장부금액과 인식된 자본금액의 차이는 즉시 당기손익으로 인식한다.

2. 각 연도별 주식보상비용

연도	계산방법	(차) 비용	누적 비용	(대) 자본	(대) 부채
20×1년	30명 × 30개 × ₩100 × 1/5 =	₩18,000	₩18,000	₩0	₩18,000
20×2년	조건변경 전 재측정				
	30명 × 30개 × ₩110 × 2/5 – ₩18,000 =	21,600	39,600	0	39,600
	조건변경일에 부채 제거, 자본의 공정가치와 결제 효과 ₩7,200 인식				
	30명 × 30개 × ₩130 × 2/5 – 30명 × 30개 × ₩110 × 2/5 =	7,200	46,800	46,800	(39,600)

    (1) 20×1년 주식보상비용: ₩18,000
    (2) 20×2년 주식보상비용: ₩21,600 + ₩7,200 = ₩28,800

3. 회계처리

20×1년 말	(차) 주식보상비용	18,000	(대) 장기미지급비용		18,000
20×2년 말	(차) 주식보상비용	21,600	(대) 장기미지급비용		21,600
	(차) 장기미지급비용	39,600[1]	(대) 주식선택권		46,800[2]
	주식보상비용	7,200			

    [1] ₩18,000 + ₩21,600 = ₩39,600
    [2] 30명 × 30개 × ₩130 × 2/5 = ₩46,800

4. 20×2년 말 주식선택권의 1개당 공정가치: ₩46,800 ÷ (30명 × 30개 × 2/5) = ₩130

14 리스제공자는 다음 조건을 모두 충족하는 금융리스의 변경을 별도 리스로 회계처리한다.
    (1) 하나 이상의 기초자산 사용권이 추가되어 리스의 범위가 넓어진다.
    (2) 넓어진 리스 범위의 개별 가격에 상응하는 금액과 특정한 계약의 상황을 반영하여 그 개별 가격에 적절히 조정하는 금액만큼 리스대가가 증액된다.

정답 12 ② 13 ④ 14 ⑤

15 1. 리스부채의 재평가 전 장부금액

(1) 20×1년 초: ₩3,000,000 × 2.5770 = ₩7,731,000

(2) 20×1년 말: ₩7,731,000 × 1.08 − ₩3,000,000 = ₩5,349,480

(3) 20×2년 말: ₩5,349,480 × 1.08 − ₩3,000,000 = ₩2,777,438

2. 20×2년 말 리스부채의 재측정금액: ₩3,000,000 × 0.9091 + ₩500,000 × 0.9091 = ₩3,181,850(수정할인율 적용)

3. 20×2년 말 리스부채의 증가액: ₩3,181,850 − ₩2,777,438 = ₩404,412

4. 사용권자산의 재평가 전 장부금액

(1) 20×1년 초: ₩7,731,000

(2) 20×1년 말: ₩7,731,000 − ₩7,731,000 × 1/3 = ₩5,154,000

(3) 20×2년 말: ₩7,731,000 − ₩7,731,000 × 2/3 = ₩2,577,000

5. 20×2년 말 재평가 후 사용권자산의 장부금액: ₩2,577,000 + ₩404,412 = ₩2,981,412

6. 20×3년 말 감가상각비: (₩2,981,412 − ₩0) × 1/2 = ₩1,490,706

16 1. 보통주당기순이익: ₩205,000,000

2. 가중평균유통보통주식수: 200,000주 × 12/12 + 20,000주 × 3/12 = 205,000주

3. 기본주당순이익: ₩205,000,000 ÷ 205,000주 = ₩1,000/주

4. 주식매입권의 희석효과: ₩0 ÷ 5,000주[1] = ₩0/주(희석효과 있음)

   [1] (20,000주 − 20,000주 × ₩20,000/₩25,000) × 9/12 + (10,000주 − 10,000주 × ₩20,000/₩25,000) × 12/12 = 5,000주

5. 희석주당순이익: $\dfrac{\text{₩205,000,000} + \text{₩0}}{\text{205,000주} + \text{5,000주}}$ = ₩976/주

17 1. 20×1년 초 상환우선주 부채요소의 현재가치

20×1년 초	20×1년 말	20×2년 말	
공정가치:	₩3,000	₩3,000	◉ 배당 (계약상 의무 O): 부채
‖		₩120,000	◉ 원금 (계약상 의무 O): 부채
PV(6%): ₩112,300 = ₩120,000 × 0.8900 + ₩3,000 × 1.8334			

2. 20×1년 이자비용: ₩112,300 × 6% = ₩6,738

3. 회계처리

20×1년 초	(차) 현금	112,300	(대) 상환우선주(금융부채)	112,300
20×1년 말	(차) 이자비용	6,738	(대) 상환우선주(금융부채)	3,738
			현금	3,000

해커스 회계사 IFRS **김원종 재무회계 1차 기출문제집**

2021년

18 1. 거래가격의 배분

구분	계산근거	배분된 거래가격
중장비 판매	₩500,000 × ₩481,000/(₩481,000 + ₩39,000) =	₩462,500
하자보증	₩500,000 × ₩39,000/(₩481,000 + ₩39,000) =	37,500
합계		₩500,000

2. 20×1년에 인식할 총수익금액: (1) + (2) = ₩475,000
   (1) 중장비 판매: ₩462,500
   (2) 하자보증: ₩37,500 × ₩10,000/₩30,000 = ₩12,500

3. 20×1년 말 재무상태표에 인식할 부채: ₩37,500 − ₩12,500 = ₩25,000

19 1. ㈜대한이 콜옵션을 보유하면서 기업이 자산을 원래 판매가격 이상의 금액으로 다시 살 수 있거나 다시 사야 하는 경우(재매입가격 ≥ 판매가격)이므로 금융약정으로 회계처리한다.

2. 회계처리

20×1. 12. 1.	(차) 현금	1,000,000	(대) 차입금	1,000,000
20×1. 12. 31.	(차) 이자비용 ¹⁾ ₩100,000 × 1/4 = ₩25,000	25,000¹⁾	(대) 미지급이자	25,000
20×2. 3. 31.	(차) 이자비용 　　　미지급이자 　　　차입금 ¹⁾ ₩100,000 × 3/4 = ₩75,000	75,000¹⁾ 25,000 1,000,000	(대) 매출	1,100,000
	(차) 매출원가	500,000	(대) 제품	500,000

3. 20×2년 당기순이익에 미치는 영향: ₩1,100,000 − ₩500,000 − ₩75,000 = ₩525,000 증가

20 1. 이 기준서는 다음을 제외한 고객과의 모든 계약에 적용한다.
   (1) 기업회계기준서 제1017호 '리스'의 적용범위에 포함되는 리스계약
   (2) 기업회계기준서 제1104호 '보험계약'의 적용범위에 포함되는 보험계약
   (3) 기업회계기준서 제1109호 '금융상품', 제1110호 '연결재무제표', 제1111호 '공동약정', 제1027호 '별도재무제표', 제1028호 '관계 기업과 공동기업에 대한 투자'의 적용범위에 포함되는 금융상품과 그 밖의 계약상 권리 또는 의무
   (4) 고객이나 잠재적 고객에게 판매를 쉽게 하기 위해 행하는 같은 사업 영역에 있는 기업 사이의 비화폐성 교환. 예를 들면 두 정유사 가 서로 다른 특정 지역에 있는 고객의 수요를 적시에 충족하기 위해, 두 정유사끼리 유류를 교환하기로 합의한 계약에는 이 기준서 를 적용하지 않는다.

2. 유형자산의 처분은 계약상대방이 기업회계기준서 제1115호에서 정의하고 있는 고객에 해당하므로 유형자산 처분손익에 포함되는 대가(금액)를 산정함에 있어 처분유형에 관계없이 동 기준서의 거래가격 산정에 관한 요구사항을 적용할 수 있다.

21 **1. 자기주식의 처분**

20×1. 10. 1.	(차) 현금	40,000	(대) 자기주식	30,000
			자기주식처분이익	10,000

2. 기타포괄손익공정가치측정금융자산의 평가

20×1. 12. 31.	(차) 기타포괄손익공정가치측정금융자산평가손실	20,000	(대) 기타포괄손익공정가치측정금융자산	20,000

3. 토지의 재평가

20×1. 12. 31.	(차) 토지	20,000[1]	(대) 재평가잉여금	20,000
	[1] ₩120,000 − ₩100,000 = ₩20,000			

4. 세법상 납부할 법인세(당기법인세): ₩107,000

<법인세계산>		<일시적차이 일정계획표>
20×1년		20×2년 이후
법인세비용차감전순이익	₩500,000	
접대비 한도초과액	20,000	
재고자산평가손실[1]	5,000	₩(5,000)
자기주식처분이익	10,000	
기타포괄손익공정가치측정금융자산[1]	20,000	(20,000)
기타포괄손익공정가치측정금융자산평가손실	(20,000)	
토지[2]	(20,000)	20,000
재평가잉여금	20,000	
과세소득	₩535,000	₩(5,000)
× 세율	× 20%	× 20%
당기법인세	₩107,000	₩(1,000)

[1] 차감할 일시적차이(유보)
[2] 가산할 일시적차이(△유보)

5. 이연법인세자산·부채

(1) 20×1년 말 이연법인세자산: ₩5,000 × 20% = ₩1,000

(2) 20×0년 말 이연법인세자산·부채: ₩0

6. 회계처리

20×1년 말	(차) 이연법인세자산	1,000	(대) 당기법인세부채	107,000
	법인세비용	106,000		
	(차) 자기주식처분이익	2,000[1]	(대) 법인세비용	2,000
	[1] ₩10,000 × 20% = ₩2,000			
	(차) 법인세비용	4,000	(대) 기타포괄손익공정가치측정금융자산평가손실	4,000[2]
	[2] ₩20,000 × 20% = ₩4,000			
	(차) 재평가잉여금	4,000[3]	(대) 법인세비용	4,000
	[3] ₩20,000 × 20% = ₩4,000			

7. 20×1년 법인세비용: ₩106,000 − ₩2,000 + ₩4,000 − ₩4,000 = ₩104,000

22 오류수정 정산표

구분	20×1년	20×2년	20×3년
20×1년 말 재고자산 과소	₩20,000	₩(20,000)	
20×2년 말 기말재고 과대		(30,000)	₩30,000
20×3년 말 기말재고 과대			(35,000)
20×2년 말 선급보험료 과소		15,000	(15,000)
20×1년 초 수선유지비	40,000	(10,000)	(10,000)
당기손익에 미치는 영향	₩60,000	₩(45,000)	₩(30,000)

∴ 20×3년 전기이월이익잉여금에 미치는 영향: ₩60,000 + ₩(45,000) = ₩15,000 증가

20×3년 당기순이익에 미치는 영향: ₩(30,000) 감소

23 비유동자산이 매각예정으로 분류되거나 매각예정으로 분류된 처분자산집단의 일부이면 그 자산은 감가상각(또는 상각)하지 아니한다. 한편, 매각예정으로 분류된 처분자산집단의 부채와 관련된 이자와 기타 비용은 계속해서 인식한다.

24 이자지급으로 인한 현금유출액

포괄손익계산서상 이자비용	₩(48,191)
사채할인발행차금 상각액	2,349[1]
사채할증발행차금 상각액	(3,358)[2]
미지급이자 증가	5,000
이자지급으로 인한 현금유출액	₩(44,200)

[1] 사채할인발행차금 상각액: ₩97,345 − ₩94,996 = ₩2,349

[2] 사채할증발행차금 상각액: ₩107,334 − ₩110,692 = ₩(3,358)

25 1. 20×1년 7월 1일 회계처리

	(차) 현금	50,000	(대) 매입채무	80,000
	재고자산	200,000	차입금	450,000
	유형자산(순액)	800,000	자본금	160,000[1]
20×1. 7. 1.	무형자산(순액)	290,000	주식발행초과금	960,000[2]
	무형자산(연구개발프로젝트)	90,000	조건부대가(부채)	60,000
	영업권	280,000		

[1] (₩160,000/₩100) ÷ 2주 × ₩200 = ₩160,000

[2] 800주 × (₩1,400 − ₩200) = ₩960,000

2. 20×1년 7월 1일 영업권: ₩280,000

26 **1. 20×1년 12월 31일 회계처리**

20×1. 12. 31.	(차) 감가상각비	80,000	(대) 유형자산(순액)	80,000[1]	
	[1] ₩800,000 ÷ 5년 × 6/12 = ₩80,000				
	(차) 조건부대가(부채)	60,000	(대) 부채상환이익(NI)	60,000	

2. 20×2년 4월 1일 회계처리

	(차) 감가상각비	40,000	(대) 유형자산(순액)	40,000[1]	
	[1] ₩800,000 ÷ 5년 × 3/12 = ₩40,000				
20×2. 4. 1.	(차) 유형자산(순액)	100,000	(대) 영업권	100,000	
	(차) 감가상각비	5,000	(대) 유형자산(순액)	15,000[2]	
	이익잉여금	10,000			
	[2] (₩900,000 − ₩800,000) ÷ 5년 × 9/12 = ₩15,000				

3. 20×2년 12월 31일 회계처리

20×2. 12. 31.	(차) 감가상각비	135,000	(대) 유형자산(순액)	135,000[1]	
	[1] ₩900,000 ÷ 5년 × 9/12 = ₩135,000				

4. 20×2년 12월 31일 영업권: ₩280,000 − ₩100,000 = ₩180,000

5. 20×2년 12월 31일 유형자산의 장부금액(순액): ₩900,000 − ₩900,000 × 18/60 = ₩630,000

해설

1. 측정기간 내에 취득자는 식별할 수 있는 자산으로 인식한 잠정금액의 증가를 영업권의 감소로 인식한다.

2. 목표수익을 달성하거나, 특정 주가에 도달하거나, 연구·개발 프로젝트의 주요 과제를 완료하는 등 취득일 이후에 발생한 사건에서 발생한 변동은 측정기간의 조정 사항이 아니다. 취득자는 측정기간의 조정 사항이 아닌 조건부대가의 공정가치 변동을 다음과 같이 회계처리한다.
   (1) 자본으로 분류한 조건부대가: 재측정하지 않으며, 그 후속 정산은 자본 내에서 회계처리한다.
   (2) 부채 또는 자산으로 분류한 조건부대가: 각 보고기간 말에 공정가치로 재측정하며, 공정가치의 변동은 당기손익으로 인식한다.

27 관계기업 투자가 공동기업 투자로 되거나 공동기업 투자가 관계기업 투자로 되는 경우, 기업은 지분법을 계속 적용하며 잔여 보유 지분을 재측정하지 않는다.

28 20×1년 말 재무제표에 계상되는 관계기업투자주식의 장부금액

피투자자 순자산 장부금액: ₩2,000,000 + ₩300,000 − ₩100,000 =	₩2,200,000
투자차액 미상각잔액	
재고자산: ₩50,000 × ₩36,000/₩180,000 =	10,000
피투자자의 순자산 공정가치	₩2,210,000
× 투자자의 지분율	× 20%
① 피투자자 순자산 공정가치에 대한 지분	₩442,000
② 영업권: ₩600,000 − (₩2,000,000 + ₩50,000 + ₩50,000) × 20% =	180,000
③ 투자자의 하향 내부거래 미실현손익 잔액 × 투자자의 지분율	−
관계기업투자(① + ② + ③)	₩622,000

29 1. 20×2년 비지배주주 귀속 당기순이익

㈜민국의 보고된 당기순이익	₩24,000
토지처분이익	(5,000)
감가상각비: ₩3,000 ÷ 3년 =	(1,000)
㈜민국의 연결조정 후 당기순이익	₩18,000
× 비지배지분율	× 40%
비지배주주 귀속 당기순이익	₩7,200

2. 20×2년 말 비지배지분: 종속기업 순자산 공정가치 × 비지배지분율

20×2년 말 ㈜민국의 순자산 장부금액: ₩40,000 + ₩17,500 + ₩24,000 =	₩81,500
20×2년 말 투자차액 미상각잔액	
토지	–
차량운반구: ₩3,000 ÷ 3년 =	1,000
20×2년 말 ㈜민국의 순자산 공정가치	₩82,500
× 비지배지분율	× 40%
20×2년 말 비지배지분	₩33,000

30 ① 의결권의 과반수를 보유하나 힘을 가지지 않는 경우: 피투자자의 의결권 과반수를 보유하는 투자자가 피투자자에 대한 힘을 보유하기 위해서는 투자자의 의결권이 실질적이어야 하고, 관련 활동을 지시하는 현재의 능력을 투자자에게 부여해야 한다. 즉, 투자자는 피투자자의 의결권 과반수를 보유하고 있더라도 그러한 권리가 실질적이지 않다면 피투자자에 대한 힘을 가지지 못한다. 예를 들어 정부, 법원, 관재인, 채권자, 청산인, 감독당국이 관련 활동을 지시한다면, 피투자자의 의결권 과반수를 보유하는 투자자는 힘을 가질 수 없다.

③ 투자기업은 시세차익, 투자수익이나 둘 다를 위해서 이익을 얻는 것을 목적으로 투자자산을 보유하는 기업을 말하므로 정보이용자는 연결재무제표의 정보보다는 보유하고 있는 투자자산의 공정가치와 공정가치의 평가방법이 매우 중요한 정보가 된다. 따라서, 투자기업은 다른 기업에 대한 지배력을 획득할 때 그 종속기업을 연결하거나 K-IFRS 제1103호 '사업결합'을 적용해서는 안 된다. 대신에 투자기업은 종속기업에 대한 투자자산을 K-IFRS 제1109호 '금융상품'에 따라 공정가치로 측정하여 당기손익에 반영해야 한다.

④ 방어권은 그 권리와 관련된 피투자자에 대한 힘을 갖게 하지 않으면서 권리 보유자의 이익을 보호하기 위해 설계되었기 때문에, 방어권만을 보유한 투자자는 피투자자에 대한 힘을 가질 수 없거나, 다른 당사자가 그러한 힘을 갖지 못하게 할 수 없다.

⑤ 별도재무제표를 작성할 때, 종속기업, 공동기업, 관계기업에 대한 투자자산은 다음 a, b, c 중 어느 하나를 선택하여 회계처리하며, 투자자산의 각 범주별로 동일한 회계처리방법을 적용하여야 한다.

> a. 원가법
> b. K-IFRS 제1109호 '금융상품'에 따른 방법(공정가치법)
> c. K-IFRS 제1028호 '관계기업과 공동기업에 대한 투자'에서 규정하고 있는 지분법

31 1. 20×1년 12월 31일 영업권을 포함한 자산총액: ₩1,700,000 + ₩950,000 + ₩60,000 − ₩300,000 − ₩8,000 = ₩2,402,000

2. 20×1년 12월 31일 연결조정분개
   (1) 투자주식과 자본계정의 상계 제거

취득시점의 투자·자본 상계	(차) 자본금	250,000	(대) 투자주식	300,000
	이익잉여금	150,000[1]	비지배지분	160,000[3]
	영업권	60,000[2]		

   [1] 20×1년 초 이익잉여금: ₩210,000 − ₩60,000 = ₩150,000
   [2] 영업권: ₩300,000 − (₩250,000 + ₩150,000) × 60% = ₩60,000
   [3] 비지배지분: (₩250,000 + ₩150,000) × 40% = ₩160,000

   (2) 내부거래 제거

당기 미실현손익 제거	(차) 매출	100,000	(대) 매출원가	100,000
	(차) 매출원가	8,000[1]	(대) 재고자산	8,000

   [1] ₩20,000 × 40% = ₩8,000

   (3) 비지배지분순이익 계상

비지배지분순이익 계상	(차) 이익잉여금	24,000	(대) 비지배지분	24,000[1]

   [1] ₩60,000 × 40% = ₩24,000

32 20×2년 연결당기순이익

	㈜대한	㈜민국	합계
보고된 당기순이익	₩120,000	₩70,000	₩190,000
투자차액의 상각	–	–	–
내부거래 제거			
재고자산 실현손익	8,000	–	8,000
토지 미실현손익	–	(15,000)	(15,000)
연결조정 후 당기순이익	₩128,000	₩55,000	₩183,000
∴ 연결당기순이익:	₩128,000 +	₩55,000 =	₩183,000

33 20×1년 포괄손익계산서상 당기순이익: (1) + (2) + (3) = ₩22,810
   (1) 손익효과를 반영하기 전 20×1년 당기순이익: ₩20,400
   (2) 재고자산평가손실: ¥500 × 10.3 − Min[¥500 × 10.3 = ₩5,150, ¥450 × 10.4 = ₩4,680] = ₩(470)
   (3) 투자부동산평가이익: ¥2,200 × 10.4 − ¥2,000 × 10.0 = ₩2,880

34 20×2년 3월 1일 당기순이익에 미치는 순효과: (1) + (2) = ₩(30,000) 손실
   (1) 파생상품평가이익: ₩480,000 − ₩470,000 = ₩10,000
   (2) 재고자산평가손실: ₩470,000 − ₩510,000 = ₩(40,000)

35 외화는 기능통화 이외의 다른 통화를 말한다.

해커스 회계사 IFRS 김원종 재무회계 1차 기출문제집

2021년

회계사 · 세무사 · 경영지도사 단번에 합격!
해커스 경영아카데미 cpa.Hackers.com

2020년

공인회계사
1차 기출문제

* 공인회계사 1차 회계학 기출문제 중 재무회계에 해당하는 1 ~ 35번 문제를 수록하였습니다.

01 유통업을 영위하고 있는 ㈜대한은 확정판매계약(취소불능계약)에 따른 판매와 시장을 통한 일반판매를 동시에 수행하고 있다. ㈜대한이 20×1년 말 보유하고 있는 상품재고 관련 자료는 다음과 같다.

• 기말재고 내역				
항목	수량	단위당 취득원가	단위당 일반판매가격	단위당 확정판매 계약가격
상품 A	300개	₩500	₩600	–
상품 B	200개	₩300	₩350	₩280
상품 C	160개	₩200	₩250	₩180
상품 D	150개	₩250	₩300	–
상품 E	50개	₩300	₩350	₩290

• 재고자산 각 항목은 성격과 용도가 유사하지 않으며, ㈜대한은 저가법을 사용하고 있고, 저가법 적용 시 항목기준을 사용한다.

• 확정판매계약(취소불능계약)에 따른 판매 시에는 단위당 추정 판매비용이 발생하지 않을 것으로 예상되며, 일반 판매 시에는 단위당 ₩20의 추정 판매비용이 발생할 것으로 예상된다.

• 재고자산 중 상품 B, 상품 C, 상품 E는 모두 확정판매계약(취소불능계약) 이행을 위해 보유 중이다.

• 모든 상품에 대해 재고자산 감모는 발생하지 않았으며, 기초의 재고자산평가충당금은 없다.

㈜대한의 재고자산 평가와 관련된 회계처리가 20×1년도 포괄손익계산서의 당기순이익에 미치는 영향은 얼마인가?

① ₩11,800 감소   ② ₩10,800 감소   ③ ₩9,700 감소
④ ₩8,700 감소   ⑤ ₩7,700 감소

02 기업회계기준서 제1040호 '투자부동산'에 대한 다음 설명 중 옳지 않은 것은?

① 소유 투자부동산은 최초 인식시점에 원가로 측정하며, 거래원가는 최초 측정치에 포함한다.

② 계획된 사용수준에 도달하기 전에 발생하는 부동산의 운영손실은 투자부동산의 원가에 포함한다.

③ 투자부동산을 후불조건으로 취득하는 경우의 원가는 취득시점의 현금가격상당액으로 하고, 현금가격상당액과 실제 총지급액의 차액은 신용기간 동안의 이자비용으로 인식한다.

④ 투자부동산을 공정가치로 측정해 온 경우라면 비교할 만한 시장의 거래가 줄어들거나 시장가격 정보를 쉽게 얻을 수 없게 되더라도, 당해 부동산을 처분할 때까지 또는 자가사용부동산으로 대체하거나 통상적인 영업과정에서 판매하기 위하여 개발을 시작하기 전까지는 계속하여 공정가치로 측정한다.

⑤ 공정가치모형을 적용하는 경우 투자부동산의 공정가치 변동으로 발생하는 손익은 발생한 기간의 당기손익에 반영한다.

03 ㈜대한은 20×1년 3월 1일부터 공장건물 신축공사를 실시하여 20×2년 10월 31일에 해당 공사를 완료하였다. 동 공장건물은 차입원가를 자본화하는 적격자산이다. ㈜대한의 신축공사와 관련된 자료는 다음과 같다.

구분	20×1. 3. 1.	20×1. 10. 1.	20×2. 1. 1.	20×2. 10. 1.
공사대금지출액	₩200,000	₩400,000	₩300,000	₩120,000

종류	차입금액	차입기간	연 이자율
특정차입금 A	₩240,000	20×1. 3. 1. ~ 20×2. 10. 31.	4%
일반차입금 B	₩240,000	20×1. 3. 1. ~ 20×2. 6. 30.	4%
일반차입금 C	₩60,000	20×1. 6. 1. ~ 20×2. 12. 31.	10%

㈜대한이 20×2년에 자본화할 차입원가는 얼마인가? 단, 전기 이전에 자본화한 차입원가는 연평균지출액 계산 시 포함하지 아니하며, 연평균지출액, 이자비용은 월할계산한다.

① ₩16,800 ② ₩17,000 ③ ₩18,800

④ ₩20,000 ⑤ ₩20,800

04 ㈜대한은 제조업을 영위하고 있으며, 20×1년 초에 재화의 생산에 사용할 목적으로 기계장치를 ₩5,000,000에 취득하였다(내용연수: 9년, 잔존가치: ₩500,000, 감가상각방법: 정액법). ㈜대한은 매년 말 해당 기계장치에 대해서 재평가모형을 선택하여 사용하고 있다. ㈜대한의 각 연도 말 기계장치에 대한 공정가치는 다음과 같다.

구분	20×1년 말	20×2년 말
기계장치의 공정가치	₩4,750,000	₩3,900,750

㈜대한의 기계장치 관련 회계처리가 20×2년도 포괄손익계산서의 당기순이익에 미치는 영향은 얼마인가? 단, ㈜대한은 기계장치를 사용하는 기간 동안 재평가잉여금을 이익잉여금으로 대체하지 않으며, 감가상각비 중 자본화한 금액은 없다.

① ₩589,250 감소 ② ₩599,250 감소 ③ ₩600,250 감소
④ ₩601,250 감소 ⑤ ₩602,250 감소

05 ㈜대한은 20×1년 7월 1일 폐기물처리장을 신축하여 사용하기 시작하였으며, 해당 공사에 대한 대금으로 ₩4,000,000을 지급하였다. 이 폐기물처리장은 내용연수 4년, 잔존가치는 ₩46,400, 원가모형을 적용하며 감가상각방법으로는 정액법을 사용한다. ㈜대한은 해당 폐기물처리장에 대해 내용연수 종료시점에 원상복구의무가 있으며, 내용연수 종료시점의 복구비용(충당부채의 인식요건을 충족)은 ₩800,000으로 예상된다. ㈜대한의 복구충당부채에 대한 할인율은 연 10%이며, 폐기물처리장 관련 금융원가 및 감가상각비는 자본화하지 않는다. ㈜대한의 동 폐기물처리장 관련 회계처리가 20×1년도 포괄손익계산서의 당기순이익에 미치는 영향은 얼마인가? 단, 금융원가 및 감가상각비는 월할계산하며, 단수차이로 인해 오차가 있다면 가장 근사치를 선택한다.

기간	할인율	10%
		단일금액 ₩1의 현재가치
3년		0.7513
4년		0.6830

① ₩1,652,320 감소 ② ₩1,179,640 감소 ③ ₩894,144 감소
④ ₩589,820 감소 ⑤ ₩374,144 감소

06 ㈜대한은 건물(유형자산)에 대해서 원가모형을 선택하여 회계처리하고 있고 관련 자료는 다음과 같다.

- ㈜대한은 20×1년 초에 본사 건물(유형자산)을 ₩600,000에 취득하였으며, 내용연수는 6년, 잔존가치는 없고, 감가상각방법은 정액법을 사용한다.
- ㈜대한은 20×1년 말 보유 중인 건물에 대해서 손상징후를 검토한 결과 손상징후가 존재하여 이를 회수가능액으로 감액하고 해당 건물에 대해서 손상차손을 인식하였다.
- 20×1년 말 건물을 처분하는 경우 처분금액은 ₩370,000, 처분부대원가는 ₩10,000이 발생할 것으로 추정되었다. 20×1년 말 건물을 계속 사용하는 경우 20×2년 말부터 내용연수 종료시점까지 매년 말 ₩80,000의 순현금유입이 있을 것으로 예상되며, 잔존가치는 없을 것으로 예상된다. 미래 순현금유입액의 현재가치 측정에 사용될 할인율은 연 8%이다.
- 20×2년 초 건물의 일상적인 수선 및 유지비용(수익적 지출)과 관련하여 ₩20,000이 발생하였다.
- 20×2년 말 건물이 손상회복의 징후가 있는 것으로 판단되었고, 회수가능액은 ₩450,000으로 추정되고 있다.

기간 \ 할인율	8%	
	단일금액 ₩1의 현재가치	정상연금 ₩1의 현재가치
4년	0.7350	3.3121
5년	0.6806	3.9927

㈜대한의 건물 관련 회계처리가 20×2년도 포괄손익계산서의 당기순이익에 미치는 영향은 얼마인가? 단, 단수차이로 인해 오차가 있다면 가장 근사치를 선택한다.

① ₩20,000 증가
② ₩40,000 증가
③ ₩80,000 증가
④ ₩92,000 증가
⑤ ₩100,000 증가

07 ㈜대한은 20×1년 1월 1일 장부금액 ₩500,000, 공정가치 ₩600,000의 기계장치를 ㈜민국리스에게 ₩650,000에 현금 판매(기업회계기준서 제1115호상 '판매' 조건 충족)하고 동 일자로 기계장치를 5년 동안 리스하였다. ㈜대한은 ㈜민국리스에게 리스료로 매년 말 ₩150,000씩 지급하기로 하였으며, 내재이자율은 연 8%이다. ㈜대한이 리스 회계처리와 관련하여 20×1년 1월 1일 인식할 이전된 권리에 대한 차익(기계장치처분이익)은 얼마인가? 단, 단수차이로 인해 오차가 있다면 가장 근사치를 선택한다.

할인율	8%	
기간	단일금액 ₩1의 현재가치	정상연금 ₩1의 현재가치
4년	0.7350	3.3121
5년	0.6806	3.9927

① ₩8,516 ② ₩46,849 ③ ₩100,183
④ ₩150,000 ⑤ ₩201,095

08 ㈜대한은 20×1년 1월 1일 ㈜민국리스와 다음과 같은 조건의 금융리스 계약을 체결하였다.

- 리스개시일: 20×1년 1월 1일
- 리스기간: 20×1년 1월 1일부터 20×4년 12월 31일까지
- 리스자산의 리스개시일의 공정가치는 ₩1,000,000이고 내용연수는 5년이다. 리스자산의 내용연수 종료시점의 잔존가치는 없으며, 정액법으로 감가상각한다.
- ㈜대한은 리스기간 종료 시 ㈜민국리스에게 ₩100,000을 지급하고, 소유권을 이전받기로 하였다.
- ㈜민국리스는 상기 리스를 금융리스로 분류하고, ㈜대한은 리스개시일에 사용권자산과 리스부채로 인식한다.
- 리스의 내재이자율은 연 8%이며, 그 현가계수는 아래의 표와 같다.

할인율	8%	
기간	단일금액 ₩1의 현재가치	정상연금 ₩1의 현재가치
4년	0.7350	3.3121
5년	0.6806	3.9927

㈜민국리스가 리스기간 동안 매년 말 수취하는 연간 고정리스료는 얼마인가? 단, 단수차이로 인해 오차가 있다면 가장 근사치를 선택한다.

① ₩233,411 ② ₩244,132 ③ ₩254,768
④ ₩265,522 ⑤ ₩279,732

※ **09**와 **10**은 서로 독립적이다. ㈜대한의 전환사채와 관련된 다음 <자료>를 이용하여 **09**와 **10**에 대해 각각 답하시오.

<자료>

㈜대한은 20×1년 1월 1일 다음과 같은 상환할증금 미지급조건의 전환사채를 액면발행하였다.

액면금액	₩3,000,000
표시이자율	연 10%(매년 12월 31일에 지급)
일반사채 유효이자율	연 12%
상환만기일	20×3년 12월 31일
전환가격	사채액면 ₩1,000당 보통주 3주(주당 액면금액 ₩200)로 전환
전환청구기간	사채발행일 이후 1개월 경과일로부터 상환만기일 30일 이전까지

09 ㈜대한은 20×2년 1월 1일에 전환사채 전부를 동 일자의 공정가치인 ₩3,100,000에 현금으로 조기상환하였다. 만약 조기상환일 현재 ㈜대한이 표시이자율 연 10%로 매년 말에 이자를 지급하는 2년 만기 일반사채를 발행한다면, 이 사채에 적용될 유효이자율은 연 15%이다. ㈜대한의 조기상환으로 발생하는 상환손익이 20×2년도 포괄손익계산서의 당기순이익에 미치는 영향은 얼마인가? 단, 단수차이로 인해 오차가 있다면 가장 근사치를 선택한다.

기간 \ 할인율	단일금액 ₩1의 현재가치			정상연금 ₩1의 현재가치		
	10%	12%	15%	10%	12%	15%
1년	0.9091	0.8929	0.8696	0.9091	0.8929	0.8696
2년	0.8264	0.7972	0.7561	1.7355	1.6901	1.6257
3년	0.7513	0.7118	0.6575	2.4868	2.4019	2.2832

① ₩76,848 증가   ② ₩76,848 감소   ③ ₩100,000 증가
④ ₩142,676 증가   ⑤ ₩142,676 감소

10 20×2년 1월 1일에 ㈜대한의 자금팀장과 회계팀장은 위 <자료>의 전환사채 조기전환을 유도하고자 전환조건의 변경방안을 각각 제시하였다. 자금팀장은 다음과 같이 [A]를, 회계팀장은 [B]를 제시하였다. ㈜대한은 20×2년 1월 1일에 [A]와 [B] 중 하나의 방안을 채택하려고 한다. ㈜대한의 [A]와 [B] 조건변경과 관련하여 조건변경일(20×2년 1월 1일)에 발생할 것으로 예상되는 손실은 각각 얼마인가?

변경방안	내용
[A]	만기 이전 전환으로 발행되는 보통주 1주당 ₩200을 추가로 지급한다.
[B]	사채액면 ₩1,000당 보통주 3.2주(주당 액면금액 ₩200)로 전환할 수 있으며, 조건변경일 현재 ㈜대한의 보통주 1주당 공정가치는 ₩700이다.

	[A]	[B]
①	₩600,000	₩0
②	₩600,000	₩420,000
③	₩1,800,000	₩0
④	₩1,800,000	₩140,000
⑤	₩1,800,000	₩420,000

11 20×1년 초 현재 ㈜대한이 기발행한 보통주 10,000주(주당 액면금액 ₩100)가 유통 중에 있으며, 자기주식과 우선주는 없다. 20×1년 중에 발생한 거래는 다음과 같다.

- 20×1년 1월 1일에 발행된 상환할증금 미지급조건의 신주인수권부사채의 액면금액은 ₩1,000,000이고, 행사비율은 사채액면금액의 100%로 사채액면 ₩500당 보통주 1주(주당 액면금액 ₩100)를 인수할 수 있다. 20×1년도 포괄손익계산서의 신주인수권부사채 관련 이자비용은 ₩45,000이며, 법인세율은 20%이다. 한편 20×1년 ㈜대한의 보통주 평균시장 가격은 주당 ₩800이며, 20×1년 중에 행사된 신주인수권은 없다.
- 20×1년 3월 1일에 보통주 3,000주의 유상증자(기존의 모든 주주에게 부여되는 주주우선 배정 신주발행)를 실시하였는데, 유상증자 직전의 보통주 공정가치는 주당 ₩3,000이고, 유상증자시점의 발행가액은 주당 ₩2,500이다.
- 20×1년 7월 1일에 취득한 자기주식 500주 중 300주를 3개월이 경과한 10월 1일에 시장에서 처분하였다.

㈜대한이 20×1년도 당기순이익으로 ₩4,000,000을 보고한 경우, 20×1년도 희석주당이익은 얼마인가? 단, 가중평균유통보통주식수는 월할로 계산하며, 단수차이로 인해 오차가 있다면 가장 근사치를 선택한다.

① ₩298 ② ₩304 ③ ₩315
④ ₩323 ⑤ ₩330

12 ㈜대한은 ㈜민국이 다음과 같이 발행한 사채를 20×1년 1월 1일에 발행가액으로 현금취득(취득시 신용이 손상되어 있지 않음)하고, 기타포괄손익 – 공정가치로 측정하는 금융자산(FVOCI금융자산)으로 분류하였다.

- 사채발행일: 20×1년 1월 1일
- 액면금액: ₩1,000,000
- 만기일: 20×3년 12월 31일(일시상환)
- 표시이자율: 연 10%(매년 12월 31일에 지급)
- 사채발행시점의 유효이자율: 연 12%

20×1년 말 ㈜대한은 동 금융자산의 이자를 정상적으로 수취하였으나, ㈜민국의 신용이 손상되어 만기일에 원금은 회수가능하지만 20×2년부터는 연 6%(표시이자율)의 이자만 매년 말 수령할 것으로 추정하였다. 20×1년 말 현재 동 금융자산의 공정가치가 ₩800,000인 경우, ㈜대한의 20×1년도 포괄손익계산서의 당기순이익과 기타포괄이익에 미치는 영향은 각각 얼마인가? 단, 단수차이로 인해 오차가 있다면 가장 근사치를 선택한다.

기간 \ 할인율	단일금액 ₩1의 현재가치			정상연금 ₩1의 현재가치		
	6%	10%	12%	6%	10%	12%
1년	0.9434	0.9091	0.8929	0.9434	0.9091	0.8929
2년	0.8900	0.8264	0.7972	1.8334	1.7355	1.6901
3년	0.8396	0.7513	0.7118	2.6730	2.4868	2.4019

	당기순이익에 미치는 영향	기타포괄이익에 미치는 영향
①	₩67,623 감소	₩14,239 감소
②	₩67,623 감소	₩98,606 감소
③	₩67,623 감소	₩166,229 감소
④	₩46,616 증가	₩98,606 감소
⑤	₩46,616 증가	₩166,229 감소

해커스 회계사 IFRS 김원종 재무회계 1차 기출문제집

2020년

13 ㈜대한은 20×1년 1월 1일에 ㈜민국이 발행한 사채(액면금액 ₩1,000,000, 만기 3년, 표시이자율 연 6%(매년 12월 31일에 이자지급), 만기 일시상환, 사채발행시점의 유효이자율 연 10%)를 ₩900,508에 취득(취득 시 신용이 손상되어 있지 않음)하여 기타포괄손익 – 공정가치로 측정하는 금융자산(FVOCI금융자산)으로 분류하였다. 20×1년 말과 20×2년 말 동 금융자산의 공정가치는 각각 ₩912,540과 ₩935,478이며, 손상이 발생하였다는 객관적인 증거는 없다. 한편 ㈜대한은 20×3년 1월 1일에 동 금융자산 전부를 ₩950,000에 처분하였다. ㈜대한의 동 금융자산이 20×2년도 포괄손익계산서의 기타포괄이익과 20×3년도 포괄손익계산서의 당기순이익에 미치는 영향은 각각 얼마인가? 단, 단수차이로 인해 오차가 있다면 가장 근사치를 선택한다.

	20×2년도 기타포괄이익에 미치는 영향	20×3년도 당기순이익에 미치는 영향
①	₩10,118 감소	₩13,615 감소
②	₩10,118 감소	₩14,522 증가
③	₩18,019 감소	₩13,615 감소
④	₩18,019 감소	₩14,522 증가
⑤	₩18,019 감소	₩49,492 증가

14 기업회계기준서 제1109호 '금융상품' 중 금융자산의 제거에 대한 다음 설명 중 옳지 않은 것은?

① 양도자가 양도자산의 소유에 따른 위험과 보상의 대부분을 보유하지도 이전하지도 않고, 양도자가 양도자산을 통제하고 있다면, 그 양도자산에 지속적으로 관여하는 정도까지 그 양도자산을 계속 인식한다.

② 양도자가 확정가격이나 매도가격에 대여자의 이자수익을 더한 금액으로 재매입하기로 하고 금융자산을 매도한 경우, 양도자는 금융자산의 소유에 따른 위험과 보상의 대부분을 보유하고 있는 것이다.

③ 금융자산 전체가 제거 조건을 충족하는 양도로 금융자산을 양도하고, 수수료를 대가로 해당 양도자산의 관리용역을 제공하기로 한다면 관리용역제공계약과 관련하여 자산이나 부채를 인식하지 않는다.

④ 양도자가 금융자산의 일부에만 지속적으로 관여하는 경우에 양도하기 전 금융자산의 장부금액을 지속적 관여에 따라 계속 인식하는 부분과 제거하는 부분에 양도일 현재 각 부분의 상대적 공정가치를 기준으로 배분한다.

⑤ 양도의 결과로 금융자산 전체를 제거하지만 새로운 금융자산을 획득하거나 새로운 금융부채나 관리용역부채를 부담한다면, 그 새로운 금융자산, 금융부채, 관리용역부채를 공정가치로 인식한다.

15 기업회계기준서 제1019호 '종업원급여' 중 확정급여제도에 대한 다음 설명 중 옳지 않은 것은?

① 확정급여채무의 현재가치와 당기근무원가를 결정하기 위해서는 예측단위적립방식을 사용하며, 적용할 수 있다면 과거근무원가를 결정할 때에도 동일한 방식을 사용한다.

② 보험수리적손익은 보험수리적 가정의 변동과 경험조정으로 인한 확정급여채무 현재가치의 증감에 따라 생긴다.

③ 과거근무원가는 제도의 개정이나 축소로 생기는 확정급여채무 현재가치의 변동이다.

④ 기타포괄손익에 인식되는 순확정급여부채(자산)의 재측정요소는 후속 기간에 당기손익으로 재분류하지 아니하므로 기타포괄손익에 인식된 금액을 자본 내에서 대체할 수 없다.

⑤ 순확정급여부채(자산)의 재측정요소는 보험수리적손익, 순확정급여부채(자산)의 순이자에 포함된 금액을 제외한 사외적립자산의 수익, 순확정급여부채(자산)의 순이자에 포함된 금액을 제외한 자산인식상한효과의 변동으로 구성된다.

16 기업회계기준서 제1012호 '법인세'에 대한 다음 설명 중 옳지 않은 것은?

① 이연법인세자산은 차감할 일시적차이, 미사용 세무상결손금의 이월액, 미사용 세액공제 등의 이월액과 관련하여 미래 회계기간에 회수될 수 있는 법인세 금액이다.

② 자산의 세무기준액은 자산의 장부금액이 회수될 때 기업에 유입될 과세대상 경제적효익에서 세무상 차감될 금액을 말하며, 부채의 세무기준액은 장부금액에서 미래 회계기간에 당해 부채와 관련하여 세무상 공제될 금액을 차감한 금액이다.

③ 당기 및 과거기간에 대한 당기법인세 중 납부되지 않은 부분을 부채로 인식한다. 만일 과거기간에 이미 납부한 금액이 그 기간 동안 납부하여야 할 금액을 초과하였다면 그 초과금액은 자산으로 인식한다.

④ 매 보고기간 말에 인식되지 않은 이연법인세자산에 대하여 재검토하며, 미래 과세소득에 의해 이연법인세자산이 회수될 가능성이 높아진 범위까지 과거 인식되지 않은 이연법인세자산을 인식한다.

⑤ 당기법인세자산과 부채는 기업이 인식된 금액에 대한 법적으로 집행가능한 상계권리를 가지고 있는 경우 또는 순액으로 결제하거나, 자산을 실현하고 부채를 결제할 의도가 있는 경우에 상계한다.

17 충당부채, 우발부채, 우발자산과 관련된 다음의 회계처리 중 옳은 것은? 단, 각 설명에 제시된 금액은 최선의 추정치라고 가정한다.

① 항공업을 영위하는 ㈜대한은 3년에 한 번씩 항공기에 대해 정기점검을 수행한다. 20×1년 말 현재 ㈜대한은 동 항공기를 1년 동안 사용하였으며, 20×1년 말 기준으로 측정한 2년 후 정기점검비용 ₩10,000을 20×1년에 충당부채로 인식하였다.

② ㈜민국은 새로운 법률에 따라 20×1년 6월까지 매연 여과장치를 공장에 설치해야 하며 미설치 시 벌과금이 부과된다. ㈜민국은 20×1년 말까지 매연 여과장치를 설치하지 않아 법규 위반으로 인한 벌과금이 부과될 가능성이 그렇지 않을 가능성보다 높으며, 벌과금은 ₩20,000으로 예상된다. ㈜민국은 20×1년에 동 벌과금을 우발부채로 주석공시하였다.

③ ㈜민국이 판매한 제품의 폭발로 소비자가 크게 다치는 사고가 발생하였다. 해당 소비자는 ㈜민국에 손해배상청구소송을 제기하였으며, 20×1년 말까지 재판이 진행 중에 있다. ㈜민국의 담당 변호사는 20×1년 재무제표 발행승인일까지 기업에 책임이 있다고 밝혀질 가능성이 높으나, ㈜민국이 부담할 배상금액은 법적 다툼의 여지가 남아 있어 신뢰성 있게 추정하기가 어렵다고 조언하였다. ㈜민국은 동 소송사건을 20×1년에 우발부채로 주석공시하였다.

④ 제조업을 영위하는 ㈜대한은 20×1년 12월 고객에게 제품을 판매하면서 1년간 확신유형의 제품보증을 하였다. 제조상 결함이 명백할 경우 ㈜대한은 제품보증계약에 따라 수선이나 교체를 해준다. 과거 경험에 비추어 볼 때, 제품보증에 따라 일부가 청구될 가능성이 청구되지 않을 가능성보다 높을 것으로 예상된다. 20×1년 말 현재 ₩5,000의 보증비용이 발생할 것으로 추정되었으며, ㈜대한은 동 제품보증을 20×1년에 우발부채로 주석공시하였다.

⑤ ㈜대한은 20×1년 말 보유 중인 토지가 정부에 의해 강제 수용될 가능성이 높다고 판단하였다. 20×1년 말 현재 보유 중인 토지의 장부금액은 ₩10,000이며 수용금액은 ₩14,000일 것으로 예상된다. ㈜대한은 ₩4,000을 20×1년에 우발자산으로 인식하였다.

18. 다음은 유통업을 영위하는 ㈜대한의 자본과 관련된 자료이다. 20×2년도 포괄손익계산서의 당기순이익은 얼마인가?

[부분재무상태표(20×1년 12월 31일)]	
	(단위: ₩)
Ⅰ. 자본금	2,000,000
Ⅱ. 주식발행초과금	200,000
Ⅲ. 이익잉여금	355,000
이익준비금	45,000
사업확장적립금	60,000
미처분이익잉여금	250,000
자본총계	2,555,000

(1) ㈜대한은 재무상태표의 이익잉여금에 대한 보충정보로서 이익잉여금처분계산서를 주석으로 공시하고 있다.
(2) ㈜대한은 20×2년 3월 정기 주주총회 결의를 통해 20×1년도 이익잉여금을 다음과 같이 처분하기로 확정하고 실행하였다.
   • ₩100,000의 현금배당과 ₩20,000의 주식배당
   • 사업확장적립금 ₩25,000 적립
   • 현금배당의 10%를 이익준비금으로 적립
(3) 20×3년 2월 정기 주주총회 결의를 통해 확정될 20×2년도 이익잉여금 처분내역은 다음과 같으며, 동 처분내역이 반영된 20×2년도 이익잉여금처분계산서의 차기이월미처분이익잉여금은 ₩420,000이다.
   • ₩200,000의 현금배당
   • 현금배당의 10%를 이익준비금으로 적립
(4) 상기 이익잉여금 처분과 당기순이익 외 이익잉여금 변동은 없다.

① ₩545,000
② ₩325,000
③ ₩340,000
④ ₩220,000
⑤ ₩640,000

19 ㈜대한은 고객과의 계약에 따라 구매금액 ₩10당 고객충성포인트 1점을 고객에게 보상하는 고객충성제도를 운영한다. 각 포인트는 고객이 ㈜대한의 제품을 미래에 구매할 때 ₩1의 할인과 교환될 수 있다. 20×1년 중 고객은 제품을 ₩200,000에 구매하고 미래 구매 시 교환할 수 있는 20,000포인트를 얻었다. 대가는 고정금액이고 구매한 제품의 개별 판매가격은 ₩200,000이다. 고객은 제품구매시점에 제품을 통제한다. ㈜대한은 18,000포인트가 교환될 것으로 예상하며, 동 예상은 20×1년 말까지 지속된다. ㈜대한은 포인트가 교환될 가능성에 기초하여 포인트당 개별 판매가격을 ₩0.9(합계 ₩18,000)으로 추정한다. 20×1년 중에 교환된 포인트는 없다. 20×2년 중 10,000포인트가 교환되었고, 전체적으로 18,000포인트가 교환될 것이라고 20×2년 말까지 계속 예상하고 있다. ㈜대한은 고객에게 포인트를 제공하는 약속을 수행의무라고 판단한다. 상기 외 다른 거래가 없을 때, 20×1년과 20×2년에 ㈜대한이 인식할 수익은 각각 얼마인가? 단, 단수 차이로 인해 오차가 있다면 가장 근사치를 선택한다.

	20×1년	20×2년
①	₩200,000	₩10,000
②	₩182,000	₩9,000
③	₩182,000	₩10,000
④	₩183,486	₩8,257
⑤	₩183,486	₩9,174

20 다음은 유통업을 영위하고 있는 ㈜대한의 20×1년 거래를 보여준다. ㈜대한이 20×1년에 인식할 수익은 얼마인가?

(1) ㈜대한은 20×1년 12월 1일에 고객 A와 재고자산 100개를 개당 ₩100에 판매하기로 계약을 체결하고 재고자산을 현금으로 판매하였다. 계약에 따르면, ㈜대한은 20×2년 2월 1일에 해당 재고자산을 개당 ₩120의 행사가격으로 재매입할 수 있는 콜옵션을 보유하고 있다.

(2) ㈜대한은 20×1년 12월 26일에 고객 B와 계약을 체결하고 재고자산 100개를 개당 ₩100에 현금으로 판매하였다. 고객 B는 계약 개시시점에 제품을 통제한다. 판매계약 상 고객 B는 20일 이내에 사용하지 않은 제품을 반품할 수 있으며, 반품 시 전액을 환불받을 수 있다. 동 재고자산의 원가는 개당 ₩80이다. ㈜대한은 기댓값 방법을 사용하여 90개의 재고자산이 반품되지 않을 것이라고 추정하였다. 반품에 ㈜대한의 영향력이 미치지 못하지만, ㈜대한은 이 제품과 고객층의 반품 추정에는 경험이 상당히 있다고 판단한다. 그리고 불확실성은 단기간(20일 반품기간)에 해소될 것이며, 불확실성이 해소될 때 수익으로 인식한 금액 중 유의적인 부분은 되돌리지 않을 가능성이 매우 높다고 판단하였다. 단, ㈜대한은 제품의 회수원가가 중요하지 않다고 추정하였으며, 반품된 제품은 다시 판매하여 이익을 남길 수 있다고 예상하였다. 20×1년 말까지 반품된 재고자산은 없다.

① ₩20,000   ② ₩9,000   ③ ₩10,000
④ ₩19,000   ⑤ ₩0

21 기업회계기준서 제1115호 '고객과의 계약에서 생기는 수익'의 측정에 대한 다음 설명 중 옳은 것은?

① 거래가격의 후속변동은 계약 개시시점과 같은 기준으로 계약상 수행의무에 배분한다. 따라서 계약을 개시한 후의 개별 판매가격 변동을 반영하기 위해 거래가격을 다시 배분해야 한다. 이행된 수행의무에 배분되는 금액은 거래가격이 변동되는 기간에 수익으로 인식하거나 수익에서 차감한다.

② 계약을 개시할 때 기업이 고객에게 약속한 재화나 용역을 이전하는 시점과 고객이 그에 대한 대가를 지급하는 시점 간의 기간이 1년 이내일 것이라고 예상한다면 유의적인 금융요소의 영향을 반영하여 약속한 대가를 조정하지 않는 실무적 간편법을 쓸 수 있다.

③ 고객이 현금 외의 형태의 대가를 약속한 계약의 경우, 거래가격은 그 대가와 교환하여 고객에게 약속한 재화나 용역의 개별 판매가격으로 측정하는 것을 원칙으로 한다.

④ 변동대가는 가능한 대가의 범위 중 가능성이 가장 높은 금액으로 측정하며 기댓값 방식은 적용할 수 없다.

⑤ 기업이 고객에게 대가를 지급하는 경우, 고객에게 지급할 대가가 고객에게서 받은 구별되는 재화나 용역에 대한 지급이 아니라면 그 대가는 판매비로 회계처리한다.

22 기업회계기준서 제1102호 '주식기준보상'에 대한 설명이다. 다음 설명 중 옳지 않은 것은?

① 주식결제형 주식기준보상거래에서 가득된 지분상품이 추후 상실되거나 주식선택권이 행사되지 않은 경우에도 종업원에게서 제공받은 근무용역에 대해 인식한 금액을 환입하지 아니한다. 그러나 자본계정 간 대체 곧, 한 자본계정에서 다른 자본계정으로 대체하는 것을 금지하지 않는다.

② 주식결제형 주식기준보상거래에서 지분상품이 부여되자마자 가득된다면 거래상대방은 지분상품에 대한 무조건적 권리를 획득하려고 특정기간에 용역을 제공할 의무가 없다. 이때 반증이 없는 한, 지분상품의 대가에 해당하는 용역을 거래상대방에게서 이미 제공받은 것으로 보아 기업은 제공받은 용역 전부를 부여일에 인식하고 그에 상응하여 자본의 증가를 인식한다.

③ 현금결제형 주식기준보상거래의 경우에 제공받는 재화나 용역과 그 대가로 부담하는 부채를 부채의 공정가치로 측정하며, 부채가 결제될 때까지 매 보고기간 말과 결제일에 부채의 공정가치를 재측정하지 않는다.

④ 기업이 거래상대방에게 주식기준보상거래를 현금이나 지분상품발행으로 결제받을 수 있는 선택권을 부여한 경우에는 부채요소(거래상대방의 현금결제요구권)와 자본요소(거래상대방의 지분상품결제요구권)가 포함된 복합금융상품을 부여한 것으로 본다.

⑤ 기업이 현금결제방식이나 주식결제방식을 선택할 수 있는 주식기준보상거래에서 기업이 현금을 지급해야 하는 현재의무가 있으면 현금결제형 주식기준보상거래로 보아 회계처리한다.

23 20×2년 말 ㈜대한의 외부감사인은 수리비의 회계처리 오류를 발견하였다. 동 오류의 금액은 중요하다. 20×1년 1월 1일 본사 건물 수리비 ₩500,000이 발생하였고, ㈜대한은 이를 건물의 장부금액에 가산하였으나 동 수리비는 발생연도의 비용으로 회계처리하는 것이 타당하다. 20×1년 1월 1일 현재 건물의 잔존내용연수는 10년, 잔존가치는 ₩0이며, 정액법으로 감가상각한다. ㈜대한의 오류수정 전 부분재무상태표는 다음과 같다.

구분	20×0년 말	20×1년 말	20×2년 말
건물	₩5,000,000	₩5,500,000	₩5,500,000
감가상각누계액	(2,500,000)	(2,800,000)	(3,100,000)
장부금액	2,500,000	2,700,000	2,400,000

상기 오류수정으로 인해 ㈜대한의 20×2년 말 순자산 장부금액은 얼마나 변동되는가?

① ₩400,000 감소   ② ₩450,000 감소   ③ ₩500,000 감소
④ ₩420,000 감소   ⑤ ₩50,000 증가

24 다음은 유통업을 영위하는 ㈜대한의 20×1년 현금흐름표를 작성하기 위한 자료이다. ㈜대한은 간접법으로 현금흐름표를 작성하며, 이자지급 및 법인세납부는 영업활동현금흐름으로 분류한다. ㈜대한이 20×1년 현금흐름표에 보고할 영업활동순현금흐름은 얼마인가?

- 법인세비용차감전순이익: ₩534,000
- 건물 감가상각비: ₩62,000
- 이자비용: ₩54,000(유효이자율법에 의한 사채할인발행차금상각액 ₩10,000 포함)
- 법인세비용: ₩106,800
- 매출채권 감소: ₩102,000
- 재고자산 증가: ₩68,000
- 매입채무 증가: ₩57,000
- 미지급이자 감소: ₩12,000
- 당기법인세부채 증가: ₩22,000

① ₩556,200   ② ₩590,200   ③ ₩546,200
④ ₩600,200   ⑤ ₩610,200

※ 다음 자료를 이용하여 **25**와 **26**에 답하시오.

㈜대한은 20×1년 7월 1일을 취득일로 하여 ㈜민국을 흡수합병하고, ㈜민국의 기존 주주들에게 현금 ₩350,000을 이전대가로 지급하였다. ㈜대한과 ㈜민국은 동일 지배하에 있는 기업이 아니다. 합병 직전 양사의 장부금액으로 작성된 요약재무상태표는 다음과 같다.

요약재무상태표
20×1. 7. 1. 현재 (단위: ₩)

계정과목	㈜대한	㈜민국
현금	200,000	100,000
재고자산	360,000	200,000
사용권자산(순액)	–	90,000
건물(순액)	200,000	50,000
토지	450,000	160,000
무형자산(순액)	90,000	50,000
	1,300,000	650,000
유동부채	250,000	90,000
리스부채	–	100,000
기타비유동부채	300,000	200,000
자본금	350,000	150,000
자본잉여금	100,000	50,000
이익잉여금	300,000	60,000
	1,300,000	650,000

<추가자료>

다음에서 설명하는 사항을 제외하고 장부금액과 공정가치는 일치한다.

• ㈜대한은 ㈜민국이 보유하고 있는 건물에 대해 독립적인 평가를 하지 못하여 취득일에 잠정적인 공정가치로 ₩60,000을 인식하였다. ㈜대한은 20×1년 12월 31일에 종료하는 회계연도의 재무제표 발행을 승인할 때까지 건물에 대한 가치평가를 완료하지 못했다. 하지만 20×2년 5월 초 잠정금액으로 인식했던 건물에 대한 취득일의 공정가치가 ₩70,000이라는 독립된 가치평가 결과를 받았다. 취득일 현재 양사가 보유하고 있는 모든 건물은 잔존내용연수 4년, 잔존가치 ₩0, 정액법으로 감가상각한다.

• ㈜민국은 기계장치를 기초자산으로 하는 리스계약의 리스이용자로 취득일 현재 잔여리스료의 현재가치로 측정된 리스부채는 ₩110,000이다. 리스의 조건은 시장조건에 비하여 유리하며, 유리한 금액은 취득일 현재 ₩10,000으로 추정된다. 동 리스는 취득일 현재 단기리스나 소액 기초자산 리스에 해당하지 않는다.

• ㈜민국은 취득일 현재 새로운 고객과 향후 5년간 제품을 공급하는 계약을 협상하고 있다. 동 계약의 체결가능성은 매우 높으며 공정가치는 ₩20,000으로 추정된다.

- ㈜민국의 무형자산 금액 ₩50,000 중 ₩30,000은 ㈜대한의 상표권을 3년 동안 사용할 수 있는 권리이다. 잔여계약기간(2년)에 기초하여 측정한 동 상표권의 취득일 현재 공정가치는 ₩40,000 이다. 동 상표권을 제외하고 양사가 보유하고 있는 다른 무형자산의 잔존내용연수는 취득일 현재 모두 5년이며, 모든 무형자산(영업권 제외)은 잔존가치 없이 정액법으로 상각한다.
- ㈜민국은 취득일 현재 손해배상소송사건에 계류 중에 있으며 패소할 가능성이 높지 않아 이를 우발부채로 주석공시하였다. 동 소송사건에 따른 손해배상금액의 취득일 현재 신뢰성 있는 공정가치는 ₩10,000으로 추정된다.

25 ㈜대한이 취득일(20×1년 7월 1일)에 수행한 사업결합 관련 회계처리를 통해 최초 인식한 영업 권은 얼마인가?

① ₩40,000　　　　　　② ₩50,000　　　　　　③ ₩60,000

④ ₩70,000　　　　　　⑤ ₩90,000

26 위에서 제시한 자료를 제외하고 추가사항이 없을 때 20×2년 6월 30일 ㈜대한의 재무상태표에 계상될 건물(순액)과 영업권을 제외한 무형자산(순액)의 금액은 각각 얼마인가? 단, ㈜대한은 건물과 무형자산에 대하여 원가모형을 적용하고 있으며, 감가상각비와 무형자산상각비는 월할계산한다.

	건물(순액)	영업권을 제외한 무형자산(순액)
①	₩187,500	₩108,000
②	₩195,000	₩108,000
③	₩195,000	₩116,000
④	₩202,500	₩108,000
⑤	₩202,500	₩116,000

27 관계기업과 공동기업에 대한 투자 및 지분법 회계처리에 대한 다음 설명 중 옳은 것은?

① 관계기업의 결손이 누적되면 관계기업에 대한 투자지분이 부(-)의 잔액이 되는 경우가 발생할 수 있다.

② 피투자자의 순자산변동 중 투자자의 몫은 전액 투자자의 당기순손익으로 인식한다.

③ 관계기업의 정의를 충족하지 못하게 되어 지분법 사용을 중단하는 경우로서 종전 관계기업에 대한 잔여보유지분이 금융자산이면 기업은 잔여보유지분을 공정가치로 측정하고, '잔여보유지분의 공정가치와 관계기업에 대한 지분의 일부 처분으로 발생한 대가의 공정가치'와 '지분법을 중단한 시점의 투자자산의 장부금액'의 차이를 기타포괄손익으로 인식한다.

④ 하향거래가 매각대상 또는 출자대상 자산의 순실현가능가치의 감소나 그 자산에 대한 손상차손의 증거를 제공하는 경우 투자자는 그러한 손실 중 자신의 몫을 인식한다.

⑤ 관계기업이 해외사업장과 관련된 누적 외환차이가 있고 기업이 지분법의 사용을 중단하는 경우, 기업은 해외사업장과 관련하여 이전에 기타포괄손익으로 인식했던 손익을 당기손익으로 재분류한다.

28 20×1년 1월 1일 ㈜대한은 ㈜민국의 의결권 있는 보통주 30주(총 발행주식의 30%)를 ₩400,000에 취득하여 유의적인 영향력을 행사하게 되었다. 취득일 현재 ㈜민국의 순자산 장부금액은 ₩1,300,000이며, ㈜민국의 자산·부채 중에서 장부금액과 공정가치가 일치하지 않는 항목은 다음과 같다. ㈜대한이 20×1년 지분법이익으로 인식할 금액은 얼마인가?

- 주식 취득일 현재 공정가치와 장부금액이 다른 자산은 다음과 같다.

구분	재고자산	건물(순액)
공정가치	₩150,000	₩300,000
장부금액	100,000	200,000

- 재고자산은 20×1년 중에 전액 외부로 판매되었다.
- 20×1년 초 건물의 잔존내용연수는 5년, 잔존가치 ₩0, 정액법으로 감가상각한다.
- ㈜민국은 20×1년 5월 말에 총 ₩20,000의 현금배당을 실시하였으며, 20×1년 당기순이익으로 ₩150,000을 보고하였다.

① ₩59,000 ② ₩53,000 ③ ₩45,000

④ ₩30,000 ⑤ ₩24,000

※ 다음 자료를 이용하여 **29**와 **30**에 답하시오.

- 제조업을 영위하는 ㈜지배는 20×1년 초 ㈜종속의 의결권 있는 보통주 80%를 취득하여 지배력을 획득하였다.
- 지배력 획득일 현재 ㈜종속의 순자산의 장부금액은 ₩400,000이고, 공정가치는 ₩450,000이며, 장부금액과 공정가치가 다른 자산은 토지로 차이내역은 다음과 같다.

	장부금액	공정가치
토지	₩100,000	₩150,000

  ㈜종속은 위 토지 전부를 20×1년 중에 외부로 매각하고, ₩70,000의 처분이익을 인식하였다.
- 20×1년 중에 ㈜지배는 ㈜종속에게 원가 ₩60,000인 상품을 ₩72,000에 판매하였다. ㈜종속은 ㈜지배로부터 매입한 상품의 80%를 20×1년에, 20%를 20×2년에 외부로 판매하였다.
- ㈜지배와 ㈜종속이 별도(개별)재무제표에서 보고한 20×1년과 20×2년의 당기순이익은 다음과 같다.

구분	20×1년	20×2년
㈜지배	₩300,000	₩400,000
㈜종속	80,000	100,000

- ㈜종속은 20×2년 3월에 ₩10,000의 현금배당을 결의하고 지급하였다.
- ㈜종속은 20×2년 10월 1일에 장부금액 ₩20,000(취득원가 ₩50,000, 감가상각누계액 ₩30,000, 잔존내용연수 4년, 잔존가치 ₩0, 정액법 상각)인 기계를 ㈜지배에 ₩40,000에 매각하였으며, 20×2년 말 현재 해당 기계는 ㈜지배가 보유하고 있다.
- ㈜지배는 별도재무제표상 ㈜종속 주식을 원가법으로 회계처리하고 있다. ㈜지배와 ㈜종속은 유형자산에 대해 원가모형을 적용하고, 비지배지분은 종속기업의 식별가능한 순자산 공정가치에 비례하여 결정한다.

---

29 ㈜지배의 20×1년도 연결포괄손익계산서에 표시되는 지배기업소유주귀속당기순이익과 비지배지분귀속당기순이익은 각각 얼마인가? 단, 영업권 손상은 고려하지 않는다.

	지배기업소유주귀속 당기순이익	비지배지분귀속 당기순이익
①	₩321,600	₩5,520
②	₩321,600	₩6,000
③	₩322,080	₩5,520
④	₩327,600	₩5,520
⑤	₩327,600	₩6,000

30 ㈜지배의 20×2년도 연결포괄손익계산서에 표시되는 비지배지분귀속당기순이익은 얼마인가?

① ₩13,210   ② ₩14,650   ③ ₩14,810

④ ₩16,250   ⑤ ₩17,000

31 ㈜지배는 20×1년 초 ㈜종속의 의결권 있는 보통주 800주(총 발행주식의 80%)를 취득하여 지배력을 획득하였다. 지배력 획득일 현재 ㈜종속의 순자산 장부금액은 ₩250,000이며, 순자산 공정가치와 장부금액은 동일하다. ㈜종속의 20×1년과 20×2년의 당기순이익은 각각 ₩100,000과 ₩150,000이다. ㈜종속은 20×2년 1월 1일에 200주를 유상증자(주당 발행가액 ₩1,000, 주당 액면가액 ₩500)하였으며, 이 중 100주를 ㈜지배가 인수하였다. ㈜지배는 별도재무제표상 ㈜종속 주식을 원가법으로 회계처리하고 있으며, 비지배지분은 종속기업의 식별가능한 순자산 공정가치에 비례하여 결정한다. 20×2년 말 ㈜지배의 연결재무상태표에 표시되는 비지배지분은 얼마인가?

① ₩100,000   ② ₩112,500   ③ ₩125,000
④ ₩140,000   ⑤ ₩175,000

32 ㈜대한은 20×1년 1월 1일 ㈜민국의 의결권 있는 보통주 70%를 ₩210,000에 취득하여 지배력을 획득하였다. 주식 취득일 현재 ㈜민국의 자산과 부채는 아래의 자산을 제외하고는 장부금액과 공정가치가 일치하였다.

구분	재고자산	건물(순액)
공정가치	₩20,000	₩60,000
장부금액	10,000	40,000

20×1년 초 ㈜민국의 납입자본은 ₩150,000이고, 이익잉여금은 ₩50,000이었다. ㈜민국의 20×1년 초 재고자산은 20×1년 중에 모두 판매되었다. 또한 ㈜민국이 보유하고 있는 건물의 주식 취득일 현재 잔존내용연수는 5년이며, 잔존가치 없이 정액법으로 감가상각한다. 20×1년 ㈜민국의 당기순이익은 ₩40,000이다. ㈜대한의 20×1년 말 연결재무상태표상 비지배지분은 얼마인가? 단, 비지배지분은 주식 취득일의 공정가치로 측정하며, 주식 취득일 현재 비지배지분의 공정가치는 ₩70,000이었다. 더불어 영업권 손상은 고려하지 않는다.

① ₩67,800   ② ₩72,000   ③ ₩77,800
④ ₩82,000   ⑤ ₩97,800

33 ㈜한국은 20×1년 초 미국에 지분 100%를 소유한 해외현지법인 ㈜ABC를 설립하였다. 종속기업인 ㈜ABC의 기능통화는 미국달러화($)이며 지배기업인 ㈜한국의 표시통화는 원화(₩)이다. ㈜ABC의 20×2년 말 요약재무상태표와 환율변동정보 등은 다음과 같다.

요약재무상태표

㈜ABC   20×2. 12. 31. 현재   (단위: $)

자산	3,000	부채	1,500
		자본금	1,000
		이익잉여금	500
	3,000		3,000

- 자본금은 설립 당시의 보통주 발행금액이며, 이후 변동은 없다.
- 20×2년의 당기순이익은 $300이며, 수익과 비용은 연중 균등하게 발생하였다. 그 외 기타 자본변동은 없다.
- 20×1년부터 20×2년 말까지의 환율변동정보는 다음과 같다.

	기초(₩/$)	평균(₩/$)	기말(₩/$)
20×1년	800	?	850
20×2년	850	900	1,000

- 기능통화와 표시통화는 모두 초인플레이션 경제의 통화가 아니다. 수익과 비용은 해당 회계기간의 평균환율을 사용하여 환산하며, 설립 이후 기간에 환율의 유의한 변동은 없었다.

20×2년 말 ㈜ABC의 재무제표를 표시통화인 원화로 환산하는 과정에서 대변에 발생한 외환차이가 ₩100,000일 때, 20×1년 말 ㈜ABC의 원화환산 재무제표의 이익잉여금은 얼마인가?

① ₩30,000   ② ₩100,000   ③ ₩130,000
④ ₩300,000   ⑤ ₩330,000

34 파생상품 및 위험회피회계에 대한 다음 설명 중 옳은 것은?
① 현금흐름위험회피에서 위험회피수단의 손익은 기타포괄손익으로 인식한다.
② 기업은 위험회피관계의 지정을 철회함으로써 자발적으로 위험회피회계를 중단할 수 있는 자유로운 선택권을 이유에 상관없이 가진다.
③ 확정계약의 외화위험회피에 공정가치위험회피회계 또는 현금흐름위험회피회계를 적용할 수 있다.
④ 해외사업장순투자의 위험회피는 공정가치위험회피와 유사하게 회계처리한다.
⑤ 고정금리부 대여금에 대하여 고정금리를 지급하고 변동금리를 수취하는 이자율스왑으로 위험회피하면 이는 현금흐름위험회피 유형에 해당한다.

35 ㈜대한은 제조공정에서 사용하는 금(원재료)을 시장에서 매입하고 있는데, 향후 예상매출을 고려할 때 금 10온스를 20×2년 3월 말에 매입할 것이 거의 확실하다. 한편 ㈜대한은 20×2년 3월 말에 매입할 금의 시장가격 변동에 따른 미래현금흐름변동위험을 회피하기 위해 20×1년 10월 1일에 다음과 같은 금선도계약을 체결하고, 이에 대해 위험회피회계를 적용(적용요건은 충족됨을 가정)하였다.

- 계약기간: 6개월(20×1. 10. 1. ~ 20×2. 3. 31.)
- 계약조건: 결제일에 금 10온스의 선도계약금액과 결제일 시장가격의 차액을 현금으로 수수함(금선도계약가격: ₩200,000/온스)
- 금의 현물가격, 선도가격에 대한 자료는 다음과 같다.

일자	현물가격(₩/온스)	선도가격(₩/온스)
20×1년 10월 1일	190,000	200,000(만기 6개월)
20×1년 12월 31일	195,000	210,000(만기 3개월)
20×2년 3월 31일	220,000	

- 현재시점의 현물가격은 미래시점의 기대현물가격과 동일하며, 현재가치평가는 고려하지 않는다.

㈜대한은 예상과 같이 20×2년 3월 말에 금(원재료)을 시장에서 매입하여 보유하고 있다. 금선도계약 만기일에 ㈜대한이 당기손익으로 인식할 파생상품평가손익은 얼마인가?

① ₩50,000 손실 ② ₩100,000 손실 ③ ₩0
④ ₩50,000 이익 ⑤ ₩100,000 이익

해커스 회계사 IFRS 김원종 재무회계 1차 기출문제집 2020년

01

항목	계산근거	재고자산평가손실
상품 A		–
상품 B	200개 × (₩300 – ₩280) =	₩(4,000)[1]
상품 C	160개 × (₩200 – ₩180) =	(3,200)[1]
상품 D		–
상품 E	50개 × (₩300 – ₩290) =	(500)[1]
합계		₩(7,700)

[1] 순실현가능가치를 추정할 때 재고자산의 보유목적도 고려하여야 한다. 예를 들어 확정판매계약 또는 용역계약을 이행하기 위하여 보유하는 재고자산의 순실현가능가치는 계약가격에 기초한다.

02 투자부동산이 경영진이 의도하는 방식으로 가동될 수 있는 장소와 상태에 이른 후에는 원가를 더 이상 인식하지 않는다. 예를 들어 다음과 같은 원가는 투자부동산의 장부금액에 포함하지 아니한다.

(1) 경영진이 의도하는 방식으로 부동산을 운영하는 데 필요한 상태에 이르게 하는 데 직접 관련이 없는 초기원가

(2) 계획된 사용수준에 도달하기 전에 발생하는 부동산의 운영손실

(3) 건설이나 개발과정에서 발생한 비정상적인 원재료, 인력 및 기타 자원의 낭비 금액

03 1. 연평균지출액: ₩600,000 × 10/12 + ₩300,000 × 10/12 + ₩120,000 × 1/12 = ₩760,000

2. 자본화이자율: $\dfrac{₩240,000 × 4\% × 6/12 + ₩60,000 × 10\% × 12/12}{₩240,000 × 6/12 + ₩60,000 × 12/12} = \dfrac{₩10,800}{₩180,000} = 6\%$

3. 자본화가능차입원가

특정차입금: ₩240,000 × 4% × 10/12 =		₩8,000
일반차입금: (₩760,000 – ₩200,000[1]) × 6% = ₩33,600(한도: ₩10,800) =		10,800
계		₩18,800

[1] ₩240,000 × 10/12 = ₩200,000

04 1. 20×2년도 당기순이익에 미치는 영향: (1) + (2) = ₩(599,250) 감소

(1) 감가상각비: (₩4,750,000 – ₩500,000) ÷ 8년 = ₩(531,250)

(2) 재평가손실: ₩318,000(장부금액 감소분) – ₩250,000(전기 말 재평가잉여금) = ₩(68,000)

2. 회계처리

(1) 20×1년 초

20×1년 초	(차) 기계장치	5,000,000	(대) 현금	5,000,000

(2) 20×1년 말

20×1년 말				
① 감가상각	(차) 감가상각비(NI)	500,000[1]	(대) 감가상각누계액	500,000
	[1] (₩5,000,000 – ₩500,000) ÷ 9년 = ₩500,000			
② 재평가	(차) 감가상각누계액	500,000	(대) 기계장치	250,000
			재평가잉여금(OCI)	250,000

(3) 20×2년 말

20×2년 말				
① 감가상각	(차) 감가상각비(NI)	531,250[1]	(대) 감가상각누계액	531,250
	[1] (₩4,750,000 − ₩500,000) ÷ 8년 = ₩531,250			
② 대체		N/A		
③ 재평가	(차) 감가상각누계액	531,250	(대) 기계장치	849,250
	재평가잉여금(OCI)	250,000[2]		
	재평가손실(NI)	68,000[3]		
	[2] ₩250,000(전기 말 재평가잉여금)			
	[3] ₩318,000(장부금액 감소분) − ₩250,000(전기 말 재평가잉여금) = ₩68,000			

05 **1. 구축물의 취득원가**

건설원가	₩4,000,000
복구충당부채: ₩800,000 × 0.6830 =	546,400
구축물의 취득원가	₩4,546,400

2. 20×1년도 당기순이익에 미치는 영향

20×1년 감가상각비: (₩4,546,400 − ₩46,400) × 1/4 × 6/12 =	₩562,500
20×1년 이자비용: ₩546,400 × 10% × 6/12 =	27,320
20×1년도 당기순이익에 미치는 영향(감소)	₩589,820

해설

1. 복구원가의 현재가치를 복구충당부채로 인식하고, 유형자산의 취득원가에 가산하여 내용연수에 걸쳐 감가상각한다.

2. 복구충당부채의 현재가치와 미래 예상지출액의 차액은 유효이자율법을 적용하여 이자비용으로 인식한다.

3. 본 문제는 7월 1일에 취득한 문제이므로 감가상각과 이자비용을 인식할 때 월할상각함에 유의하여야 한다.

06 **1. 20×1년 당기순이익에 미치는 영향: (1) + (2) = ₩(240,000) 감소**
  (1) 감가상각비: ₩600,000 × 1/6 = ₩(100,000)
  (2) 유형자산손상차손

건물 장부금액: ₩600,000 − ₩600,000 × 1/6 =	₩500,000
건물 회수가능액: Max[₩360,000[1], ₩319,416[2]] =	(360,000)
유형자산손상차손	₩140,000

  [1] 순공정가치: ₩370,000 − ₩10,000 = ₩360,000
  [2] 사용가치: ₩80,000 × 3.9927 = ₩319,416

2. 20×2년 당기순이익에 미치는 영향: (1) + (2) + (3) = ₩20,000 증가
  (1) 감가상각비: ₩360,000 × 1/5 = ₩(72,000)
  (2) 유형자산손상차손환입

건물 회수가능액: Min[₩450,000, ₩400,000[1]] =	₩400,000
건물 장부금액: ₩360,000 − ₩360,000 × 1/5 =	(288,000)
유형자산손상차손환입	₩112,000

  [1] 손상되지 않았을 경우의 장부금액: ₩600,000 − ₩600,000 × 2/6 = ₩400,000
  (3) 수선유지비: ₩(20,000)

07 1. 판매후리스에서 시장조건을 웃도는 부분(₩50,000)은 구매자인 리스제공자가 판매자인 리스이용자에 제공한 추가 금융으로 회계처리한다.

2. 상환금액의 현재가치: ₩150,000 × 3.9927 = ₩598,905

3. 리스료의 현재가치: ₩598,905 − ₩50,000 = ₩548,905

4. 사용권자산

사용권자산의 장부금액 × $\dfrac{\text{사용권자산에 대한 할인된 리스료}}{\text{기계장치의 공정가치}}$

$= ₩500,000 × \dfrac{₩548,905}{₩600,000} = ₩457,421$

5. 기계장치처분이익

(공정가치 − 장부금액) × $\dfrac{\text{기계장치의 공정가치 − 사용권자산에 대한 할인된 리스료}}{\text{기계장치의 공정가치}}$

$= (₩600,000 − ₩500,000) × \dfrac{₩600,000 − ₩548,905}{₩600,000} = ₩8,516$

6. ㈜대한의 회계처리

20×1년 초	(차) 현금	650,000	(대) 기계장치	500,000
	사용권자산	457,421	리스부채	548,905
			금융부채	50,000
			유형자산처분이익	8,516

08 고정리스료: x
리스순투자 = 리스총투자의 현재가치
기초자산의 공정가치 + 리스개설직접원가 = 고정리스료의 현재가치 + 소유권이전가액의 현재가치
₩1,000,000 + ₩0 = x × 3.3121 + ₩100,000 × 0.7350
∴ 고정리스료(x) = ₩279,732

09 1. 전환사채의 전환권가치
   (1) 전환사채의 발행금액: ₩3,000,000
   (2) 상환할증금: ₩0(상환할증금 미지급조건)
   (3) 전환권이 없는 일반사채의 현재가치:
       ₩300,000 × 2.4019(3년, 12%, 연금현가) + ₩3,000,000 × 0.7118(3년, 12%, 현가계수) = ₩2,855,970
   (4) 전환권가치: (1) − (3) = ₩3,000,000 − ₩2,855,970 = ₩144,030

2. 20×2년 1월 1일 전환사채의 장부금액: ₩2,855,970 × 1.12 − ₩300,000 = ₩2,898,686

3. 조기상환대가의 배분
   (1) 조기상환대가: ₩3,100,000
   (2) 상환시점의 부채요소의 공정가치:
       ₩300,000 × 1.6257(2년, 15%, 연금현가) + ₩3,000,000 × 0.7561(2년, 15%, 현가계수) = ₩2,756,010
   (3) 상환시점의 자본요소의 공정가치: (1) − (2) = ₩3,100,000 − ₩2,756,010 = ₩343,990

4. 사채상환이익 및 전환권대가상환손실
   (1) 사채상환이익: ₩2,898,686(장부금액) − ₩2,756,010(부채요소의 공정가치) = ₩142,676
   (2) 전환권대가상환손실: ₩144,030(장부금액) − ₩343,990(자본요소의 공정가치) = ₩(199,960)

별해

전환사채의 장부금액(PV 12%): ₩300,000 × 1.6901 + ₩3,000,000 × 0.7972 =		₩2,898,630
부채요소의 공정가치(PV 15%): ₩300,000 × 1.6257 + ₩3,000,000 × 0.7561 =		(2,756,010)
사채상환이익		₩142,620　(단수차이)

해설

최초의 전환권이 변동되지 않은 상태에서 조기상환이나 재매입으로 만기 전에 전환상품이 소멸되는 경우가 발생할 수 있다. 이러한 전환사채의 조기상환은 다음과 같이 회계처리한다.

1. 최초의 전환권이 변동되지 않은 상태에서 조기상환이나 재매입으로 만기 전에 전환상품이 소멸되는 경우 조기상환하거나 재매입하기 위하여 지급한 대가와 거래원가를 거래 발생시점의 부채요소와 자본요소에 배분한다. 이러한 지급한 대가와 거래원가를 각 요소별로 배분하는 방법은 전환사채가 발행되는 시점에 발행금액을 각 요소별로 배분한 방법과 일관되어야 한다.

2. 대가를 배분한 결과에서 생기는 손익은 관련 요소에 적용하는 회계원칙에 따라 다음과 같이 회계처리한다.
   (1) 부채요소에 관련된 손익은 당기손익(사채상환손익)으로 인식한다.
   (2) 자본요소와 관련된 대가는 자본(전환권대가상환손익)으로 인식한다.

   > • 상환시점의 자본요소의 공정가치 = 전환사채의 총공정가치 – 부채요소의 공정가치
   > • 사채상환손익(부채요소에 관련된 손익) = 전환사채의 장부금액 – 부채요소의 공정가치
   > • 전환권대가상환손익(자본요소에 관련된 손익) = 전환권대가의 장부금액 – 자본요소의 공정가치

10　1. [A] 전환사채유도전환손실: (1) – (2) = (₩3,000,000/₩1,000) × 3주 × ₩200 = ₩1,800,000
　　　(1) 변경 후 조건의 공정가치: (₩3,000,000/₩1,000) × 3주 + (₩3,000,000/₩1,000) × 3주 × ₩200
　　　(2) 변경 전 조건의 공정가치: (₩3,000,000/₩1,000) × 3주

　　2. [B] 전환사채유도전환손실: (1) – (2) = (₩3,000,000/₩1,000) × 0.2주 × ₩700 = ₩420,000
　　　(1) 변경 후 조건의 공정가치: (₩3,000,000/₩1,000) × 3.2주 × ₩700
　　　(2) 변경 전 조건의 공정가치: (₩3,000,000/₩1,000) × 3주 × ₩700

해설

1. 전환사채의 발행자는 전환사채의 조기전환을 유도하기 위하여 좀 더 유리한 전환비율을 제시하거나 특정 시점 이전의 전환에는 추가 대가를 지급하는 등의 방법으로 전환사채의 조건을 변경할 수 있다. 이러한 전환조건변경을 유도전환이라고 한다. 전환사채의 유도전환과 관련된 회계처리를 다음과 같이 수행한다.

2. 조건이 변경되는 시점에 변경된 조건에 따라 전환으로 보유자가 수취하게 되는 대가의 공정가치와 원래의 조건에 따라 전환으로 보유자가 수취하였을 대가의 공정가치의 차이를 전환사채유도전환손실의 과목으로 당기손실로 인식한다. 왜냐하면 전환사채의 전환조건변경은 자본거래가 아니라 사채의 상환으로 간주되기 때문이다.

   > 전환사채유도전환손실: 변경 후 조건의 공정가치 – 변경 전 조건의 공정가치

11 **1. 기본주당순이익**

   (1) 보통주당기순이익: ₩4,000,000 – ₩0 = ₩4,000,000

   (2) 가중평균유통보통주식수: 10,400주 × 12/12 + 2,600주 × 10/12 – 500주 × 6/12 + 300주 × 3/12 = 12,392주

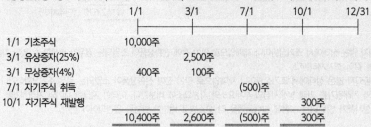

	1/1	3/1	7/1	10/1	12/31
1/1 기초주식	10,000주				
3/1 유상증자(25%)		2,500주			
3/1 무상증자(4%)	400주	100주			
7/1 자기주식 취득			(500)주		
10/1 자기주식 재발행				300주	
	10,400주	2,600주	(500)주	300주	

   (3) 기본주당순이익: ₩4,000,000 ÷ 12,392주 = ₩323/주

2. 희석주당순이익

   (1) 희석효과 분석

$$\text{신주인수권부사채: } \frac{₩0 × (1 – 20\%)}{750주^{1)} × 12/12} = \frac{₩0}{750주} = ₩0(\text{희석효과 있음})$$

    1) 2,000주 – 2,000주 × ₩500/₩800 = 750주

   (2) 잠재적보통주의 희석효과

구분	당기순이익	보통주식수	주당이익	희석효과
기본주당이익	₩4,000,000	12,392주	₩323	
신주인수권부사채	0	750주		
계	₩4,000,000	13,142주	₩304	희석성

   (3) 희석주당순이익: ₩304/주

12 **1. 당기순이익에 미치는 영향: (1) + (2) = ₩46,616 증가**

   (1) 20×1년 이자수익: (₩100,000 × 2.4019 + ₩1,000,000 × 0.7118) × 12% = ₩951,990 × 12% = ₩114,239

   (2) 20×1년 금융자산손상차손

구분	계산근거	금액
총장부금액	₩951,990 × 1.12 – ₩100,000 =	₩966,229
상각후원가	₩60,000 × 1.6901 + ₩1,000,000 × 0.7972 =	(898,606)
당기 말 기대신용손실		₩67,623
전기 말 기대신용손실		–
금융자산손상차손		₩67,623

2. 기타포괄이익에 미치는 영향: (1) – (2) = ₩(98,606) 감소

   (1) 20×1년 말 기타포괄손익누계액: ₩800,000(공정가치) – ₩898,606(상각후원가) = ₩(98,606)

   (2) 20×0년 말 기타포괄손익누계액: ₩0

13 1. 20×2년도 기타포괄이익에 미치는 영향: (1) − (2) = ₩(10,118) 감소

(1) 20×2년 말 기타포괄손익누계액: ₩935,478[1] − (₩930,559 × 1.1 − ₩60,000)[2] = ₩(28,137)

(2) 20×1년 말 기타포괄손익누계액: ₩912,540[1] − (₩900,508 × 1.1 − ₩60,000)[2] = ₩(18,019)

[1] 공정가치

[2] 상각후원가

2. 20×3년도 당기순이익에 미치는 영향: ₩(13,615) 감소

금융자산처분이익: ₩950,000 − (₩930,559 × 1.1 − ₩60,000) = ₩(13,615)

14 금융자산 전체가 제거 조건을 충족하는 양도로 금융자산을 양도하고, 수수료를 대가로 해당 양도자산의 관리용역을 제공하기로 한다면 관리용역제공계약과 관련하여 자산이나 부채를 인식한다.

15 확정급여제도에서 발생하는 재측정요소의 누계액은 후속적으로 당기손익으로 재분류할 수 없으나 자본의 다른 항목(예 이익잉여금)으로 대체할 수 있다.

16 다음의 조건을 모두 충족하는 경우에만 당기법인세자산과 당기법인세부채를 상계한다.

(1) 기업이 인식된 금액에 대한 법적으로 집행가능한 상계권리를 가지고 있다.

(2) 기업이 순액으로 결제하거나, 자산을 실현하는 동시에 부채를 결제할 의도가 있다.

17 ① 항공기 정기점검원가를 충당부채로 인식하지 않는다. 기업의 미래 행위와 상관없이 항공기 정기점검의무가 있는 것이 아니기 때문이다. 예를 들면 ㈜대한이 항공기를 팔아버리면 그러한 지출을 하지 않아도 될 것이다.

② ㈜민국의 벌과금은 법적의무에 해당하므로 20×1년에 동 벌과금을 충당부채로 인식하여야 한다.

④ 확신유형의 제품보증이 미래경제적자원의 유출가능성이 높으며 금액을 신뢰성 있게 측정할 수 있으므로 20×1년 말 현재 ₩5,000의 보증비용을 제품보증충당부채로 인식하여야 한다.

⑤ 우발자산은 자산으로 인식하지 아니한다. 단, 우발자산은 경제적효익의 유입가능성이 높은 경우에 주석사항으로 공시한다.

18

이익잉여금처분계산서
20×2년 1월 1일부터 20×2년 12월 31일까지

㈜대한   처분예정일: 20×3년 2월 28일

Ⅰ. 미처분이익잉여금		₩95,000 + x
1. 전기이월미처분이익잉여금: ₩250,000 − ₩155,000	₩95,000	
2. 당기순이익	x	
Ⅱ. 임의적립금 이입액		−
Ⅲ. 이익잉여금 처분액		(220,000)
1. 연차배당액(현금배당, 주식배당 및 현물배당)	200,000	
2. 법정적립금(이익준비금)의 적립	20,000	
3. 임의적립금의 적립	−	
Ⅳ. 차기이월미처분이익잉여금		₩420,000

∴ 당기순이익(x) = ₩545,000

해커스 회계사 IFRS 김원종 재무회계 1차 기출문제집

2020년

19 **1. 거래가격의 배분**

구분	계산근거	배분된 거래가격
제품의 판매	₩200,000 × ₩200,000/₩218,000 =	₩183,486
보상점수	₩200,000 × ₩18,000[1)]/₩218,000 =	16,514
합계		₩200,000

[1)] 20,000포인트 × ₩0.9 = ₩18,000

2. 20×1년 인식할 수익금액: ₩183,486 + ₩16,514 × 0포인트/18,000포인트 = ₩183,486

3. 20×2년 인식할 수익금액: ₩16,514 × 10,000포인트/18,000포인트 − ₩0 = ₩9,174

4. 회계처리

20×1년 판매시점	(차) 현금	200,000	(대) 매출	183,486[1)]
			계약부채	16,514
	[1)] ₩200,000 × ₩200,000/₩218,000 = ₩183,486			
20×1년 말	N/A[1)]			
	[1)] 계약부채가 ₩16,514 × 0포인트/18,000포인트 = ₩0이므로 회계처리 없음			
20×2년 말	(차) 계약부채	9,174[1)]	(대) 포인트매출	9,174
	[1)] ₩16,514 × 10,000포인트/18,000포인트 − ₩0 = ₩9,174			

20 **1. 재매입약정: 콜옵션**

(1) ㈜대한은 콜옵션을 보유하면서 기업이 자산을 원래 판매가격 이상의 금액으로 다시 살 수 있거나 다시 사야하는 경우(재매입가격 ≥ 판매가격)이므로 금융약정으로 회계처리한다.

(2) 회계처리

20×1. 12. 1.	(차) 현금	10,000	(대) 차입금	10,000
20×1. 12. 31.	(차) 이자비용	1,000[1)]	(대) 미지급이자	1,000
	[1)] ₩2,000 × 1/2 = ₩1,000			
20×2. 2. 1.	(차) 이자비용	1,000[1)]	(대) 현금	12,000
	미지급이자	1,000		
	차입금	10,000		
	[1)] ₩2,000 × 1/2 = ₩1,000			

2. 반품권이 부여된 판매

20×1. 12. 26.	(차) 현금	10,000[1)]	(대) 매출	9,000[2)]
			환불부채	1,000
	[1)] 100개 × ₩100 = ₩10,000			
	[2)] 90개 × ₩100 = ₩9,000			
	(차) 반환재고회수권	800[3)]	(대) 재고자산	8,000[4)]
	매출원가	7,200		
	[3)] 10개 × ₩80 = ₩800			
	[4)] 100개 × ₩80 = ₩8,000			

3. ㈜대한이 20×1년에 인식할 수익: ₩0 + ₩9,000 = ₩9,000

21 ① 거래가격의 후속변동은 계약 개시시점과 같은 기준으로 계약상 수행의무에 배분한다. 따라서 계약을 개시한 후의 개별 판매가격 변동을 반영하기 위해 거래가격을 다시 배분하지는 않는다. 이행된 수행의무에 배분되는 금액은 거래가격이 변동되는 기간에 수익으로 인식하거나 수익에서 차감한다.
　 ③ 고객이 현금 외의 형태의 대가를 약속한 계약의 경우에 거래가격을 산정하기 위하여 비현금대가를 공정가치로 측정한다. 만약, 비현금대가의 공정가치를 합리적으로 추정할 수 없는 경우에는 그 대가와 교환하여 고객에게 약속한 재화나 용역의 개별 판매가격을 참조하여 간접적으로 그 대가를 측정한다.
　 ④ 변동대가는 기댓값 또는 가능성이 가장 높은 금액 중에서 기업이 받을 권리를 갖게 될 대가를 더 잘 예측할 것으로 예상하는 방법을 사용하여 추정한다.
　 ⑤ 기업이 고객에게 대가를 지급하는 경우, 고객에게 지급할 대가가 고객에게서 받은 구별되는 재화나 용역에 대한 지급이 아니라면 그 대가는 거래가격, 즉 수익에서 차감하여 회계처리한다.

22 현금결제형 주식기준보상거래의 경우에 제공받는 재화나 용역과 그 대가로 부담하는 부채를 부채의 공정가치로 측정하며, 부채가 결제될 때까지 매 보고기간 말과 결제일에 부채의 공정가치를 재측정하고, 공정가치 변동액은 당기손익으로 인식한다.

23 1. 오류수정 후 장부금액

구분	20×0년 말	20×1년 말	20×2년 말
건물	₩5,000,000	₩5,000,000	₩5,000,000
감가상각누계액	(2,500,000)	(2,750,000)	(3,000,000)
장부금액	₩2,500,000	₩2,250,000	₩2,000,000

2. 오류수정 전 장부금액

구분	20×0년 말	20×1년 말	20×2년 말
건물	₩5,000,000	₩5,500,000	₩5,500,000
감가상각누계액	(2,500,000)	(2,800,000)	(3,100,000)
장부금액	₩2,500,000	₩2,700,000	₩2,400,000

3. 20×2년 말 순자산 장부금액의 증감: ₩2,000,000 − ₩2,400,000 = ₩(400,000) 감소

24 영업활동순현금흐름

당기순이익: ₩534,000 − ₩106,800 =	₩427,200
감가상각비	62,000
사채할인발행차금상각액	10,000
매출채권 감소	102,000
재고자산 증가	(68,000)
매입채무 증가	57,000
미지급이자 감소	(12,000)
당기법인세부채 증가	22,000
영업활동순현금흐름	₩600,200

25 취득일에 인식할 영업권

이전대가		₩350,000
취득 자산과 인수 부채의 순액		(290,000)
순자산 장부금액	₩260,000	
건물	10,000	
리스부채	(10,000)	
사용권자산	20,000	
유리한 리스	10,000	
다시 취득한 권리	10,000	
우발부채	(10,000)	
영업권		₩60,000

26 1. 건물(순액): (₩200,000 − ₩0) × 3/4 + (₩70,000 − ₩0) × 3/4 = ₩202,500

2. 무형자산(순액): (₩90,000 − ₩0) × 4/5 + (₩20,000 − ₩0) × 4/5 + (₩40,000 − ₩0) × 1/2 = ₩108,000

27 ① 관계기업의 손실 중 기업의 지분이 관계기업에 대한 투자지분과 같거나 초과하는 경우, 기업은 관계기업 투자지분 이상의 손실에 대하여 인식을 중지한다. 따라서 관계기업의 투자지분은 영(₩0) 이하로 감소할 수 없다.

② 피투자자의 순자산변동 중 피투자자의 당기손익에 해당하는 부분은 투자자가 투자자의 몫에 해당하는 금액을 당기손익으로 인식하며, 피투자자의 순자산변동 중 피투자자의 기타포괄손익에 해당하는 부분은 투자자가 투자자의 몫에 해당하는 금액을 기타포괄손익으로 인식한다.

③ 관계기업의 정의를 충족하지 못하게 되어 지분법 사용을 중단하는 경우로서 종전 관계기업에 대한 잔여보유지분이 금융자산이면 기업은 잔여보유지분을 공정가치로 측정하고, '잔여보유지분의 공정가치와 관계기업에 대한 지분의 일부 처분으로 발생한 대가의 공정가치' 와 '지분법을 중단한 시점의 투자자산의 장부금액'의 차이를 당기손익으로 인식한다.

④ 하향거래가 매각대상 또는 출자대상 자산의 순실현가능가치의 감소나 그 자산에 대한 손상차손의 증거를 제공하는 경우 투자자는 그러한 손실을 모두 인식한다.

28 20×1년도의 포괄손익계산서에 보고할 지분법이익

피투자자의 보고된 당기순이익	₩150,000
투자차액의 상각	
재고자산	(50,000)
건물: ₩100,000 × 1/5 =	(20,000)
피투자자의 상향 내부거래 제거	
재고자산 미실현	–
피투자자의 조정 후 당기순이익	₩80,000
× 투자자의 지분율	× 30%
① 피투자자의 조정 후 당기순이익에 대한 지분	₩24,000
② 투자자의 하향 내부거래 제거 × 투자자의 지분율	
재고자산 미실현	–
③ 염가매수차익: ₩1,450,000 × 30% − ₩400,000 =	35,000
지분법손익(① + ② + ③)	₩59,000

정답 25 ③ 26 ④ 27 ⑤ 28 ①

29 20×1년 연결당기순이익

	㈜지배	㈜종속	합계
보고된 당기순이익	₩300,000	₩80,000	₩380,000
투자차액의 상각			
토지	–	(50,000)	(50,000)
내부거래 제거			
재고자산 미실현손익	(2,400)	–	(2,400)
연결조정 후 당기순이익	₩297,600	₩30,000	₩327,600

∴ 연결당기순이익: ₩297,600 + ₩30,000 = ₩327,600
지배기업소유주귀속당기순이익: ₩297,600 + ₩30,000 × 80% = ₩321,600
비지배지분귀속당기순이익: ₩30,000 × 20% = ₩6,000

30 20×2년 비지배지분귀속당기순이익

㈜종속의 보고된 당기순이익	₩100,000
기계장치 미실현이익	(20,000)
실현이익: ₩20,000 ÷ 4년 × 3/12 =	1,250
㈜종속의 연결조정 후 당기순이익	₩81,250
× 비지배지분율	× 20%
비지배지분귀속당기순이익	₩16,250

31 1. 유상증자 후 지분율의 계산: (800주 + 100주) ÷ (1,000주 + 200주) = 75%

2. 20×2년 말 비지배지분

20×2년 말 ㈜종속 순자산 장부금액: ₩250,000 + ₩100,000 + ₩150,000 + ₩200,000 =	₩700,000
20×2년 말 투자차액 미상각잔액	–
20×2년 말 내부거래 상향 미실현손익잔액	–
20×2년 말 ㈜종속 순자산 공정가치	₩700,000
× 비지배지분율	× 25%
20×2년 말 비지배지분	₩175,000

32 비지배지분: (1) + (2) = ₩76,800 + ₩1,000 = ₩77,800

(1) 종속기업의 순자산 공정가치 × 비지배지분율

20×1년 말 ㈜민국의 순자산 장부금액: ₩150,000 + ₩50,000 + ₩40,000 =	₩240,000
20×1년 말 투자차액 미상각잔액	–
건물: ₩20,000 × 4년/5년 =	16,000
20×1년 말 ㈜민국의 순자산 공정가치	₩256,000
× 비지배지분율	× 30%
20×1년 말 비지배지분	₩76,800

(2) 비지배지분에 대한 영업권: ₩70,000 – (₩200,000 + ₩30,000) × 30% = ₩1,000

정답 **29** ② **30** ④ **31** ⑤ **32** ③

해커스 회계사 IFRS 김영훈 재무회계 1차 기출문제집 | 2020년

33 1. 20×1년 평균환율: x

<table>
<tr><td colspan="2" align="center">재무상태표</td></tr>
<tr>
<td>순자산 = ($3,000 − $1,500) × ₩1,000 = ₩1,500,000</td>
<td>자본금 = $1,000 × ₩800 = ₩800,000
이익잉여금(20×1) = $200 × x
당기순이익 = $300 × ₩900 = ₩270,000
해외사업환산이익 = ₩100,000</td>
</tr>
</table>

∴ 20×1년 평균환율(x) = ₩1,650/$

2. 20×1년 말 이익잉여금 = $200 × ₩1,650 = ₩330,000

34 ① 현금흐름위험회피에서 위험회피수단의 손익은 위험회피에 비효과적인 부분은 당기손익으로 인식하며, 위험회피에 효과적인 부분은 기타포괄손익으로 인식한다.
② 위험회피수단이 소멸·매각·종료·행사된 경우에 해당하여 위험회피관계가 적용조건을 충족하지 않는 경우에만 전진적으로 위험회피회계를 중단한다.
④ 해외사업장순투자의 위험회피는 현금흐름위험회피와 유사하게 회계처리한다.
⑤ 고정금리부 대여금에 대하여 고정금리를 지급하고 변동금리를 수취하는 이자율스왑으로 위험회피하면 이는 공정가치위험회피 유형에 해당한다.

35

구분	위험회피대상항목(예상거래)	위험회피수단(원재료선도)
20×1. 10. 1.	N/A	N/A
20×1. 12. 31.	N/A	(차) 금선도자산 100,000[1)] 　(대) 현금흐름위험회피적립금(OCI) 50,000[2)] 　　　파생상품평가이익(NI) 50,000 1) 10온스 × (₩210,000 − ₩200,000) = ₩100,000 2) Min[①, ②] = ₩50,000 　① 수단: 10온스 × (₩195,000 − ₩190,000) = ₩50,000 　② 대상: 10온스 × (₩210,000 − ₩200,000) = ₩100,000
20×2. 3. 31.	(차) 원재료 2,000,000 　　　현금흐름위험회피적립금(자본) 200,000 　(대) 현금 2,200,000[1)] 1) 10온스 × ₩220,000 = ₩2,200,000	(차) 현금 200,000[1)] 　　　파생상품평가손실(NI) 50,000 　(대) 금선도자산 100,000 　　　현금흐름위험회피적립금(OCI) 150,000[2)] 1) 10온스 × (₩220,000 − ₩200,000) = ₩200,000 2) 누적기준 Min[①, ②] − ₩50,000 = ₩150,000 　① 수단: 10온스 × (₩220,000 − ₩190,000) = ₩300,000 　② 대상: 10온스 × (₩220,000 − ₩200,000) = ₩200,000

cpa.Hackers.com

2019년

공인회계사
1차 기출문제

* 공인회계사 1차 회계학 기출문제 중 재무회계에 해당하는 1~35번 문제를 수록하였습니다.

01 재무보고를 위한 개념체계에 대한 다음 설명 중 옳지 않은 것은?

① 재무보고서는 정확한 서술보다는 상당 부분 추정, 판단 및 모형에 근거하며, '개념체계'는 그 추정, 판단 및 모형의 기초가 되는 개념을 정한다.

② 원가는 재무보고로 제공될 수 있는 정보에 대한 포괄적 제약요인이다. 재무정보의 보고에는 원가가 소요되고, 해당 정보 보고의 효익이 그 원가를 정당화한다는 것이 중요하다.

③ 실물자본유지개념을 사용하기 위해서는 현행원가기준에 따라 측정해야 한다. 그러나 재무자본유지 개념은 특정한 측정기준의 적용을 요구하지 아니하며, 재무자본유지개념하에서 측정기준의 선택은 기업이 유지하려는 재무자본의 유형과 관련이 있다.

④ 근본적 질적 특성을 적용하는 것은 어떤 규정된 순서를 따르지 않는 반복적인 과정이다.

⑤ 중요성은 개별 기업 재무보고서 관점에서 해당 정보와 관련된 항목의 성격이나 규모 또는 이 둘 모두에 근거하여 해당 기업에 특유한 측면의 목적적합성을 의미한다.

02 ㈜대한의 20×1년도 현금흐름표상 영업에서 창출된 현금(영업으로부터 창출된 현금)은 ₩100,000이다. 다음에 제시된 자료를 이용하여 계산한 ㈜대한의 20×1년도 포괄손익계산서상 법인세비용차감전순이익은 얼마인가? 단, 이자와 배당금 수취, 이자지급 및 법인세납부는 영업활동으로 분류한다.

• 감가상각비	₩2,000	• 미지급이자 감소	₩1,500
• 유형자산처분이익	1,000	• 재고자산(순액) 증가	3,000
• 이자비용	5,000	• 매입채무 증가	4,000
• 법인세비용	4,000	• 매출채권(순액) 증가	2,500
• 재고자산평가손실	500	• 미수배당금 감소	1,000
• 배당금수익	1,500	• 미지급법인세 감소	2,000

① ₩90,000   ② ₩96,500   ③ ₩97,000

④ ₩97,500   ⑤ ₩99,000

03 ㈜대한은 20×1년 초 건물을 ₩1,000,000에 취득하여 투자부동산으로 분류하고 원가모형을 적용하여 정액법으로 감가상각(내용연수 10년, 잔존가치 ₩0)하였다. 그러나 20×2년에 ㈜대한은 공정가치모형이 보다 더 신뢰성 있고 목적적합한 정보를 제공하는 것으로 판단하여, 동 건물에 대하여 공정가치모형을 적용하기로 하였다. 동 건물 이외의 투자부동산은 없으며, 원가모형 적용 시 20×1년 말 이익잉여금은 ₩300,000이었다. 건물의 공정가치가 다음과 같은 경우, 동 건물의 회계처리와 관련된 설명 중 옳지 않은 것은? 단, 이익잉여금 처분은 없다고 가정한다.

구분	20×1년 말	20×2년 말
건물의 공정가치	₩950,000	₩880,000

① 20×2년 말 재무상태표에 표시되는 투자부동산 금액은 ₩880,000이다.
② 20×2년도 포괄손익계산서에 표시되는 투자부동산평가손실 금액은 ₩70,000이다.
③ 20×2년 재무제표에 비교 표시되는 20×1년 말 재무상태표상 투자부동산 금액은 ₩950,000이다.
④ 20×2년 재무제표에 비교 표시되는 20×1년도 포괄손익계산서상 감가상각비 금액은 ₩100,000이다.
⑤ 20×2년 재무제표에 비교 표시되는 20×1년 말 재무상태표상 이익잉여금 금액은 ₩350,000이다.

04 ㈜대한은 20×1년 초에 기업이 결제방식을 선택할 수 있는 주식기준보상을 종업원에게 부여하였다. ㈜대한은 결제방식으로 가상주식 1,000주(주식 1,000주에 상당하는 현금을 지급) 또는 주식 1,200주를 선택할 수 있고, 각 권리는 종업원이 2년 동안 근무할 것을 조건으로 한다. 또한 종업원이 주식 1,200주를 제공받는 경우에는 주식을 가득일 이후 2년 동안 보유하여야 하는 제한이 있다. ㈜대한은 부여일 이후 2년 동안 배당금을 지급할 것으로 예상하지 않으며, 부여일과 보고기간 말에 추정한 주식결제방식의 주당 공정가치와 주당 시가는 다음과 같다.

구분	20×1년 초	20×1년 말
주식 1,200주 결제방식의 주당 공정가치	₩400	₩480
주당 시가	₩450	₩520

종업원 주식기준보상약정과 관련하여 (A) 현금을 지급해야 하는 현재의무가 ㈜대한에게 있는 경우와 (B) 현금을 지급해야 하는 현재의무가 ㈜대한에게 없는 경우, 20×1년도에 ㈜대한이 인식할 주식보상비용은 각각 얼마인가? 단, 주식기준보상약정을 체결한 종업원 모두가 20×2년 말까지 근무할 것으로 예측하였고, 이 예측은 실현되었다고 가정한다.

	(A)	(B)
①	₩225,000	₩240,000
②	₩225,000	₩288,000
③	₩260,000	₩240,000
④	₩260,000	₩288,000
⑤	₩275,000	₩288,000

05 ㈜대한이 재고자산을 실사한 결과 20×1년 12월 31일 현재 창고에 보관 중인 상품의 실사금액은 ₩2,000,000인 것으로 확인되었다. 추가자료 내용은 다음과 같다.

(1) ㈜대한이 20×1년 12월 21일 ㈜서울로부터 선적지인도조건(F.O.B. Shipping Point)으로 매입한 원가 ₩250,000의 상품이 20×1년 12월 31일 현재 운송 중에 있다. 이 상품은 20×2년 1월 5일 도착예정이며, 매입 시 발생한 운임은 없다.

(2) ㈜대한은 20×1년 10월 1일에 ㈜부산으로부터 원가 ₩150,000의 상품에 대해 판매를 수탁받았으며 이 중 원가 ₩40,000의 상품을 20×1년 11월 15일에 판매하였다. 나머지 상품은 20×1년 12월 31일 현재 ㈜대한의 창고에 보관 중이며 기말 상품의 실사금액에 포함되었다. 수탁 시 발생한 운임은 없다.

(3) ㈜대한은 20×1년 12월 19일에 ㈜대전에게 원가 ₩80,000의 상품을 ₩120,000에 판매 즉시 인도하고 2개월 후 ₩130,000에 재구매하기로 약정을 체결하였다.

(4) 20×1년 11월 10일에 ㈜대한은 ㈜강릉과 위탁판매계약을 체결하고 원가 ₩500,000의 상품을 적송하였으며, ㈜강릉은 20×1년 12월 31일 현재까지 이 중 80%의 상품을 판매하였다. 적송 시 발생한 운임은 없다.

(5) ㈜대한은 단위당 원가 ₩50,000의 신상품 10개를 20×1년 10월 15일에 ㈜광주에게 전달하고 20×2년 2월 15일까지 단위당 ₩80,000에 매입할 의사를 통보해 줄 것을 요청하였다. 20×1년 12월 31일 현재 ㈜대한은 ㈜광주로부터 6개의 상품을 매입하겠다는 의사를 전달받았다.

위의 추가자료 내용을 반영한 이후 ㈜대한의 20×1년 12월 31일 재무상태표에 표시될 기말상품재고액은 얼마인가? 단, 재고자산감모손실 및 재고자산평가손실은 없다고 가정한다.

① ₩2,330,000   ② ₩2,430,000   ③ ₩2,520,000

④ ₩2,530,000   ⑤ ₩2,740,000

06 유통업을 영위하는 ㈜대한의 20×1년도 기초 재고자산은 ₩855,000이며, 기초 재고자산평가충당금은 ₩0이다. 20×1년도 순매입액은 ₩7,500,000이다. ㈜대한의 20×1년도 기말 재고자산 관련 자료는 다음과 같다.

조	항목	장부수량	실제수량	단위당 원가	단위당 순실현가능가치
A	A1	120개	110개	₩800	₩700
	A2	200개	200개	₩1,000	₩950
B	B1	300개	280개	₩900	₩800
	B2	350개	300개	₩1,050	₩1,150

㈜대한은 재고자산감모손실과 재고자산평가손실을 매출원가에 포함한다. ㈜대한이 항목별 기준 저가법과 조별 기준 저가법을 각각 적용할 경우, ㈜대한의 20×1년도 포괄손익계산서에 표시되는 매출원가는 얼마인가?

	항목별 기준	조별 기준
①	₩7,549,000	₩7,521,000
②	₩7,549,000	₩7,500,000
③	₩7,519,000	₩7,500,000
④	₩7,519,000	₩7,498,000
⑤	₩7,500,000	₩7,498,000

07 ㈜대한은 20×1년 1월 1일에 기계장치 1대를 ₩600,000에 취득하고 해당 기계장치에 대해 재평가모형을 적용하기로 하였다. 동 기계장치의 내용연수는 5년, 잔존가치는 ₩50,000이며 정액법을 사용하여 감가상각한다. ㈜대한은 동 기계장치에 대해 매년 말 감가상각 후 재평가를 실시하고 있다. 동 기계장치의 20×1년 말 공정가치는 ₩510,000이며, 20×2년 말 공정가치는 ₩365,000이다. 동 기계장치와 관련한 ㈜대한의 20×1년도 및 20×2년도 자본의 연도별 증감액은 각각 얼마인가? 단, 재평가잉여금을 이익잉여금으로 대체하지 않으며, 손상차손은 고려하지 않는다. 또한 재평가모형을 선택하여 장부금액을 조정하는 경우 기존의 감가상각누계액 전부를 제거하는 방법을 적용한다.

	20×1년	20×2년
①	₩20,000 증가	₩20,000 감소
②	₩20,000 증가	₩30,000 감소
③	₩90,000 증가	₩125,000 감소
④	₩90,000 감소	₩125,000 감소
⑤	₩90,000 감소	₩145,000 감소

08 ㈜대한은 공장건물을 신축하기로 하고 ㈜청주건설과 도급계약을 체결하였다. 공장건물 건설공사는 20×1년 1월 1일에 시작하여 20×2년 6월 30일에 완료될 예정이다. 동 공장건물은 차입원가를 자본화하는 적격자산에 해당한다. ㈜대한은 공장건물 건설공사를 위해 20×1년 1월 1일에 ₩3,000,000, 20×1년 7월 1일에 ₩5,000,000, 20×1년 10월 1일에 ₩4,000,000을 각각 지출하였다. ㈜대한의 차입금 내역은 다음과 같다.

차입금	차입금액	차입일	상환일	연 이자율	이자지급조건
A	₩4,000,000	20×1. 1. 1.	20×2. 9. 30.	8%	단리/매년 말 지급
B	₩6,000,000	20×0. 9. 1.	20×2. 12. 31.	10%	단리/매년 말 지급
C	₩8,000,000	20×1. 4. 1.	20×3. 6. 30.	6%	단리/매년 말 지급

이들 차입금 중에서 차입금 A는 동 공장건물의 건설공사를 위한 특정차입금이며, 차입금 B와 차입금 C는 일반차입금이다. 특정차입금 중 ₩1,000,000은 20×1년 1월 1일부터 20×1년 6월 30일까지 연 이자율 5%의 정기예금에 예치하였다. ㈜대한이 20×1년에 자본화할 차입원가는 얼마인가? 단, 연평균지출액, 이자비용, 이자수익은 월할로 계산한다.

① ₩320,000
② ₩470,000
③ ₩495,000
④ ₩520,000
⑤ ₩535,000

09 ㈜대한은 20×1년 1월 1일에 현금 ₩80,000을 지급하고 기계장치를 취득하였다. ㈜대한은 동 기계장치에 대해 내용연수는 5년, 잔존가치는 ₩0으로 추정하였으며 감가상각방법으로 정액법을 사용하기로 하였다. 20×1년 말 동 기계장치에 자산손상 사유가 발생하여 ㈜대한은 자산손상을 인식하기로 하였다. 20×1년 12월 31일 현재 동 기계장치의 회수가능액은 ₩50,000이다. ㈜대한은 20×2년 1월 1일 동 기계장치의 잔존내용연수를 6년으로, 잔존가치를 ₩5,000으로 재추정하여 변경하였다. 20×2년 12월 31일 현재 동 기계장치의 회수가능액은 ₩30,000이다. ㈜대한이 20×2년 12월 31일 재무상태표에 동 기계장치의 손상차손누계액으로 표시할 금액은 얼마인가? 단, ㈜대한은 동 기계장치에 대해 원가모형을 선택하여 회계처리하고 있다.

① ₩21,500
② ₩25,000
③ ₩26,500
④ ₩28,500
⑤ ₩30,000

10 기업회계기준서 제1038호 '무형자산'에서 "내부적으로 창출한 무형자산의 원가는 그 자산의 창출, 제조 및 경영자가 의도하는 방식으로 운영될 수 있게 준비하는 데 필요한 직접 관련된 모든 원가를 포함한다"라고 설명하고 있다. 다음 중 내부적으로 창출한 무형자산의 원가에 포함하지 않는 것은 무엇인가?

① 무형자산의 창출에 사용되었거나 소비된 재료원가, 용역원가
② 무형자산에 대한 법적 권리를 등록하기 위한 수수료
③ 무형자산의 창출을 위하여 발생한 종업원급여
④ 무형자산을 운용하는 직원의 교육훈련과 관련된 지출
⑤ 무형자산의 창출에 사용된 특허권과 라이선스의 상각비

11 ㈜대한의 20×1년 1월 1일 현재 자본 관련 자료는 다음과 같다.

보통주 – 자본금	₩5,000,000
(주당 액면금액 ₩5,000, 발행주식수 1,000주)	
보통주 – 주식발행초과금	3,000,000
이익잉여금	1,500,000
자본총계	₩9,500,000

20×1년에 발생한 ㈜대한의 자기주식거래는 다음과 같다.

- 3월 1일: 자기주식 60주를 주당 ₩6,000에 취득하였다.
- 5월 10일: 자기주식 20주를 주당 ₩7,500에 처분하였다.
- 7월 25일: 자기주식 10주를 주당 ₩5,000에 처분하였다.
- 9월 15일: 자기주식 20주를 주당 ₩4,500에 처분하였다.
- 10월 30일: 자기주식 10주를 소각하였다.
- 11월 20일: 대주주로부터 보통주 20주를 무상으로 증여받았으며, 수증 시 시가는 주당 ₩8,000이었다.

㈜대한의 20×1년도 당기순이익은 ₩300,000이다. ㈜대한은 선입선출법에 따른 원가법을 적용하여 자기주식거래를 회계처리한다. ㈜대한의 20×1년 12월 31일 재무상태표에 표시되는 자본총계는 얼마인가?

① ₩9,710,000   ② ₩9,730,000   ③ ₩9,740,000
④ ₩9,820,000   ⑤ ₩9,850,000

해커스 회계사 IFRS 김원종 재무회계 1차 기출문제집

2019년

12 ㈜대한은 20×1년 1월 1일에 ㈜민국의 사채를 발행가액으로 취득하였으며 사채의 발행조건은 다음과 같다. (취득 시 신용이 손상되어 있지 않음) ㈜대한은 사업모형 및 사채의 현금흐름 특성을 고려하여 취득한 사채를 상각후원가로 측정하는 금융자산으로 분류하였다.

- 사채발행일: 20×1년 1월 1일
- 만기일: 20×3년 12월 31일(일시상환)
- 액면금액: ₩1,000,000
- 이자지급: 매년 12월 31일에 연 7% 지급
- 사채발행시점의 유효이자율: 연 10%

20×3년 1월 1일에 ㈜대한과 ㈜민국은 다음과 같은 조건으로 재협상하여 계약상 현금흐름을 변경하였으며, 20×3년 1월 1일의 현행이자율은 연 13%이다. ㈜대한은 재협상을 통한 계약상 현금흐름의 변경이 금융자산의 제거조건을 충족하지 않는 것으로 판단하였다.

- 만기일: 20×5년 12월 31일로 연장(일시상환)
- 이자지급: 20×3년부터 매년 12월 31일에 연 5% 지급

㈜대한이 계약상 현금흐름의 변경과 관련하여 인식할 변경손익은 얼마인가? 단, 단수차이로 인해 오차가 있다면 가장 근사치를 선택한다.

기간 \ 할인율	단일금액 ₩1의 현재가치		정상연금 ₩1의 현재가치	
	10%	13%	10%	13%
1년	0.9091	0.8850	0.9091	0.8850
2년	0.8264	0.7831	1.7355	1.6681
3년	0.7513	0.6931	2.4868	2.3612

① ₩0
② ₩97,065 이익
③ ₩97,065 손실
④ ₩161,545 이익
⑤ ₩161,545 손실

13 ㈜대한은 ㈜민국이 발행한 사채(발행일 20×1년 1월 1일, 액면금액 ₩3,000,000으로 매년 12월 31일에 연 8% 이자지급, 20×4년 12월 31일에 일시상환)를 20×1년 1월 1일에 사채의 발행가액으로 취득하였다. (취득 시 신용이 손상되어 있지 않음) ㈜대한은 취득한 사채를 상각후원가로 측정하는 금융자산으로 분류하였으며, 사채발행시점의 유효이자율은 연 10%이다. ㈜대한은 ㈜민국으로부터 20×1년도 이자 ₩240,000은 정상적으로 수취하였으나 20×1년 말에 상각후원가로 측정하는 금융자산의 신용이 손상되었다고 판단하였다. ㈜대한은 채무불이행확률을 고려하여 20×2년부터 20×4년까지 다음과 같은 현금흐름을 추정하였다.

- 매년 말 수취할 이자: ₩150,000
- 만기에 수취할 원금: ₩2,000,000

또한, ㈜대한은 ㈜민국으로부터 20×2년도 이자 ₩150,000을 수취하였으며, 20×2년 말에 상각후원가로 측정하는 금융자산의 채무불이행확률을 합리적으로 판단하여 20×3년부터 20×4년까지 다음과 같은 현금흐름을 추정하였다.

- 매년 말 수취할 이자: ₩210,000
- 만기에 수취할 원금: ₩2,000,000

㈜대한이 20×2년도에 인식할 손상차손환입은 얼마인가? 단, 단수차이로 인해 오차가 있다면 가장 근사치를 선택한다.

할인율 기간	단일금액 ₩1의 현재가치		정상연금 ₩1의 현재가치	
	8%	10%	8%	10%
1년	0.9259	0.9091	0.9259	0.9091
2년	0.8573	0.8264	1.7832	1.7355
3년	0.7938	0.7513	2.5770	2.4868
4년	0.7350	0.6830	3.3120	3.1698

① ₩0 ② ₩104,073 ③ ₩141,635
④ ₩187,562 ⑤ ₩975,107

14 기업회계기준서 제1109호 '금융상품' 중 계약상 현금흐름 특성 조건을 충족하는 금융자산으로서 사업모형을 변경하는 경우의 재분류 및 금융자산의 제거에 대한 다음 설명 중 옳은 것은?

① 금융자산을 기타포괄손익 – 공정가치 측정 범주에서 상각후원가 측정 범주로 재분류하는 경우에는 최초 인식시점부터 상각후원가로 측정했었던 것처럼 재분류일에 금융자산을 측정한다.

② 양도자가 발생 가능성이 높은 신용손실의 보상을 양수자에게 보증하면서 단기 수취채권을 매도한 것은 양도자가 소유에 따른 위험과 보상의 대부분을 이전하는 경우의 예이다.

③ 금융자산을 기타포괄손익 – 공정가치 측정 범주에서 당기손익 – 공정가치 측정 범주로 재분류하는 경우에 계속 공정가치로 측정하며, 재분류 전에 인식한 기타포괄손익누계액은 자본에서 당기손익으로 재분류하지 않는다.

④ 양도자가 매도한 금융자산을 재매입시점의 공정가치로 재매입할 수 있는 권리를 보유하고 있는 것은 양도자가 소유에 따른 위험과 보상의 대부분을 보유하는 경우의 예이다.

⑤ 양도자가 매도 후에 미리 정한 가격으로 또는 매도가격에 양도자에게 금전을 대여하였더라면 그 대가로 받았을 이자수익을 더한 금액으로 양도자산을 재매입하는 거래는 양도자가 소유에 따른 위험과 보상의 대부분을 이전하는 경우의 예이다.

15 ㈜대한은 20×1년 1월 1일에 다음과 같은 상환할증금 미지급조건의 비분리형 신주인수권부사채를 액면발행하였다.

> - 사채의 액면금액은 ₩1,000,000이고 만기는 20×3년 12월 31일이다.
> - 액면금액에 대하여 연 10%의 이자를 매년 말에 지급한다.
> - 신주인수권의 행사기간은 발행일로부터 1개월이 경과한 날부터 상환기일 30일 전까지이다.
> - 행사비율은 사채액면금액의 100%로 행사금액은 ₩20,000(사채액면금액 ₩20,000당 보통주 1주(주당 액면금액 ₩5,000)를 인수)이다.
> - 원금상환방법은 만기에 액면금액의 100%를 상환한다.
> - 신주인수권부사채 발행시점에 일반사채의 시장수익률은 연 12%이다.

㈜대한은 신주인수권부사채 발행 시 인식한 자본요소(신주인수권대가) 중 행사된 부분은 주식발행초과금으로 대체하는 회계처리를 한다. 20×3년 1월 1일에 ㈜대한의 신주인수권부사채 액면금액 중 40%에 해당하는 신주인수권이 행사되었다. 다음 설명 중 옳은 것은? 단, 단수차이로 인해 오차가 있다면 가장 근사치를 선택한다.

기간 \ 할인율	단일금액 ₩1의 현재가치		정상연금 ₩1의 현재가치	
	10%	12%	10%	12%
1년	0.9091	0.8929	0.9091	0.8929
2년	0.8264	0.7972	1.7355	1.6901
3년	0.7513	0.7118	2.4868	2.4019

① 20×1년 1월 1일 신주인수권부사채 발행시점의 자본요소(신주인수권대가)는 ₩951,990이다.
② 20×2년도 포괄손익계산서에 인식할 이자비용은 ₩114,239이다.
③ 20×2년 말 재무상태표에 부채로 계상할 신주인수권부사채의 장부금액은 ₩966,229이다.
④ 20×3년 1월 1일 신주인수권의 행사로 증가하는 주식발행초과금은 ₩319,204이다.
⑤ 20×3년도 포괄손익계산서에 인식할 이자비용은 ₩70,694이다.

16 기업회계기준서 제1012호 '법인세'에 대한 다음 설명 중 옳지 않은 것은?

① 미사용 세무상결손금과 세액공제가 사용될 수 있는 미래 과세소득의 발생가능성이 높은 경우 그 범위 안에서 이월된 미사용 세무상결손금과 세액공제에 대하여 이연법인세자산을 인식한다.

② 부채의 세무기준액은 장부금액에서 미래 회계기간에 당해 부채와 관련하여 세무상 공제될 금액을 차감한 금액이다. 수익을 미리 받은 경우, 이로 인한 부채의 세무기준액은 당해 장부금액에서 미래 회계기간에 과세되지 않을 수익을 차감한 금액이다.

③ 이연법인세자산과 부채의 장부금액은 관련된 일시적차이의 금액에 변동이 없는 경우에도 세율이나 세법의 변경, 예상되는 자산의 회수 방식 변경, 이연법인세자산의 회수가능성 재검토로 인하여 변경될 수 있다.

④ 과세대상수익의 수준에 따라 적용되는 세율이 다른 경우에는 일시적차이가 소멸될 것으로 예상되는 기간의 과세소득(세무상결손금)에 적용될 것으로 기대되는 평균세율을 사용하여 이연법인세자산과 부채를 측정한다.

⑤ 당기에 취득하여 보유 중인 토지에 재평가모형을 적용하여 토지의 장부금액이 세무기준액보다 높은 경우에는 이연법인세부채를 인식하며, 이로 인한 이연법인세효과는 당기손익으로 인식한다.

17 20×1년 1월 1일에 설립된 ㈜대한은 확정급여제도를 채택하고 있으며, 관련 자료는 다음과 같다. 순확정급여부채(자산) 계산 시 적용한 할인율은 연 7%로 변동이 없다.

<20×1년>
• 20×1년 말 사외적립자산의 공정가치는 ₩1,000,000이다.
• 20×1년 말 확정급여채무의 현재가치는 ₩1,200,000이다.

<20×2년>
• 20×2년도 당기근무원가는 ₩300,000이다.
• 20×2년 말에 일부 종업원의 퇴직으로 ₩150,000을 사외적립자산에서 현금으로 지급하였다.
• 20×2년 말에 ₩200,000을 현금으로 사외적립자산에 출연하였다.
• 20×2년 말 확정급여채무에서 발생한 재측정요소와 관련된 회계처리는 다음과 같다.

(차) 보험수리적손실	466,000	(대) 확정급여채무	466,000

㈜대한의 20×2년 말 재무상태표에 표시될 순확정급여부채가 ₩400,000인 경우, (A) 20×2년 말 현재 사외적립자산의 공정가치 금액과 (B) 확정급여제도 적용이 20×2년도 당기순이익에 미치는 영향은 각각 얼마인가?

	(A)	(B)
①	₩568,000	₩286,000 감소
②	₩568,000	₩314,000 감소
③	₩1,416,000	₩286,000 감소
④	₩1,500,000	₩286,000 감소
⑤	₩1,500,000	₩314,000 감소

18 기업회계기준서 제1033호 '주당이익'에 대한 다음 설명 중 옳지 않은 것은?

① 기본주당이익 정보의 목적은 회계기간의 경영성과에 대한 지배기업의 보통주 1주당 지분의 측정치를 제공하는 것이다.

② 기업이 공개매수 방식으로 우선주를 재매입할 때 우선주의 장부금액이 우선주의 매입을 위하여 지급하는 대가의 공정가치를 초과하는 경우 그 차액을 지배기업의 보통주에 귀속되는 당기순손익을 계산할 때 차감한다.

③ 가중평균유통보통주식수를 산정하기 위한 보통주유통일수 계산의 기산일은 통상 주식발행의 대가를 받을 권리가 발생하는 시점이다. 채무상품의 전환으로 인하여 보통주를 발행하는 경우 최종이자 발생일의 다음 날이 보통주유통일수를 계산하는 기산일이다.

④ 조건부로 재매입할 수 있는 보통주를 발행한 경우 이에 대한 재매입가능성이 없어질 때까지는 보통주로 간주하지 아니하고, 기본주당이익을 계산하기 위한 보통주식수에 포함하지 아니한다.

⑤ 잠재적보통주는 보통주로 전환된다고 가정할 경우 주당계속영업이익을 감소시키거나 주당계속영업손실을 증가시킬 수 있는 경우에만 희석성 잠재적보통주로 취급한다.

19 ㈜대한은 20×1년 1월 1일 만기가 2년을 초과하는 사채를 발행하였으며, 이는 회사의 유일한 사채이다. 동 사채는 액면이자를 매년 12월 31일에 지급하며, 액면금액을 만기일에 일시상환하는 조건이다. 사채 발행 이후 발행조건의 변경은 없다. 동 사채에 대한 20×1년도와 20×2년도의 관련 이자 정보는 다음과 같다.

구분	20×1년도	20×2년도
연도 말 액면이자 지급액	₩120,000	₩120,000
포괄손익계산서상 연간 이자비용	₩148,420	₩152,400

상기 사채의 발행시점의 유효이자율은 얼마인가? 단, 사채발행비와 조기상환, 차입원가 자본화는 발생하지 않았으며, 단수차이로 인해 오차가 있다면 가장 근사치를 선택한다.

① 14% ② 15% ③ 16%
④ 17% ⑤ 18%

20 다음은 ㈜대한과 관련하여 20×1년에 발생한 사건이다.

가.	㈜대한은 20×1년부터 해저유전을 운영한다. 관련 라이선싱 약정에 따르면, 석유 생산 종료시점에는 유정 굴착장치를 제거하고 해저를 원상 복구하여야 한다. 최종 원상 복구원가의 90%는 유정 굴착장치 제거와 그 장치의 건설로 말미암은 해저 손상의 원상 복구와 관련이 있다. 나머지 10%의 원상 복구원가는 석유의 채굴로 생긴다. 20×1년 12월 31일 현재 굴착장치는 건설되었으나 석유는 채굴되지 않은 상태이다. 20×1년 12월 31일 현재 유정 굴착장치 제거와 그 장치의 건설로 말미암은 손상의 원상 복구에 관련된 원가(최종 원가의 90%)의 최선의 추정치는 ₩90,000이며, 석유 채굴로 생기는 나머지 10%의 원가에 대한 최선의 추정치는 ₩10,000이다.
나.	20×1년 8월 A씨의 결혼식이 끝나고 10명이 식중독으로 사망하였다. 유족들은 ㈜대한이 판매한 제품 때문에 식중독이 발생했다고 주장하면서 ㈜대한에 민사소송을 제기하였다. (손해배상금 ₩50,000) ㈜대한은 그 책임에 대해 이의를 제기하였다. 회사의 자문 법무법인은 20×1년 12월 31일로 종료하는 연차 재무제표의 발행승인일까지는 ㈜대한에 책임이 있는지 밝혀지지 않을 가능성이 높다고 조언하였다.

상기 사건들에 대하여, 20×1년 말 ㈜대한의 재무상태표에 표시되는 충당부채는 얼마인가? 단, 기초잔액은 없는 것으로 가정한다.

① ₩150,000 ② ₩140,000 ③ ₩100,000
④ ₩90,000 ⑤ ₩0

21 기업회계기준서 제1115호 '고객과의 계약에서 생기는 수익'에 대한 다음 설명 중 옳은 것은?

① 일반적으로 고객과의 계약에는 기업이 고객에게 이전하기로 약속하는 재화나 용역을 분명히 기재한다. 따라서 고객과의 계약에서 식별되는 수행의무는 계약에 분명히 기재한 재화나 용역에만 한정된다.

② 고객에게 재화나 용역을 이전하는 활동은 아니지만 계약을 이행하기 위해 수행해야 한다면, 그 활동은 수행의무에 포함된다.

③ 수행의무를 이행할 때(또는 이행하는 대로), 그 수행의무에 배분된 거래가격(변동대가 추정치 중 제약받는 금액을 포함)을 수익으로 인식한다.

④ 거래가격은 고객에게 약속한 재화나 용역을 이전하고 그 대가로 기업이 받을 권리를 갖게 될 것으로 예상하는 금액이며, 제3자를 대신해서 회수한 금액도 포함한다.

⑤ 거래가격의 후속 변동은 계약 개시시점과 같은 기준으로 계약상 수행의무에 배분한다. 따라서 계약을 개시한 후의 개별 판매가격 변동을 반영하기 위해 거래가격을 다시 배분하지는 않는다.

22 ㈜대한은 ㈜민국 소유의 토지에 건물을 건설하기로 ㈜민국과 계약을 체결하였다. 그 계약의 내용 및 추가정보는 다음과 같다.

> • ㈜민국은 계약 개시일부터 30일 이내에 ㈜대한이 토지에 접근할 수 있게 한다.
> • 해당 토지에 ㈜대한의 접근이 지연된다면(불가항력적인 사유 포함), 지연의 직접적인 결과로 들인 실제원가에 상당하는 보상을 ㈜대한이 받을 권리가 있다.
> • 계약 개시 후에 생긴 그 지역의 폭풍 피해 때문에 ㈜대한은 계약 개시 후 120일이 지나도록 해당 토지에 접근하지 못하였다.
> • ㈜대한은 청구의 법적 기준을 검토하고, 관련 계약 조건을 기초로 집행할 수 있는 권리가 있다고 판단하였다.
> • ㈜대한은 계약변경에 따라 ㈜민국에게 재화나 용역을 추가로 제공하지 않고 계약변경 후에도 나머지 재화와 용역 모두는 구별되지 않으며 단일 수행의무를 구성한다고 판단하였다.
> • ㈜대한은 계약 조건에 따라 지연의 결과로 들인 특정 직접원가를 제시할 수 있으며, 청구를 준비하고 있다.
> • ㈜민국은 ㈜대한의 청구에 처음에는 동의하지 않았다.

계약변경과 관련하여 상기 거래에 대한 다음 설명 중 옳지 않은 것은?

① 계약변경은 서면이나 구두 합의, 또는 기업의 사업 관행에서 암묵적으로 승인될 수 있다.
② ㈜대한과 ㈜민국이 계약변경 범위에 다툼이 있더라도, 계약변경은 존재할 수 있다.
③ ㈜대한과 ㈜민국이 계약 범위의 변경을 승인하였지만 아직 이에 상응하는 가격변경을 결정하지 않았다면, 계약변경은 존재할 수 없다.
④ ㈜대한과 ㈜민국은 계약변경으로 신설되거나 변경되는 권리와 의무를 집행할 수 있는지를 판단할 때에는 계약 조건과 그 밖의 증거를 포함하여 관련 사실 및 상황을 모두 고려한다.
⑤ ㈜대한은 계약변경에 대해 거래가격과 수행의무의 진행률을 새로 수정하여 그 계약변경은 기존 계약의 일부인 것처럼 회계처리한다.

23 다음은 ㈜대한의 20×1년과 20×2년의 수취채권, 계약자산, 계약부채에 대한 거래이다.

> - ㈜대한은 고객에게 제품을 이전하기로 한 약속을 수행의무로 식별하고, 제품을 고객에게 이전할 때 각 수행의무에 대한 수익을 인식한다.
> - ㈜대한은 20×2년 1월 31일에 ㈜민국에게 제품 A를 이전하는 취소 불가능 계약을 20×1년 10월 1일에 체결하였다. 계약에 따라 ㈜민국은 20×1년 11월 30일에 대가 ₩1,000 전액을 미리 지급하여야 하나 ₩300만 지급하였고, 20×2년 1월 15일에 잔액 ₩700을 지급하였다. ㈜대한은 20×2년 1월 31일에 제품 A를 ㈜민국에게 이전하였다.
> - ㈜대한은 ㈜만세에게 제품 B와 제품 C를 이전하고 그 대가로 ₩1,000을 받기로 20×1년 10월 1일에 계약을 체결하였다. 계약에서는 제품 B를 먼저 인도하도록 요구하고, 제품 B의 인도대가는 제품 C의 인도를 조건으로 한다고 기재되어 있다. ㈜대한은 제품의 상대적 개별 판매가격에 기초하여 제품 B에 대한 수행의무에 ₩400을, 제품 C에 대한 수행의무에 ₩600을 배분한다. ㈜대한은 ㈜만세에게 20×1년 11월 30일에 제품 B를, 20×2년 1월 31일에 제품 C를 각각 이전하였다.

상기 거래에 대하여, 20×1년 12월 31일 현재 ㈜대한의 수취채권, 계약자산, 계약부채 금액은 각각 얼마인가? 단, 기초잔액은 없는 것으로 가정한다.

	수취채권	계약자산	계약부채
①	₩0	₩400	₩0
②	₩400	₩0	₩0
③	₩700	₩400	₩1,000
④	₩1,000	₩400	₩1,000
⑤	₩1,100	₩0	₩1,000

24 기업회계기준서 제1116호 '리스'에 대한 다음 설명 중 옳은 것은?

① 리스기간이 12개월 이상이고 기초자산이 소액이 아닌 모든 리스에 대하여 리스이용자는 자산과 부채를 인식하여야 한다.

② 일부 예외적인 경우를 제외하고, 단기리스나 소액 기초자산 리스를 이용하는 리스이용자는 해당 리스에 관련되는 리스료를 리스기간에 걸쳐 정액 기준이나 다른 체계적인 기준에 따라 비용으로 인식할 수 있다.

③ 리스이용자의 규모, 특성, 상황이 서로 다르기 때문에, 기초자산이 소액인지는 상대적 기준에 따라 평가한다.

④ 단기리스에 대한 리스회계처리 선택은 리스별로 적용해야 한다.

⑤ 소액 기초자산 리스에 대한 리스회계처리 선택은 기초자산의 유형별로 적용해야 한다.

25 ㈜대한리스는 20×1년 1월 1일 ㈜민국과 다음과 같은 금융리스계약을 약정과 동시에 체결하였다.

- 리스개시일: 20×1년 1월 1일
- 리스기간: 20×1년 1월 1일 ~ 20×3년 12월 31일(3년)
- 연간 정기리스료: 매년 말 ₩500,000 후급
- 리스자산의 공정가치는 ₩1,288,530이고 내용연수는 4년이다. 내용연수 종료시점에 잔존가치는 없으며, ㈜민국은 정액법으로 감가상각한다.
- ㈜민국은 리스기간 종료시점에 ₩100,000에 리스자산을 매수할 수 있는 선택권을 가지고 있고, 그 선택권을 행사할 것이 리스약정일 현재 상당히 확실하다. 동 금액은 선택권을 행사할 수 있는 날(리스기간 종료시점)의 공정가치보다 충분히 낮을 것으로 예상되는 가격이다.
- ㈜대한리스와 ㈜민국이 부담한 리스개설직접원가는 각각 ₩30,000과 ₩20,000이다.
- ㈜대한리스는 상기 리스를 금융리스로 분류하고, ㈜민국은 리스개시일에 사용권자산과 리스부채를 인식한다.
- 리스의 내재이자율은 연 10%이며, 그 현가계수는 아래 표와 같다.

기간	단일금액 ₩1의 현재가치	정상연금 ₩1의 현재가치
3년	0.7513	2.4868
4년	0.6830	3.1698

상기 리스거래가 ㈜대한리스와 ㈜민국의 20×1년도 당기순이익에 미치는 영향은? 단, 단수차이로 인해 오차가 있다면 가장 근사치를 선택한다.

	㈜대한리스	㈜민국
①	₩131,853 증가	₩466,486 감소
②	₩131,853 증가	₩481,486 감소
③	₩131,853 증가	₩578,030 감소
④	₩134,853 증가	₩466,486 감소
⑤	₩134,853 증가	₩481,486 감소

26 기업회계기준서 제1103호 '사업결합'에 대한 다음 설명 중 옳지 않은 것은?

① 사업이라 함은 투입물, 산출물 및 산출물을 창출할 수 있는 과정으로 구성되며 이 세 가지 요소 모두 사업의 정의를 충족하기 위한 통합된 집합에 반드시 필요하다.

② 공동약정 자체의 재무제표에서 공동약정의 구성에 대한 회계처리에는 기업회계기준서 제1103호 '사업결합'을 적용하지 않는다.

③ 동일 지배하에 있는 기업이나 사업 간의 결합에는 기업회계기준서 제1103호 '사업결합'을 적용하지 않는다.

④ 일반적으로 지배력을 획득한 날이라 함은 취득자가 법적으로 대가를 이전하여, 피취득자의 자산을 취득하고 부채를 인수한 날인 종료일이다.

⑤ 취득자가 피취득자에게 대가를 이전하지 않더라도 사업결합이 이루어질 수 있다.

27 ㈜대한은 20×1년 7월 1일 ㈜민국의 A부문을 ₩450,000에 인수하였다. 다음은 20×1년 7월 1일 현재 ㈜민국의 A부문 현황이다. A부문에 귀속되는 부채는 없다.

㈜민국	A부문 20×1년 7월 1일 현재	(단위: ₩)
계정과목	장부금액	공정가치
토지	200,000	220,000
건물	150,000	200,000
기계장치	50,000	80,000
	400,000	

공정가치는 실제보다 과대평가되지 않았다. 20×1년 7월 1일 현재 건물과 기계장치의 잔존내용연수는 각각 10년과 5년이며 모두 잔존가치 없이 정액법으로 감가상각한다. 20×1년 말까지 ㈜대한은 동 자산들을 보유하고 있으며 손상징후는 없다. 취득일 현재 ㈜민국의 A부문에 표시된 자산 외에 추가적으로 식별가능한 자산은 없으며 20×1년 말까지 다른 거래는 없다. ㈜민국의 A부문이 (가) 별도의 사업을 구성하고 ㈜대한이 지배력을 획득하여 사업결합 회계처리를 하는 상황과 (나) 별도의 사업을 구성하지 못하여 ㈜대한이 자산 집단을 구성하는 각 자산의 취득원가를 결정하기 위한 회계처리를 하는 상황으로 나눈다. 각 상황이 20×1년 7월 1일부터 20×1년 12월 31일까지 ㈜대한의 당기순이익에 미치는 영향은 각각 얼마인가?

	(가)	(나)
①	₩32,000 증가	₩16,200 감소
②	₩32,000 감소	₩16,200 감소
③	₩18,000 감소	₩32,400 감소
④	₩18,000 증가	₩32,400 증가
⑤	₩18,000 감소	₩32,400 증가

28 기업회계기준서 제1027호 '별도재무제표'에 대한 다음 설명 중 옳지 않은 것은?

① 별도재무제표를 작성할 때, 종속기업, 공동기업, 관계기업에 대한 투자자산은 원가법, 기업회계기준서 제1109호 '금융상품'에 따른 방법, 제1028호 '관계기업과 공동기업에 대한 투자'에서 규정하고 있는 지분법 중 하나를 선택하여 회계처리한다.

② 종속기업, 공동기업, 관계기업으로부터 받는 배당금은 기업이 배당을 받을 권리가 확정되는 시점에 투자자산의 장부금액에서 차감하므로 당기손익으로 반영되는 경우는 없다.

③ 종속기업, 관계기업, 공동기업 참여자로서 투자지분을 소유하지 않은 기업의 재무제표는 별도재무제표가 아니다.

④ 기업회계기준서 제1109호 '금융상품'에 따라 회계처리하는 투자의 측정은 매각예정이나 분배예정으로 분류되는 경우라 하더라도 기업회계기준서 제1105호 '매각예정비유동자산과 중단영업'을 적용하지 않는다.

⑤ 기업회계기준서 제1110호 '연결재무제표'에 따라 연결이 면제되는 경우, 그 기업의 유일한 재무제표로서 별도재무제표만을 재무제표로 작성할 수 있다.

※ 다음 자료를 이용하여 **29 ~ 30**에 답하시오.

㈜대한은 20×1년 초에 ㈜민국의 보통주 30%를 ₩350,000에 취득하여 유의적인 영향력을 행사하고 있으며 지분법을 적용하여 회계처리한다. 20×1년 초 현재 ㈜민국의 순자산 장부금액과 공정가치는 동일하게 ₩1,200,000이다.

<추가자료>

• 다음은 ㈜대한과 ㈜민국 간의 20×1년 재고자산 내부거래 내역이다.

판매회사 → 매입회사	판매회사 매출액	판매회사 매출원가	매입회사 장부상 기말재고
㈜대한 → ㈜민국	₩25,000	₩20,000	₩17,500

• 20×2년 3월 31일 ㈜민국은 주주에게 현금배당금 ₩10,000을 지급하였다.
• 20×2년 중 ㈜민국은 20×1년 ㈜대한으로부터 매입한 재고자산을 외부에 모두 판매하였다.
• 다음은 ㈜민국의 20×1년도 및 20×2년도 포괄손익계산서 내용의 일부이다.

구분	20×1년	20×2년
당기순이익	₩100,000	₩(－)100,000
기타포괄이익	₩50,000	₩110,000

29 20×1년 말 현재 ㈜대한의 재무상태표에 표시되는 ㈜민국에 대한 지분법적용투자주식 기말 장부금액은 얼마인가?

① ₩403,950　　　　　② ₩400,000　　　　　③ ₩395,000

④ ₩393,950　　　　　⑤ ₩350,000

30 지분법 적용이 ㈜대한의 20×2년도 당기순이익에 미치는 영향은 얼마인가?

① ₩18,950 감소　　　② ₩28,950 감소　　　③ ₩33,950 증가

④ ₩38,950 증가　　　⑤ ₩38,950 감소

※ 다음 자료를 이용하여 **31 ~ 32**에 답하시오.

㈜대한은 20×1년 초에 ㈜민국의 보통주 80%를 ₩1,200,000에 취득하여 지배력을 획득하였다. 지배력 획득시점의 ㈜민국의 순자산 장부금액은 공정가치와 동일하다. 다음은 지배력 획득일 현재 ㈜민국의 자본 내역이다.

㈜민국	20×1년 1월 1일
보통주자본금(주당 액면금액 ₩100)	₩500,000
자본잉여금	200,000
이익잉여금	800,000
	₩1,500,000

<추가자료>

• 20×1년과 20×2년 ㈜대한과 ㈜민국 간의 재고자산 내부거래는 다음과 같다. 매입회사 장부상 남아있는 각 연도 말 재고자산은 다음 회계연도에 모두 외부에 판매되었다.

연도	판매회사 → 매입회사	판매회사 매출액	판매회사 매출원가	매입회사 장부상 기말재고
20×1년	㈜대한 → ㈜민국	₩80,000	₩64,000	₩40,000
20×1년	㈜민국 → ㈜대한	₩50,000	₩40,000	₩15,000
20×2년	㈜대한 → ㈜민국	₩100,000	₩70,000	₩40,000
20×2년	㈜민국 → ㈜대한	₩80,000	₩60,000	₩20,000

• ㈜대한은 20×1년 4월 1일에 보유 토지 ₩90,000을 ㈜민국에게 ₩110,000에 매각하였다. ㈜대한과 ㈜민국은 20×2년 12월 말부터 보유 토지에 대해 재평가모형을 적용하기로 함에 따라 ㈜민국은 ㈜대한으로부터 매입한 토지를 ₩120,000으로 재평가하였다.

• ㈜대한의 20×1년과 20×2년 당기순이익은 각각 ₩300,000과 ₩200,000이며, ㈜민국의 20×1년과 20×2년 당기순이익은 각각 ₩80,000과 ₩100,000이다.

• ㈜대한의 별도재무제표상 ㈜민국의 주식은 원가법으로 표시되어 있다. 연결재무제표 작성 시 비지배지분은 종속기업의 식별가능한 순자산 공정가치에 비례하여 결정한다.

---

31 20×1년 말 ㈜대한의 연결재무상태표에 표시되는 비지배지분은 얼마인가?

① ₩300,000　　　　② ₩313,800　　　　③ ₩315,400

④ ₩316,000　　　　⑤ ₩319,800

32 ㈜대한의 20×2년도 연결포괄손익계산서에 표시되는 지배기업소유주귀속당기순이익과 비지배지분귀속당기순이익은 각각 얼마인가?

	지배기업소유주귀속 당기순이익	비지배지분귀속 당기순이익
①	₩264,400	₩18,400
②	₩264,400	₩19,000
③	₩264,400	₩19,600
④	₩274,400	₩19,600
⑤	₩274,400	₩21,600

33 ㈜대한은 20×1년 1월 1일 ㈜민국의 보통주 80%를 ₩450,000에 취득하여 지배력을 획득하였으며, 동 일자에 ㈜민국은 ㈜만세의 주식 60%를 ₩200,000에 취득하여 지배력을 획득하였다. 지배력 획득시점에 ㈜민국과 ㈜만세의 순자산 공정가치와 장부금액은 동일하다. 다음은 지배력 획득시점 이후 20×1년 말까지 회사별 순자산 변동내역이다.

구분	㈜대한	㈜민국	㈜만세
20×1. 1. 1.	₩800,000	₩420,000	₩300,000
별도(개별)재무제표상 당기순이익	100,000	80,000	50,000
20×1. 12. 31.	₩900,000	₩500,000	₩350,000

20×1년 7월 1일 ㈜대한은 ㈜민국에게 장부금액 ₩150,000인 기계장치를 ₩170,000에 매각하였다. 매각시점에 기계장치의 잔존내용연수는 5년, 정액법으로 상각하며 잔존가치는 없다. 20×1년 중 ㈜민국이 ㈜만세에게 판매한 재고자산 매출액은 ₩100,000(매출총이익률은 30%)이다. 20×1년 말 현재 ㈜만세는 ㈜민국으로부터 매입한 재고자산 중 40%를 보유하고 있다. ㈜대한과 ㈜민국은 종속회사 투자주식을 별도재무제표상 원가법으로 표시하고 있다. ㈜대한의 20×1년도 연결포괄손익계산서에 표시되는 비지배지분귀속당기순이익은 얼마인가? 단, 연결재무제표 작성 시 비지배지분은 종속기업의 식별가능한 순자산 공정가치에 비례하여 결정한다.

① ₩19,600   ② ₩20,000   ③ ₩38,600
④ ₩39,600   ⑤ ₩49,600

해커스 회계사 IFRS 김원종 재무회계 1차 기출문제집

34 ㈜대한(기능통화와 표시통화는 원화(₩))은 20×1년 1월 1일에 일본소재 기업인 ㈜동경(기능통화는 엔화(¥))의 보통주 80%를 ¥80,000에 취득하여 지배력을 획득하였다. 지배력 획득일 현재 ㈜동경의 순자산 장부금액과 공정가치는 ¥90,000으로 동일하다. ㈜동경의 20×1년도 당기순이익은 ¥10,000이며 수익과 비용은 연중 균등하게 발생하였다. 20×1년 말 ㈜동경의 재무제표를 표시통화인 원화로 환산하는 과정에서 대변에 발생한 외환차이는 ₩19,000이다. ㈜동경은 종속회사가 없으며, 20×1년의 환율정보는 다음과 같다.

		(환율: ₩/¥)
20×1년 1월 1일	20×1년 12월 31일	20×1년 평균
10.0	10.2	10.1

㈜대한은 ㈜동경 이외의 종속회사는 없으며 지배력 획득일 이후 ㈜대한과 ㈜동경 간의 내부거래는 없다. 기능통화와 표시통화는 초인플레이션 경제의 통화가 아니며, 위 기간에 환율의 유의한 변동은 없었다. 20×1년 말 ㈜대한의 연결재무상태표상 영업권 금액과 비지배지분 금액은 각각 얼마인가? 단, 연결재무제표 작성 시 비지배지분은 종속기업의 식별가능한 순자산 공정가치에 비례하여 결정한다.

	영업권	비지배지분
①	₩80,000	₩190,000
②	₩80,800	₩204,000
③	₩81,600	₩204,000
④	₩81,600	₩206,000
⑤	₩82,000	₩206,000

35 기업회계기준서 제1109호 '금융상품'에 대한 다음 설명 중 옳지 않은 것은?

① 인식된 자산이나 부채, 인식되지 않은 확정계약, 예상거래나 해외사업장순투자는 위험회피대상항목이 될 수 있다. 이 중 위험회피대상항목이 예상거래(또는 예상거래의 구성요소)인 경우 그 거래는 발생 가능성이 매우 커야 한다.

② 사업결합에서 사업을 취득하기로 하는 확정계약은 외화위험을 제외하고는 위험회피대상항목이 될 수 없다. 그러나 지분법적용투자주식과 연결대상 종속기업에 대한 투자주식은 공정가치위험회피의 위험회피대상항목이 될 수 있다.

③ 해외사업장순투자의 위험회피에 대한 회계처리 시, 위험회피수단의 손익 중 위험회피에 효과적인 것으로 결정된 부분은 기타포괄손익으로 인식하고 비효과적인 부분은 당기손익으로 인식한다.

④ 현금흐름위험회피가 위험회피회계의 적용조건을 충족한다면 위험회피대상항목과 관련된 별도의 자본요소(현금흐름위험회피적립금)는 (1) 위험회피 개시 이후 위험회피수단의 손익누계액과 (2) 위험회피 개시 이후 위험회피대상항목의 공정가치(현재가치) 변동 누계액 중 적은 금액(절대금액 기준)으로 조정한다.

⑤ 외화위험회피의 경우 비파생금융자산이나 비파생금융부채의 외화위험 부분은 위험회피수단으로 지정할 수 있다. 다만, 공정가치의 변동을 기타포괄손익으로 표시하기로 선택한 지분상품의 투자는 제외한다.

01 1. 정보가 유용하기 위해서는 목적적합하고 충실하게 표현되어야 한다. 그 이유는 목적적합하지 않은 현상에 대한 표현충실성과 목적적합한 현상에 대한 충실하지 못한 표현 모두 정보이용자가 좋은 결정을 내리는 데 도움이 되지 않기 때문이다.

2. 근본적 질적 특성을 적용하기 위한 가장 효율적이고 효과적인 절차는 일반적으로 다음과 같다.
   (1) 보고기업의 재무정보 이용자에게 유용할 수 있는 경제적 현상을 식별한다.
   (2) 이용가능하고 충실히 표현될 수 있다면 가장 목적적합하게 될, 그 현상에 대한 정보의 유형을 식별한다.
   (3) 그 정보가 이용가능하고 충실하게 표현될 수 있는지 결정한다.

3. 만약 식별된 경제적 현상의 목적적합한 정보의 유형이 충실하게 표현된다면, 근본적 질적 특성의 충족 절차는 그 시점에 끝나게 된다. 그러하지 않은 경우에는 차선의 목적적합한 유형의 정보에 대해 그 절차를 반복해야 한다.

02 1. 법인세비용차감전순이익: x

2. 영업에서 창출된 현금

법인세비용차감전순이익	₩x
이자비용	5,000
배당금수익	(1,500)
감가상각비	2,000
유형자산처분이익	(1,000)
재고자산(순액)의 증가	(3,000)
매입채무의 증가	4,000
매출채권(순액)의 증가	(2,500)
영업에서 창출된 현금	₩100,000
이자지급	(6,500)[1]
배당금수취	2,500[2]
법인세지급	(6,000)[3]
영업활동현금흐름	₩90,000

[1] 이자지급: 이자비용 ₩(5,000) − 미지급이자의 감소 ₩1,500 = ₩(6,500)
[2] 배당금수취: 배당금수익 ₩1,500 + 미수배당금의 감소 ₩1,000 = ₩2,500
[3] 법인세지급: 법인세비용 ₩(4,000) − 미지급법인세의 감소 ₩2,000 = ₩(6,000)

∴ 법인세비용차감전순이익(x) = ₩97,000

03 **1. 지문해설**

① 20×2년 말 투자부동산: ₩880,000(공정가치)
② 20×2년도 투자부동산평가손실: ₩880,000 - ₩950,000 = ₩(70,000)
③ 20×2년 재무제표에 비교 표시되는 20×1년 말 재무상태표상 투자부동산: ₩950,000
  ◈ 투자부동산을 원가모형에서 공정가치모형으로 변경하는 것은 회계정책의 변경에 해당하므로 소급적용하여 비교 표시되는 전기 재무제표를 재작성한다. 따라서 비교 표시되는 20×1년 말 투자부동산의 장부금액은 20×1년 말의 공정가치인 ₩950,000이다.
④ 20×2년 재무제표에 비교 표시되는 20×1년도 포괄손익계산서상 감가상각비: ₩0
  ◈ 투자부동산을 원가모형에서 공정가치모형으로 변경하는 것은 회계정책의 변경에 해당하므로 소급적용하여 비교 표시되는 전기 재무제표를 재작성한다. 따라서 비교 표시되는 20×1년도 포괄손익계산서상 감가상각비는 영(₩0)이다.
⑤ 20×2년에 재무제표에 비교 표시되는 20×1년 말 재무상태표상 이익잉여금: ₩350,000[1]

[1] 비교 표시되는 20×1년 말 이익잉여금

원가모형의 이익잉여금	₩300,000
감가상각비 취소(20×1년)	100,000
투자부동산평가손실	(50,000)
	₩350,000

2. 회계처리

20×1년 초	(차) 투자부동산	1,000,000	(대) 현금	1,000,000
20×1년 말	(차) 감가상각비 [1] (₩1,000,000 - ₩0) ÷ 10년 = ₩100,000	100,000[1]	(대) 감가상각누계액	100,000
20×2년	(차) 감가상각누계액	100,000	(대) 투자부동산 이익잉여금	50,000 50,000
	(차) 투자부동산평가손실 [1] ₩880,000 - ₩950,000 = (-)₩70,000	70,000[1]	(대) 투자부동산	70,000

04 **1. 선택형 주식기준보상거래: 기업이 결제방식을 선택할 수 있는 경우**

(1) 기업이 현금이나 지분상품발행으로 결제할 수 있는 선택권을 갖는 조건이 있는 주식기준보상거래의 경우에는, 현금을 지급해야 하는 현재의무가 있는지를 결정하고 그에 따라 주식기준보상거래를 회계처리한다.
(2) 현금을 지급해야 할 현재의무가 있는 경우: 현금을 지급해야 하는 현재의무가 있는 경우에는 현금결제형 주식기준보상거래로 보아 회계처리한다.
(3) 현금을 지급해야 할 현재의무가 없는 경우: 현금을 지급해야 하는 현재의무가 없는 경우에는 주식결제형 주식기준보상거래로 보아 회계처리한다.

2. (A) 현금을 지급해야 하는 현재의무가 ㈜대한에게 있는 경우

(1) 현금을 지급해야 하는 현재의무가 있는 경우에는 현금결제형 주식기준보상거래로 보아 회계처리한다.
(2) 20×1년도에 ㈜대한이 인식할 주식보상비용: 1,000주 × ₩520 × 1/2 = ₩260,000

3. (B) 현금을 지급해야 하는 현재의무가 ㈜대한에게 없는 경우

(1) 현금을 지급해야 하는 현재의무가 없는 경우에는 주식결제형 주식기준보상거래로 보아 회계처리한다.
(2) 20×1년도에 ㈜대한이 인식할 주식보상비용: 1,200주 × ₩400 × 1/2 = ₩240,000

05

창고에 보관 중인 상품	₩2,000,000
(1) 선적지인도조건의 매입	250,000
(2) 타회사 위탁판매재고: ₩150,000 - ₩40,000 =	(110,000)
(3) 재매입약정	80,000
(4) 위탁판매: ₩500,000 × (1 - 80%) =	100,000
(5) 시용판매: 4개 × ₩50,000 =	200,000
20×1년 재무상태표상 기말 재고자산	₩2,520,000

06 1. 20×1년 재무상태표상 기말 재고자산

항목	① 장부금액	② 순실현가능가치	항목별 기준 기말 재고자산 Min[①, ②]	조별 기준 기말 재고자산 Min[①, ②]
A1	110개 × ₩800 = ₩88,000	110개 × ₩700 = ₩77,000	₩77,000	
A2	200개 × ₩1,000 = ₩200,000	200개 × ₩950 = ₩190,000	₩190,000	
소계	₩288,000	₩267,000		₩267,000
B1	280개 × ₩900 = ₩252,000	280개 × ₩800 = ₩224,000	₩224,000	
B2	300개 × ₩1,050 = ₩315,000	300개 × ₩1,150 = ₩345,000	₩315,000	
소계	₩567,000	₩569,000		₩567,000
합계			₩806,000	₩834,000

2. 항목별 기준 매출원가: 기초 재고자산 + 당기순매입액 − 기말 재고자산 = ₩855,000 + ₩7,500,000 − ₩806,000 = ₩7,549,000

3. 조별 기준 매출원가: 기초 재고자산 + 당기순매입액 − 기말 재고자산 = ₩855,000 + ₩7,500,000 − ₩834,000 = ₩7,521,000

해설
재고자산을 순실현가능가치로 감액하는 저가법은 항목별로 적용한다. 그러나 경우에 따라서는 서로 비슷하거나 관련된 항목들을 통합하여 적용하는 것(조별 기준)이 적절할 수 있다. 이러한 경우로는 재고자산 항목이 비슷한 목적 또는 최종 용도를 갖는 같은 제품군과 관련되고, 같은 지역에서 생산되어 판매되며, 실무적으로 그 제품군에 속하는 다른 항목과 구분하여 평가할 수 없는 경우를 들 수 있다. 그러나 재고자산의 분류(예 완제품)나 특정 영업부문에 속하는 모든 재고자산에 기초(총계 기준)하여 저가법을 적용하는 것은 적절하지 않다.

07 1. 20×1년도 자본의 증감액: (1) + (2) = ₩(90,000) 감소
    (1) 감가상각비: (₩600,000 − ₩50,000) ÷ 5년 = ₩(110,000)
    (2) 재평가이익: ₩510,000 − (₩600,000 − ₩110,000) = ₩20,000

2. 20×2년도 자본의 증감액: (1) + (2) = ₩(145,000) 감소
    (1) 감가상각비: (₩510,000 − ₩50,000) ÷ 4년 = ₩(115,000)
    (2) 재평가손실: ₩365,000 − (₩510,000 − ₩115,000) = ₩(30,000)

별해
1. 20×1년도 자본의 증감액: 기말 장부금액 − 기초 장부금액 = ₩510,000 − ₩600,000 = ₩(90,000)

2. 20×2년도 자본의 증감액: 기말 장부금액 − 기초 장부금액 = ₩365,000 − ₩510,000 = ₩(145,000)

08 1. 연평균지출액: ₩3,000,000 × 12/12 + ₩5,000,000 × 6/12 + ₩4,000,000 × 3/12 = ₩6,500,000

2. 자본화이자율: $\dfrac{₩6,000,000 × 10\% × 12/12 + ₩8,000,000 × 6\% × 9/12}{₩6,000,000 × 12/12 + ₩8,000,000 × 9/12} = \dfrac{₩960,000}{₩12,000,000} = 8\%$

3. 자본화가능차입원가
    특정차입금: ₩4,000,000 × 8% × 12/12 − ₩1,000,000 × 5% × 6/12 =   ₩295,000
    일반차입금: {₩6,500,000 − (₩4,000,000 × 12/12 − ₩1,000,000 × 6/12)} × 8% = ₩240,000(한도: ₩960,000) =   240,000
       계   ₩535,000

09 1. 20×1년 감가상각비: ₩80,000 ÷ 5년 = ₩16,000

2. 20×1년 유형자산손상차손: ₩14,000

장부금액: ₩80,000 × 4/5 =	₩64,000
회수가능액	(50,000)
유형자산손상차손	₩14,000

3. 20×2년 감가상각비: (₩50,000 - ₩5,000) ÷ 6년 = ₩7,500

4. 20×2년 유형자산손상차손: ₩12,500

장부금액: ₩50,000 - ₩7,500 =	₩42,500
회수가능액	(30,000)
유형자산손상차손	₩12,500

5. 20×2년 12월 31일 재무상태표에 동 기계장치의 손상차손누계액으로 표시할 금액: ₩14,000 + ₩12,500 = ₩26,500

10 1. 일반적으로 무형자산을 개별 취득하기 위하여 지급하는 가격에는 그 자산이 갖는 기대 미래경제적효익이 기업에 유입될 확률에 대한 기대를 반영하고 있다. 따라서 개별 취득하는 무형자산은 미래경제적효익이 유입될 시기와 금액이 불확실하더라도 기업에 미래경제적효익의 유입이 있을 것으로 기대하고 있어, 미래경제적효익이 유입될 가능성이 높다는 인식기준을 항상 충족하는 것으로 본다.

2. 개별 취득하는 무형자산의 원가는 일반적으로 신뢰성 있게 측정할 수 있으며, 개별 취득하는 무형자산의 원가는 다음 항목으로 구성된다.
   (1) 구입가격: 관세 및 환급불가능한 취득 관련 세금을 가산하고 매입할인과 리베이트 등을 차감한 구입가격
   (2) 기타 원가: 자산을 의도한 목적에 사용할 수 있도록 준비하는 데 직접 관련되는 원가
      • 그 자산을 사용 가능한 상태로 만드는 데 직접적으로 발생하는 종업원급여
      • 그 자산을 사용 가능한 상태로 만드는 데 직접적으로 발생하는 전문가 수수료
      • 그 자산이 적절하게 기능을 발휘하는지 검사하는 데 발생하는 원가

3. 유의할 점은 미래경제적효익을 얻기 위해 지출이 발생하더라도 인식할 수 있는 무형자산이나 다른 자산이 획득 또는 창출되지 않는다면 발생시점에 즉시 비용으로 인식해야 한다는 것이다. 이러한 예는 다음과 같다.
   (1) 사업개시활동에 대한 지출
   (2) 교육훈련을 위한 지출
   (3) 광고 및 판매촉진 활동을 위한 지출(우편 주문 카탈로그 포함)
   (4) 기업의 전부나 일부의 이전 또는 조직 개편에 관련된 지출

11 1. 20×1년 말 재무상태표상 자본의 총계

20×1년 기초자본	₩9,500,000
3월 1일(자기주식 취득): 60주 × ₩6,000 =	(360,000)
5월 10일(자기주식 처분): 20주 × ₩7,500 =	150,000
7월 25일(자기주식 처분): 10주 × ₩5,000 =	50,000
9월 15일(자기주식 처분): 20주 × ₩4,500 =	90,000
10월 30일(자기주식 소각)	-
11월 20일(자기주식 수증)	-
당기순이익	300,000
20×1년 기말자본	₩9,730,000

2. 회계처리

20×1. 3. 1.	(차) 자기주식	360,000[1]	(대) 현금		360,000
	[1] 60주 × ₩6,000 = ₩360,000				
20×1. 5. 10.	(차) 현금	150,000[1]	(대) 자기주식		120,000[2]
			자기주식처분이익		30,000
	[1] 20주 × ₩7,500 = ₩150,000				
	[2] 20주 × ₩6,000 = ₩120,000				
20×1. 7. 25.	(차) 현금	50,000[1]	(대) 자기주식		60,000[2]
	자기주식처분이익	10,000			
	[1] 10주 × ₩5,000 = ₩50,000				
	[2] 10주 × ₩6,000 = ₩60,000				
20×1. 9. 15.	(차) 현금	90,000[1]	(대) 자기주식		120,000[2]
	자기주식처분이익	20,000			
	자기주식처분손실	10,000			
	[1] 20주 × ₩4,500 = ₩90,000				
	[2] 20주 × ₩6,000 = ₩120,000				
20×1. 10. 30.	(차) 자본금	50,000[1]	(대) 자기주식		60,000[2]
	감자차손	10,000			
	[1] 10주 × ₩5,000 = ₩50,000				
	[2] 10주 × ₩6,000 = ₩60,000				
20×1. 11. 20.	N/A				
20×1. 12. 31.	(차) 집합손익	300,000	(대) 이익잉여금		300,000

해설
자기주식을 주주로부터 증여받은 경우에는 회계처리를 하지 않는다. 왜냐하면 자본은 평가의 대상이 아니므로 주주로부터 증여받은 금액을 신뢰성 있게 측정할 수 없으며, 자기주식을 차기하고 자산수증이익(자본잉여금)을 대기하면 자본의 총계에 미치는 영향이 없으므로 회계처리의 실익이 없기 때문이다.

---

12 변경 전 총장부금액: ₩1,000,000 × 0.9091 + ₩70,000 × 0.9091 = ₩972,737
변경 후 총장부금액: ₩1,000,000 × 0.7513 + ₩50,000 × 2.4868 = 875,640
변경손실 ₩97,097 (단수차이)

---

13 1. 20×1년 초 취득금액: ₩240,000 × 3.1698 + ₩3,000,000 × 0.6830 = ₩2,809,752

2. 20×1년 금융자산손상차손

구분	계산근거	금액
총장부금액	₩2,809,752 × 1.1 − ₩240,000 =	₩2,850,727
상각후원가	₩150,000 × 2.4868 + ₩2,000,000 × 0.7513 =	(1,875,620)
당기 말 기대신용손실		₩975,107
전기 말 기대신용손실		−
금융자산손상차손		₩975,107

3. 20×2년 금융자산손상차손환입

구분	계산근거	금액
상각후원가	₩210,000 × 1.7355 + ₩2,000,000 × 0.8264 =	₩2,017,255
장부금액	₩1,875,620 × 1.1 − ₩150,000 =	(1,913,182)
금융자산손상차손환입		₩104,073

14 ② 양도자가 발생 가능성이 높은 신용손실의 보상을 양수자에게 보증하면서 단기 수취채권을 매도한 것은 양도자가 소유에 따른 위험과 보상의 대부분을 보유하는 경우의 예이다.

③ 금융자산을 기타포괄손익 – 공정가치 측정 범주에서 당기손익 – 공정가치 측정 범주로 재분류하는 경우에 계속 공정가치로 측정한다. 재분류 전에 인식한 기타포괄손익누계액은 재분류일에 재분류조정으로 자본에서 당기손익으로 재분류한다.

④ 양도자가 매도한 금융자산을 재매입시점의 공정가치로 재매입할 수 있는 권리를 보유하고 있는 것은 양도자가 소유에 따른 위험과 보상의 대부분을 이전하는 경우의 예이다.

⑤ 양도자가 매도 후에 미리 정한 가격으로 또는 매도가격에 양도자에게 금전을 대여하였더라면 그 대가로 받았을 이자수익을 더한 금액으로 양도자산을 재매입하는 거래는 양도자가 소유에 따른 위험과 보상의 대부분을 보유하는 경우의 예이다.

15 **1. 신주인수권가치**
(1) 신주인수권부사채의 발행금액: ₩1,000,000
(2) 신수인수권부사채의 현재가치: ₩100,000 × 2.4019 + ₩1,000,000 × 0.7118 = ₩951,990
(3) 신주인수권가치(신주인수권대가): (1) – (2) = ₩1,000,000 – ₩951,990 = ₩48,010

2. 유효이자율법에 의한 상각표

일자	장부금액 (상각후원가)	유효이자 (장부금액 × 12%)	액면이자 (액면금액 × 10%)	상각액 (유효이자 – 액면이자)
20×1년 초	₩951,990			
20×1년 말	966,229	₩114,239	₩100,000	₩14,239
20×2년 말	982,176	115,947	100,000	15,947
20×3년 말	1,000,000	117,824[1]	100,000	17,824
계		₩348,010	₩300,000	₩48,010

[1] 단수차이조정

3. 지문해설
① 20×1년 1월 1일 신주인수권부사채 발행시점의 자본요소(신주인수권대가)는 ₩48,010이다.
② 20×2년도 포괄손익계산서에 인식할 이자비용은 ₩115,947이다.
③ 20×2년 말 재무상태표에 부채로 계상할 신주인수권부사채의 장부금액은 ₩982,176이다.
④ 20×3년 1월 1일 신주인수권의 행사로 증가하는 주식발행초과금은 ₩319,204[1]이다.
  [1] (현금납입액 + 신주인수권대가 – 액면금액) × 행사비율 = (₩1,000,000 + ₩48,010 – 50주 × ₩5,000) × 40% = ₩319,204
⑤ 20×3년도 포괄손익계산서에 인식할 이자비용은 ₩117,824(단수차이조정)이다.

16 당기에 취득하여 보유 중인 토지에 재평가모형을 적용하여 토지의 장부금액이 세무기준액보다 높은 경우에는 이연법인세부채를 인식하며, 이로 인한 이연법인세효과는 기타포괄손익으로 인식한다.

17

구분	기초	+	근무원가	+	순이자원가	+	기여금	+	퇴직금	+	재측정요소	=	기말
확정급여채무	(1,200,000)	+	(300,000)[1]	+	(84,000)[2]	+			150,000	+	(466,000)[4]	=	(1,900,000)
사외적립자산	1,000,000	+			70,000[3]	+	200,000	+	(150,000)	+	x[5]	=	1,500,000
순확정급여부채	(200,000)	+	(300,000)	+	(14,000)	+	200,000	+	0	+	(86,000)	=	(400,000)
			NI		NI						OCI		부채

[1] 근무원가: ₩300,000
[2] 이자원가: ₩1,200,000 × 7% = ₩84,000
[3] 이자수익: ₩1,000,000 × 7% = ₩70,000
[4] 확정급여채무의 재측정요소: ₩(466,000)
[5] 사외적립자산의 재측정요소: x = ₩380,000(역산)

∴ (A) 20×2년 말 현재 사외적립자산의 공정가치 금액: ₩(400,000) – ₩(1,900,000) = ₩1,500,000
   (B) 확정급여제도 적용이 20×2년도 당기순이익에 미치는 영향: ₩(300,000) + ₩(14,000) = ₩(314,000) 감소

18 기업이 공개매수 방식으로 우선주를 재매입할 때 우선주 주주에게 지급한 대가의 공정가치가 우선주의 장부금액을 초과하는 부분은 우선주 주주에 대한 이익배분으로서 이익잉여금에서 차감한다. 이 금액은 보통주에 귀속되는 당기순손익을 계산할 때 차감한다. 반면에, 우선주의 장부금액이 우선주의 매입을 위하여 지급하는 대가의 공정가치를 초과하는 경우 그 차액을 보통주에 귀속되는 당기순손익을 계산할 때 가산한다.

19 1. 20×1년 상각액: 유효이자 − 액면이자 = ₩148,420 − ₩120,000 = ₩28,420

   2. 20×2년 상각액: 유효이자 − 액면이자 = ₩152,400 − ₩120,000 = ₩32,400

   3. 20×2년 상각액/20×1년 상각액 = 1 + 유효이자율
      ₩32,400/₩28,420 = 1 + 유효이자율
      ∴ 유효이자율 = 14%

20 20×1년 말 ㈜대한의 재무상태표에 표시되는 충당부채: (1) + (2) = ₩90,000
  (1) 해저유전: ₩90,000
     유정 굴착장치의 건설은 굴착장치 제거와 해저 원상 복구를 해야 하는 라이선스 조건에 따라 법적의무를 생기게 하므로 의무발생사건이다. 그러나 보고기간 말에는 석유의 채굴로 생길 손상을 바로 잡을 의무는 없다. 또한, 해당 의무 이행에 따른 경제적효익이 있는 자원의 유출 가능성이 높다. 따라서 토지 정화원가의 최선의 추정치로 충당부채를 인식한다. 유정 굴착장치 제거와 그 장치의 건설로 말미암은 손상의 원상 복구에 관련된 원가(최종 원가의 90%)의 최선의 추정치로 충당부채를 인식한다. 이 원가는 유정 굴착장치의 원가의 일부가 된다. 석유 채굴로 생기는 나머지 10%의 원가는 석유를 채굴할 때 부채로 인식한다.
  (2) 소송사건: ₩0
     재무제표가 승인되는 시점에 사용 가능한 증거에 따르면 과거 사건의 결과로 생기는 의무는 없으므로 충당부채를 인식하지 아니한다. 다만, 유출될 가능성이 희박하지 않다면 그 사항을 우발부채로 공시한다.

21 ① 일반적으로 고객과의 계약에는 기업이 고객에게 이전하기로 약속하는 재화나 용역을 분명히 기재한다. 그러나 고객과의 계약에서 식별되는 수행의무는 계약에 분명히 기재한 재화나 용역에만 한정되지 않을 수 있다. 이는 계약 체결일에 기업의 사업 관행, 공개한 경영방침, 특정 성명서에서 암시되는 약속이 기업이 재화나 용역을 고객에게 이전할 것이라는 정당한 기대를 하도록 한다면, 이러한 약속도 고객과의 계약에 포함될 수 있기 때문이다.
  ② 계약을 이행하기 위해 수행해야 하지만 고객에게 재화나 용역을 이전하는 활동이 아니라면 그 활동은 수행의무에 포함되지 않는다. 예를 들면 용역 제공자는 계약을 준비하기 위해 다양한 관리 업무를 수행할 필요가 있을 수 있다. 관리 업무를 수행하더라도, 그 업무를 수행함에 따라 고객에게 용역이 이전되지는 않기 때문에 그 준비 활동은 수행의무가 아니다.
  ③ 변동대가와 관련된 불확실성이 나중에 해소될 때, 이미 인식한 누적 수익 금액 중 유의적인 부분을 되돌리지(환원하지) 않을 가능성이 매우 높은 정도까지만 추정된 변동대가의 일부나 전부를 거래가격에 포함한다. 변동대가 추정치 중 제약받는 금액은 거래가격에 포함하지 않는다.
  ④ 거래가격(Transaction Price)은 고객에게 약속한 재화나 용역을 이전하고 그 대가로 기업이 받을 권리를 갖게 될 것으로 예상하는 금액이며, 제3자를 대신해서 회수한 금액(예 일부 판매세)은 제외한다.

22 계약 당사자들끼리 계약변경 범위나 가격(또는 둘 다)에 다툼이 있거나, 당사자들이 계약 범위의 변경을 승인하였지만 아직 이에 상응하는 가격변경을 결정하지 않았더라도, 계약변경은 존재할 수 있다. 계약변경으로 신설되거나 변경되는 권리와 의무를 집행할 수 있는지를 판단할 때에는 계약 조건과 그 밖의 증거를 포함하여 관련 사실 및 상황을 모두 고려한다. 계약 당사자들이 계약 범위의 변경을 승인하였으나 아직 이에 상응하는 가격변경을 결정하지 않은 경우에 계약변경으로 생기는 거래가격의 변경은 추정한다.

해커스 회계사 IFRS **김원종 재무회계 1차 기출문제집**

2019년

23 1. 제품 A의 회계처리

20×1. 10. 1.	N/A			
20×1. 11. 30.	(차) 현금 수취채권	300 700	(대) 계약부채	1,000
20×2. 1. 15.	(차) 현금	700	(대) 수취채권	700
20×2. 1. 31.	(차) 계약부채	1,000	(대) 수익	1,000

2. 제품 B와 제품 C의 회계처리

20×1. 11. 30.	(차) 계약자산	400	(대) 수익	400
20×2. 1. 31.	(차) 수취채권	1,000	(대) 수익 계약자산	600 400

3. 수취채권: ₩700, 계약자산: ₩400, 계약부채: ₩1,000

해설

1. 취소할 수 없는 계약의 경우 대가의 지급기일 20×1년 11월 30일에 기업은 대가를 받을 무조건적 권리를 가지고 있으므로 수취채권과 수취한 현금을 인식하고 동 금액을 계약부채로 인식한다.

2. 대가 ₩1,000은 ㈜대한이 고객에게 제품 B와 C 모두를 이전한 다음에만 받을 권리가 생긴다. 따라서 기업은 제품 B와 제품 C 모두를 고객에게 이전할 때까지 대가를 받을 무조건적인 권리(수취채권)가 없다.

24 ① 단기리스는 리스개시일에, 리스기간이 12개월 이하인 리스를 말한다. 따라서 리스기간이 12개월을 초과하고 기초자산이 소액이 아닌 모든 리스에 대하여 리스이용자는 자산과 부채를 인식하여야 한다.
② 단기리스나 소액 기초자산 리스에 사용권자산과 리스부채를 인식하지 않기로 선택한 경우에 리스이용자는 해당 리스에 관련되는 리스료를 리스기간에 걸쳐 정액 기준이나 다른 체계적인 기준에 따라 비용으로 인식한다. 다른 체계적인 기준이 리스이용자의 효익의 형태를 더 잘 나타내는 경우에는 그 기준을 적용한다.
③ 기초자산이 소액인지는 절대적 기준에 따라 평가한다. 소액자산 리스는 그 리스가 리스이용자에게 중요한지와 관계없이 그 평가는 리스이용자의 규모, 특성, 상황에 영향을 받지 않는다. 따라서 서로 다른 리스이용자라도 특정한 기초자산이 소액인지에 대해서는 같은 결론에 이를 것으로 예상된다.
④ 단기리스에 대한 선택은 사용권이 관련되어 있는 기초자산의 유형별로 한다. 기초자산의 유형은 기업의 영업에서 특성과 용도가 비슷한 기초자산의 집합이다.
⑤ 소액 기초자산 리스에 대한 선택은 리스별로 할 수 있다.

25 1. ㈜대한리스의 20×1년도 당기순이익에 미치는 영향: (2) = ₩131,853 증가
   (1) 20×1년 초 리스채권: ₩1,288,530 + ₩30,000 = ₩1,318,530
   (2) 20×1년 이자수익: ₩1,318,530 × 10% = ₩131,853

  2. ㈜민국의 20×1년도 당기순이익에 미치는 영향: (3) + (4) = ₩(466,486) 감소
   (1) 20×1년 초 리스부채: ₩500,000 × 2.4868 + ₩100,000 × 0.7513 = ₩1,318,530
   (2) 20×1년 초 사용권자산: ₩1,318,530 + ₩20,000 = ₩1,338,530
   (3) 20×1년 이자비용: ₩1,318,530 × 10% = ₩(131,853)
   (4) 20×1년 감가상각비: ₩1,338,530 ÷ 4년(내용연수) = ₩(334,633)

26 ① 사업은 투입물(Input) 그리고 그 투입물에 적용하여 산출물(Output)을 창출할 수 있는 과정(Process)으로 구성하며, 이를 사업의 3가지 요소라고 말한다. 사업은 보통 산출물이 있지만, 산출물은 사업의 정의를 충족하기 위한 통합된 집합에 반드시 필요한 요소는 아니다.

②③ K-IFRS 제1103호 '사업결합'은 사업결합의 정의를 충족하는 거래나 그 밖의 사건에 적용한다. 따라서 다음의 경우에는 적용하지 아니한다.

> a. 공동약정 자체의 재무제표에서 공동약정의 구성에 대한 회계처리
> b. 사업을 구성하지 않는 자산이나 자산 집단의 취득
> c. 동일 지배하에 있는 기업이나 사업 간의 결합

④ 취득일은 피취득자에 대한 지배력을 획득한 날이다. 일반적으로 취득자가 피취득자에 대한 지배력을 획득한 날은 취득자가 법적으로 대가를 이전하여, 피취득자의 자산을 취득하고 부채를 인수한 날인 종료일이다. 그러나 취득자는 종료일보다 이른 날 또는 늦은 날에 지배력을 획득하는 경우도 있다. 예를 들어 서면합의로 취득자가 종료일 전에 피취득자에 대한 지배력을 획득한다면 취득일은 종료일보다 이른 날이 된다.

⑤ 취득자는 때로 대가를 이전하지 않고 피취득자에 대한 지배력을 획득한다. 이러한 결합의 경우에는 사업결합 회계처리방법인 취득법을 적용한다. 이러한 상황에는 다음과 같은 경우 등이 있다.

> a. 기존 투자자(취득자)가 지배력을 획득할 수 있도록, 피취득자가 충분한 수량의 자기주식을 다시 사는 경우
> b. 피취득자 의결권의 과반수를 보유하고 있는 취득자가 피취득자를 지배하는 것을 막고 있던 소수거부권이 소멸한 경우
> c. 취득자와 피취득자가 계약만으로 사업결합하기로 약정한 경우. 취득자는 피취득자에 대한 지배력과 교환하여 대가를 이전하지 않으며, 취득일이나 그 이전에도 피취득자의 지분을 보유하지 않는다. 계약만으로 이루어지는 사업결합의 예로는 단일화 약정으로 두 개의 사업을 통합하거나 이중 상장기업을 설립하는 경우 등을 들 수 있다.

27 1. (가) 별도의 사업을 구성하고 ㈜대한이 지배력을 획득하여 사업결합 회계처리를 하는 상황
   (1) 회계처리

20×1. 7. 1.	(차) 토지	220,000	(대) 현금	450,000
	건물	200,000	염가매수차익	50,000
	기계장치	80,000		
20×1. 12. 31.	(차) 감가상각비	10,000[1)	(대) 감가상각누계액	10,000
	(차) 감가상각비	8,000[2)	(대) 감가상각누계액	8,000

1) (₩200,000 − ₩0) ÷ 10년 × 6/12 = ₩10,000
2) (₩80,000 − ₩0) ÷ 5년 × 6/12 = ₩8,000

   (2) 당기순이익에 미치는 영향: ₩50,000 − ₩10,000 − ₩8,000 = ₩32,000 증가

2. (나) 별도의 사업을 구성하지 못하여 ㈜대한이 자산 집단을 구성하는 각 자산의 취득원가를 결정하기 위한 회계처리를 하는 상황
   (1) 회계처리

20×1. 7. 1.	(차) 토지	198,000[1)	(대) 현금	450,000
	건물	180,000[2)		
	기계장치	72,000[3)		

1) ₩450,000 × ₩220,000/₩500,000 = ₩198,000
2) ₩450,000 × ₩200,000/₩500,000 = ₩180,000
3) ₩450,000 × ₩80,000/₩500,000 = ₩72,000

20×1. 12. 31.	(차) 감가상각비	9,000[1)	(대) 감가상각누계액	9,000
	(차) 감가상각비	7,200[2)	(대) 감가상각누계액	7,200

1) (₩180,000 − ₩0) ÷ 10년 × 6/12 = ₩9,000
2) (₩72,000 − ₩0) ÷ 5년 × 6/12 = ₩7,200

   (2) 당기순이익에 미치는 영향: ₩(9,000) + ₩(7,200) = ₩(16,200) 감소
   (3) 사업을 구성하지 않는 자산이나 자산 집단의 취득의 경우 원가는 일괄구입으로 간주하여 매수일의 상대적 공정가치에 기초하여 각각의 식별할 수 있는 자산과 부채에 배분한다.

28 종속기업, 공동기업, 관계기업에서 받는 배당금은 기업이 배당을 받을 권리가 확정되는 시점에 그 기업의 별도재무제표에 인식한다. 기업이 배당금을 투자자산의 장부금액에서 차감하는 지분법을 사용하지 않는다면 배당금은 당기손익으로 인식한다.

29

피투자자 순자산 장부금액: ₩1,200,000 + ₩100,000 + ₩50,000 =	₩1,350,000
피투자자의 상향 내부거래 미실현손익의 잔액	–
피투자자의 순자산 공정가치	₩1,350,000
× 투자자의 지분율	× 30%
① 피투자자 순자산공정가치에 대한 지분	₩405,000
② 영업권	–[1]
③ 투자자의 하향 내부거래 미실현손익 잔액 × 투자자의 지분율	
재고자산: ₩17,500 × 20% × 30% =	(1,050)
관계기업투자(① + ② + ③)	₩403,950

[1] ₩350,000 – ₩1,200,000 × 30% = ₩(10,000) 염가매수차익

30

피투자자의 보고된 당기순손실	₩(100,000)
피투자자의 상향 내부거래 제거	–
피투자자의 조정 후 당기순이익	₩(100,000)
× 투자자의 지분율	× 30%
① 피투자자의 조정 후 당기순이익에 대한 지분	₩(30,000)
② 투자자의 하향 내부거래 제거 × 투자자의 지분율	
재고자산: ₩17,500 × 20% × 30% =	1,050
③ 염가매수차익	–
지분법손익(① + ② + ③)	₩(28,950)

31 **1. 20×1년 말 비지배지분: 종속기업 순자산 공정가치 × 비지배지분율**

20×1년 말 ㈜민국의 순자산 장부금액: ₩1,500,000 + ₩80,000 =	₩1,580,000
20×1년 말 투자차액 미상각잔액	–
20×1년 말 상향거래 미실현손익의 잔액	
재고자산: ₩15,000 × 20% =	(3,000)
20×1년 말 ㈜민국의 순자산 공정가치	₩1,577,000
× 비지배지분율	× 20%
20×1년 말 비지배지분	₩315,400

2. 20×2년 토지 내부거래 연결조정분개

토지 내부거래(하향)	(차) 이익잉여금 20,000 (대) 재평가잉여금 20,000[1] [1] 연결재무제표상 재평가잉여금 – 별도재무제표상 재평가잉여금 = ₩30,000 – ₩10,000 = ₩20,000 ① 연결재무제표상 재평가잉여금: ₩120,000 – ₩90,000 = ₩30,000 ② 별도재무제표상 재평가잉여금: ₩120,000 – ₩110,000 = ₩10,000

32 20×2년 연결당기순이익

	㈜대한		㈜민국	합계
보고된 당기순이익	₩200,000		₩100,000	₩300,000
내부거래 제거				
재고자산 미실현손익	(12,000)		(5,000)	(17,000)
재고자산 실현손익	8,000		3,000	11,000
연결조정 후 당기순이익	₩196,000		₩98,000	₩294,000
∴ 연결당기순이익:	₩196,000	+	₩98,000	= ₩294,000
지배기업소유주귀속당기순이익:	₩196,000	+	₩98,000 × 80%	= ₩274,400
비지배분귀속당기순이익:			₩98,000 × 20%	= ₩19,600

33 1. 20×1년 연결당기순이익

	㈜대한	㈜민국	㈜만세	합계
보고된 당기순이익	₩100,000	₩80,000	₩50,000	₩230,000
내부거래 제거				
기계장치	(18,000)	–	–	(18,000)
재고자산	–	(12,000)	–	(12,000)
연결조정 후 당기순이익	₩82,000	₩68,000	₩50,000	₩200,000

∴ 연결당기순이익: ₩82,000 + ₩68,000 + ₩50,000 = ₩200,000
   지배기업소유주귀속: ₩82,000 + ₩54,400[1] + ₩24,000[3] = ₩160,400
   비지배지분귀속당기순이익[(㈜민국]: ₩13,600[2] + ₩6,000[4] = ₩19,600
   비지배지분귀속당기순이익[(㈜만세]: ₩20,000[5] = ₩20,000

[1] ₩68,000 × 80% = ₩54,400
[2] ₩68,000 × 20% = ₩13,600
[3] ₩50,000 × 80% × 60% = ₩24,000
[4] ₩50,000 × 20% × 60% = ₩6,000
[5] ₩50,000 × 40% = ₩20,000

2. 비지배지분귀속당기순이익: ₩19,600 + ₩20,000 = ₩39,600

34 1. 20×1년 말 영업권: (2) = ₩81,600

(1) 20×1년 초 영업권: (¥80,000 – ¥90,000 × 80%) × ₩10/¥ = ₩80,000
(2) 20×1년 말 영업권: (¥80,000 – ¥90,000 × 80%) × ₩10.2/¥ = ₩81,600

2. 20×1년 말 비지배지분: (1) + (2) + (3) = ₩204,000

(1) 지배력 획득일 현재 비지배지분: ¥90,000 × 20% × ₩10/¥ = ₩180,000
(2) 20×1년 당기순이익에 대한 비지배지분: ¥10,000 × 20% × ₩10.1/¥ = ₩20,200
(3) 20×1년 해외사업환산손익에 대한 비지배지분: ₩19,000 × 20% = ₩3,800

해설

해외사업장의 취득으로 발생하는 영업권과 자산·부채의 장부금액에 대한 공정가치 조정액은 해외사업장의 자산·부채로 본다. 따라서 이러한 영업권과 자산·부채의 장부금액에 대한 공정가치 조정액은 해외사업장의 기능통화로 표시하고 마감환율로 환산한다.

> ✍ **저자 견해 영업권의 환산에서 발생하는 해외사업환산손익**
>
> 영업권을 마감환율로 환산함에 따라 연결재무제표를 작성하는 과정에서 발생하는 해외사업환산이익은 종속기업의 순자산의 증가 또는 감소와 무관하며, 지배기업이 종속기업을 취득할 때 추가로 지급한 금액이므로 지배기업에 전액 귀속시켜야 한다. 따라서 저자는 영업권의 환산에서 발생하는 해외사업환산손익은 지배기업 소유주귀속분과 비지배지분으로 구분하지 않고 전액 지배기업에 귀속시켜야 한다는 견해를 가지고 있다.

35 지분법적용투자주식(관계기업투자)은 공정가치위험회피의 위험회피대상항목이 될 수 없다. 그 이유는 지분법은 투자주식의 공정가치 변동 대신에 피투자기업의 손익 중 투자기업의 몫을 당기손익으로 인식하기 때문이다. 이와 마찬가지로, 연결대상 종속기업에 대한 투자주식은 공정가치위험회피의 위험회피대상항목이 될 수 없다. 그 이유는 연결은 투자주식의 공정가치 변동 대신에 종속기업의 손익을 당기손익으로 인식하기 때문이다.

정답 33 ④ 34 ③ 35 ②

2018년

공인회계사
1차 기출문제

* 공인회계사 1차 회계학 기출문제 중 재무회계에 해당하는 1 ~ 35번 문제를 수록하였습니다.

01 재무보고를 위한 개념체계 중 '유용한 재무정보의 질적 특성'에 관한 다음 설명 중 옳지 않은 것은?

[기출 수정]

① 유용한 재무정보의 질적 특성은 재무보고서에 포함된 정보(재무정보)에 근거하여 보고기업에 대한 의사결정을 할 때 현재 및 잠재적 투자자, 대여자와 그 밖의 채권자에게 가장 유용할 정보의 유형을 식별하는 것이다.

② 유용한 재무정보의 질적 특성은 재무제표에서 제공되는 재무정보에 적용되며, 그 밖의 방법으로 제공되는 재무정보에는 적용되지 않는다.

③ 목적적합한 재무정보는 정보이용자의 의사결정에 차이가 나도록 할 수 있다. 정보는 일부 정보이용자가 이를 이용하지 않기로 선택하거나 다른 원천을 통하여 이미 이를 알고 있다고 할지라도 의사결정에 차이가 나도록 할 수 있다.

④ 재무정보의 예측가치와 확인가치는 상호 연관되어 있으며, 예측가치를 갖는 정보는 확인가치도 갖는 경우가 많다.

⑤ 근본적 질적 특성 중 하나인 표현충실성은 그 자체가 반드시 유용한 정보를 만들어 내는 것은 아니다.

02 기업회계기준서 제1115호 '고객과의 계약에서 생기는 수익'에 대한 다음 설명 중 옳지 않은 것은?

① 계약이란 둘 이상의 당사자 사이에 집행 가능한 권리와 의무가 생기게 하는 합의이다.

② 하나의 계약은 고객에게 재화나 용역을 이전하는 여러 약속을 포함하며, 그 재화나 용역들이 구별된다면 약속은 수행의무이고 별도로 회계처리한다.

③ 거래가격은 고객이 지급하는 고정된 금액을 의미하며, 변동대가는 포함하지 않는다.

④ 거래가격은 일반적으로 계약에서 약속한 각 구별되는 재화나 용역의 상대적 개별 판매가격을 기준으로 배분한다.

⑤ 기업이 약속한 재화나 용역을 고객에게 이전하여 수행의무를 이행할 때(또는 기간에 걸쳐 이행하는 대로) 수익을 인식한다.

03 다음은 ㈜대한이 20×1년 1월 1일 ㈜민국과 체결한 청소용역 계약의 내용이다.

- ㈜대한은 20×1년 1월 1일부터 20×2년 12월 31일까지 2년간 ㈜민국의 본사 건물을 일주일 단위로 청소하고, ㈜민국은 ㈜대한에게 연간 ₩600,000을 매 연도 말에 지급한다.
- 계약 개시시점에 그 용역의 개별 판매가격은 연간 ₩600,000이다. ㈜대한은 용역을 제공한 첫 연도인 20×1년에 ₩600,000을 수령하고 이를 수익으로 인식하였다.
- 20×1년 12월 31일에 ㈜대한과 ㈜민국은 계약을 변경하여 2차 연도의 용역대금을 ₩600,000에서 ₩540,000으로 감액하고 2년을 더 추가하여 계약을 연장하기로 합의하였다.
- 연장기간에 대한 총 대가 ₩1,020,000은 20×3년 말과 20×4년 말에 각각 ₩510,000씩 지급하기로 하였다.
- 2차 연도 개시일에 용역의 개별 판매가격은 연간 ₩540,000이며, 20×2년부터 20×4년까지 3년간 계약의 개별 판매가격의 적절한 추정치는 ₩1,620,000(연간 ₩540,000 × 3년)이다.

상기 거래에 대한 다음 설명 중 옳은 것은? 단, 유의적인 금융요소는 고려하지 않는다.

① 매주의 청소용역이 구별되므로, ㈜대한은 청소용역을 복수의 수행의무로 회계처리할 수 있다.
② 계약변경일에 ㈜대한이 제공할 나머지 용역은 구별되지 않는다.
③ 계약변경일에 ㈜대한이 나머지 대가로 지급받을 금액은 제공할 용역의 개별 판매가격을 반영하고 있다.
④ ㈜대한은 동 계약변경을 기존 계약의 일부인 것처럼 회계처리하여야 한다.
⑤ ㈜대한이 20×2년에 인식해야 할 수익은 ₩520,000이다.

04 20×1년 1월 1일에 ㈜대한은 특수프린터와 예비부품을 제작하여 판매하기로 ㈜민국과 다음과 같이 계약을 체결하였다.

- 특수프린터와 예비부품의 제작 소요기간은 2년이며, 특수프린터와 예비부품을 이전하는 약속은 서로 구별된다. 제작기간 중 제작을 완료한 부분에 대해 집행가능한 지급청구권이 ㈜대한에는 없다.
- 20×2년 12월 31일에 ㈜민국은 계약조건에 따라 특수프린터와 예비부품을 검사한 후, 특수프린터는 ㈜민국의 사업장으로 인수하고 예비부품은 ㈜대한의 창고에 보관하도록 요청하였다.
- ㈜민국은 예비부품에 대한 법적 권리가 있고 그 부품은 ㈜민국의 소유물로 식별될 수 있다.
- ㈜대한은 자기 창고의 별도 구역에 예비부품을 보관하고 그 부품은 ㈜민국의 요청에 따라 즉시 운송할 준비가 되어 있다.
- ㈜대한은 예비부품을 2년에서 4년까지 보유할 것으로 예상하고 있으며, ㈜대한은 예비부품을 직접 사용하거나 다른 고객에게 넘길 능력은 없다.
- ㈜민국은 특수프린터를 인수한 20×2년 12월 31일에 계약상 대금을 전부 지급하였다.

상기 미인도청구약정에 관한 다음 설명 중 옳지 않은 것은?

① ㈜대한이 계약상 식별해야 하는 수행의무는 두 가지이다.
② 특수프린터에 대한 통제는 ㈜민국이 물리적으로 점유하는 때인 20×2년 12월 31일에 ㈜민국에게 이전된다.
③ ㈜대한은 예비부품에 대한 통제를 ㈜민국에게 이전한 20×2년 12월 31일에 예비부품 판매수익을 인식한다.
④ ㈜대한이 예비부품을 물리적으로 점유하고 있더라도 ㈜민국은 예비부품을 통제할 수 있다.
⑤ ㈜대한은 계약상 지급조건에 유의적인 금융요소가 포함되어 있는지를 고려해야 한다.

※ 다음은 유통업을 영위하는 ㈜대한의 20×1년도 현금흐름표를 작성하기 위한 자료이다. 이를 이용하여 **05 ~ 06**에 답하시오. [기출 수정]

(1) 20×1년 포괄손익계산서의 자료

• 매출	₩435,000	• 차량운반구 감가상각비	₩16,000
• 매출원가	337,000	• 재고자산평가손실(기타비용)	5,000
• 급여	8,000	• 매출채권 외화환산이익	1,000
• 매출채권 손상차손	1,500	• 유형자산처분손실	2,000

(2) 20×1년 재무상태표 관련 자료(단위: ₩)

계정과목	기초	기말
매출채권	92,400	135,500
매출채권손실충당금	4,400	5,500
재고자산	120,000	85,000
재고자산평가충당금	–	5,000
매입채무	70,000	40,000
차량운반구	400,000	371,000
차량운반구감가상각누계액	100,000	77,000

(3) 20×1년 중 취득가액이 ₩40,000(감가상각누계액 ₩20,000)인 차량운반구를 처분하여 처분손실 ₩2,000이 발생하였다. 또한 차량운반구를 ₩50,000에 신규 취득하였으며 이는 당기 중 유일한 취득 거래이다. 당기 중 차량운반구의 증감은 전부 취득과 처분으로 발생한 것이다.

(4) 매출액 중 ₩25,000은 현금매출이며, 나머지는 신용매출이다.

(5) 별도의 언급이 없는 한, 당기 중 거래는 현금으로 이루어졌다.

05 ㈜대한이 20×1년 현금흐름표에 보고할 영업으로부터 창출된 현금은 얼마인가?

① ₩27,500   ② ₩51,500   ③ ₩52,500

④ ₩60,500   ⑤ ₩384,500

06 ㈜대한의 차량운반구 관련 거래가 20×1년도 투자활동현금흐름에 미치는 영향은?

① 현금유출 ₩12,000   ② 현금유출 ₩32,000   ③ 현금유출 ₩50,000

④ 현금유입 ₩30,000   ⑤ 현금유입 ₩38,000

다음은 제조업을 영위하는 ㈜대한의 20×1년도 기말재고자산과 관련된 자료이다.

재고자산	장부재고	실지재고	단위당 원가	단위당 순실현가능가치
원재료	500kg	400kg	₩50/kg	₩45/kg
제품	200개	150개	₩300/개	₩350/개

㈜대한은 재고자산감모손실과 재고자산평가손실(환입)을 매출원가에서 조정하고 있다. 재고자산평가충당금(제품)의 기초잔액이 ₩3,000 존재할 때, ㈜대한의 20×1년도 매출원가에서 조정될 재고자산감모손실과 재고자산평가손실(환입)의 순효과는 얼마인가? 단, ㈜대한은 단일 제품만을 생산·판매하고 있으며, 기초재공품과 기말재공품은 없다.

① 매출원가 차감 ₩3,000
② 매출원가 가산 ₩5,000
③ 매출원가 가산 ₩15,000
④ 매출원가 가산 ₩17,000
⑤ 매출원가 가산 ₩20,000

08 ㈜대한은 20×1년 1월 1일 국가로부터 설비자산 취득목적으로 만기 5년(일시상환), 표시이자율 연 2%(매년 말 지급)로 ₩1,000,000을 차입하여 설비자산(내용연수 5년, 잔존가치 ₩0, 정액법 상각)을 구입하였다. 20×1년 1월 1일 설비자산 구입 당시 ㈜대한이 금전대차거래에서 부담해야 할 시장이자율은 연 10%이다. ㈜대한은 정부보조금을 자산의 취득원가에서 차감하는 원가(자산)차감법을 사용하여 회계처리하고 있다.

㈜대한이 설비자산과 관련하여 20×1년 포괄손익계산서에 인식할 당기비용은? 단, 20×1년에 발생한 비용 중 자본화된 금액은 없다. 10%의 현가계수는 아래 표와 같으며, 단수차이로 인해 오차가 있다면 가장 근사치를 선택한다.

기간	단일금액 ₩1의 현재가치	정상연금 ₩1의 현재가치
5년	0.6209	3.7908

① ₩139,343   ② ₩169,671   ③ ₩200,000
④ ₩209,015   ⑤ ₩248,036

09 유통업을 영위하는 ㈜대한은 20×1년 1월 1일 건물을 ₩10,000에 취득하였다. 건물의 내용연수는 10년, 잔존가치는 ₩0이며, 정액법으로 상각한다. 다음은 20×1년 초부터 20×2년 말까지의 동 건물에 관한 공정가치 정보이다.

20×1년 초	20×1년 말	20×2년 말
₩10,000	₩10,800	₩8,800

㈜대한이 동 건물을 다음과 같은 방법(A ~ C)으로 회계처리하는 경우, 20×2년도 당기순이익 크기 순서대로 올바르게 나열한 것은? 단, 손상차손은 고려하지 않으며, 동 건물의 회계처리를 반영하기 전의 20×2년도 당기순이익은 ₩10,000이라고 가정한다.

> A 원가모형을 적용하는 유형자산
> B 재평가모형을 적용하는 유형자산(단, 재평가잉여금은 건물을 사용함에 따라 이익잉여금에 대체한다고 가정함)
> C 공정가치모형을 적용하는 투자부동산

① A > B > C   ② A > C > B   ③ B > A > C
④ C > B > A   ⑤ A > B = C

해커스 회계사 IFRS 김영훈 재무회계 1차 기출문제집

2018년

10 ㈜대한은 공장건물을 신축하기로 하고 20×1년 1월 1일에 ㈜민국건설과 도급계약을 체결하였다. 동 건설공사는 20×2년 9월 30일에 완공하였다. 공장건물은 차입원가를 자본화하는 적격자산이며, 공사대금 지출과 관련한 자료는 다음과 같다.

지출일	20×1. 4. 1.	20×1. 5. 1.
지출액	₩200,000	₩1,200,000

20×1년 4월 1일의 지출액은 물리적인 건설공사를 착공하기 전에 각종 인·허가를 얻는 과정에서 지출되었다. 모든 차입금은 매년 말 이자지급 조건이며, 특정차입금과 일반차입금에서 발생한 일시 투자수익은 없다. ㈜대한의 차입금 내역은 다음과 같다.

차입금	차입금액	차입일	상환일	연 이자율
특정차입금	₩600,000	20×1. 4. 1.	20×2. 6. 30.	6%
일반차입금	2,000,000	20×1. 1. 1.	20×2. 12. 31.	10%
일반차입금	1,000,000	20×1. 7. 1.	20×1. 12. 31.	8%

㈜민국건설은 20×1년 7월 1일부터 7월 31일까지 건설공사를 일시적으로 중단하였는데, 이 중단기간에도 상당한 기술 및 관리활동이 진행되고 있었던 것으로 확인되었다. ㈜대한이 20×1년도에 자본화할 차입원가는? 단, 연평균지출액과 이자비용은 월할로 계산한다.

① ₩54,600 ② ₩62,400 ③ ₩65,600
④ ₩71,500 ⑤ ₩75,000

11 유형자산의 회계처리에 관한 다음 설명 중 옳지 않은 것은?
① 손상된 유형자산에 대해 제3자로부터 보상금을 받는 경우, 이 보상금은 수취한 시점에 당기손익으로 반영한다.
② 생산용식물은 유형자산으로 회계처리하지만, 생산용식물에서 자라는 생산물은 생물자산으로 회계처리한다.
③ 유형자산을 다른 비화폐성자산과 교환하여 취득하는 경우, 교환 거래에 상업적 실질이 결여되었다면 취득한 유형자산의 원가를 제공한 자산의 장부금액으로 측정한다.
④ 유형자산의 제거로 인하여 발생하는 손익은 순매각금액과 장부금액의 차이로 결정한다.
⑤ 유형자산의 감가상각방법과 잔존가치 및 내용연수는 적어도 매 회계연도 말에 재검토한다.

12 무형자산에 관한 다음 설명 중 옳은 것은?

① 무형자산을 최초로 인식할 때에는 공정가치로 측정한다.

② 내용연수가 비한정인 무형자산은 상각하지 않는다.

③ 내용연수가 비한정인 무형자산을 유한 내용연수로 재평가하는 경우에는 자산손상의 징후에 해당되지 않으므로 손상차손을 인식하지 않는다.

④ 내용연수가 유한한 무형자산의 잔존가치는 내용연수 종료시점에 제3자가 자산을 구입하기로 한 약정이 있다고 하더라도 영(0)으로 본다.

⑤ 미래경제적효익 창출에 대해 식별가능하고 해당 원가를 신뢰성 있게 결정할 수 있는 경우에는 내부적으로 창출한 영업권이라도 무형자산으로 인식할 수 있다.

13 기업회계기준서 제1109호 '금융상품'에 관한 다음 설명 중 옳은 것은?

① 회계불일치 상황이 아닌 경우의 금융자산은 금융자산의 관리를 위한 사업모형과 금융자산의 계약상 현금흐름 특성 모두에 근거하여 상각후원가, 기타포괄손익 – 공정가치, 당기손익 – 공정가치로 측정되도록 분류한다.

② 당기손익 – 공정가치로 측정되는 지분상품에 대한 특정 투자의 후속적인 공정가치 변동은 최초 인식시점이라도 기타포괄손익으로 표시하는 것을 선택할 수 없다.

③ 금융자산의 전체나 일부의 회수를 합리적으로 예상할 수 없는 경우에도 해당 금융자산의 총장부금액을 직접 줄일 수는 없다.

④ 기타포괄손익 – 공정가치 측정 금융자산의 손상차손은 당기손실로 인식하고, 손상차손환입은 기타포괄손익으로 인식한다.

⑤ 회계불일치를 제거하거나 유의적으로 줄이는 경우에는 최초 인식시점에 해당 금융자산을 기타포괄손익 – 공정가치 측정 항목으로 지정할 수 있으며, 지정 후 이를 취소할 수 있다.

14 ㈜대한은 ㈜민국이 다음과 같이 발행한 사채를 20×1년 1월 1일에 취득하고 상각후원가로 측정하는 금융자산으로 분류하였다.

- 발행일: 20×1년 1월 1일
- 액면금액: ₩1,000,000
- 이자지급: 연 8%를 매년 12월 31일에 지급
- 만기일: 20×3년 12월 31일(일시상환)
- 사채발행시점의 유효이자율: 연 10%

20×1년 말 위 금융자산의 이자는 정상적으로 수취하였으나, ㈜민국의 신용이 손상되어 ㈜대한은 향후 이자는 수령하지 못하며 만기일에 액면금액만 수취할 것으로 추정하였다. 20×1년도 ㈜대한이 동 금융자산의 손상차손으로 인식할 금액(A)과 손상차손 인식 후 20×2년도에 이자수익으로 인식할 금액(B)은 각각 얼마인가? 단, 20×1년 말 현재 시장이자율은 연 12%이며, 단수차이로 인해 오차가 있다면 가장 근사치를 선택한다.

기간 \ 할인율	단일금액 ₩1의 현재가치		정상연금 ₩1의 현재가치	
	10%	12%	10%	12%
1년	0.9091	0.8928	0.9091	0.8928
2년	0.8264	0.7972	1.7355	1.6900
3년	0.7513	0.7118	2.4868	2.4018

	20×1년도 손상차손(A)	20×2년도 이자수익(B)
①	₩168,068	₩82,640
②	₩168,068	₩95,664
③	₩138,868	₩82,640
④	₩138,868	₩95,664
⑤	₩138,868	₩115,832

15 ㈜대한은 20×1년 1월 1일 다음과 같은 사채를 발행하고 상각후원가로 측정하는 금융부채로 분류하였다.

> • 발행일: 20×1년 1월 1일
> • 액면금액: ₩1,000,000
> • 이자지급: 연 8%를 매년 12월 31일에 지급
> • 만기일: 20×3년 12월 31일(일시상환)
> • 사채발행시점의 유효이자율: 연 10%

㈜대한은 20×2년 초 사채의 만기일을 20×4년 12월 31일로 연장하고 표시이자율을 연 3%로 조건을 변경하였다. 20×2년 초 현재 유효이자율은 연 12%이다. 사채의 조건변경으로 인해 ㈜대한이 20×2년도에 인식할 조건변경이익(A)과 조건변경 후 20×2년도에 인식할 이자비용(B)은 각각 얼마인가? 단, 단수차이로 인해 오차가 있다면 가장 근사치를 선택한다.

기간 \ 할인율	단일금액 ₩1의 현재가치		정상연금 ₩1의 현재가치	
	10%	12%	10%	12%
1년	0.9091	0.8928	0.9091	0.8928
2년	0.8264	0.7972	1.7355	1.6900
3년	0.7513	0.7118	2.4868	2.4018

	20×2년도 조건변경이익(A)	20×2년도 이자비용(B)
①	₩139,364	₩94,062
②	₩139,364	₩82,590
③	₩139,364	₩78,385
④	₩181,414	₩82,590
⑤	₩181,414	₩94,062

해커스 회계사 IFRS 김원종 재무회계 1차 기출문제집

2018년

16 ㈜대한은 20×1년 1월 1일 종업원 100명에게 각각 10개의 주식 선택권을 부여하였다. 동 주식 선택권은 종업원이 앞으로 3년 동안 회사에 근무해야 가득된다. 20×1년 1월 1일 현재 ㈜대한이 부여한 주식선택권의 단위당 공정가치는 ₩360이며, 각 연도 말 퇴직 종업원 수는 다음과 같다.

구분	실제 퇴직자 수	추가퇴직 예상자 수
20×1년 말	10명	20명
20×2년 말	15명	13명
20×3년 말	13명	–

주식선택권 부여일 이후 주가가 지속적으로 하락하여 ㈜대한의 20×2년 12월 31일 주식선택권의 단위당 공정가치는 ₩250이 되었다. 또한 20×2년 말 ㈜대한은 종업원에게 부여하였던 주식선택권의 수를 10개에서 9개로 변경하였다. 동 주식기준보상과 관련하여 ㈜대한이 20×2년도에 인식할 주식보상비용은 얼마인가? 단, 단수차이로 인해 오차가 있다면 가장 근사치를 선택한다.

[기출 수정]

① ₩64,800 ② ₩68,520 ③ ₩71,000
④ ₩72,240 ⑤ ₩76,920

17 다음은 ㈜대한이 채택하고 있는 확정급여제도와 관련한 자료이다.

- 순확정급여부채(자산) 계산 시 적용한 할인율은 연 5%이다.
- 20×1년 초 사외적립자산의 공정가치는 ₩550,000이고, 확정급여채무의 현재가치는 ₩500,000이다.
- 20×1년도 당기근무원가는 ₩700,000이다.
- 20×1년 말에 퇴직종업원에게 ₩100,000의 현금이 사외적립자산에서 지급되었다.
- 20×1년 말에 사외적립자산에 ₩650,000을 현금으로 출연하였다.
- 20×1년 말 사외적립자산의 공정가치는 ₩1,350,000이다.
- 보험수리적 가정의 변동을 반영한 20×1년 말 확정급여채무는 ₩1,200,000이다.
- 20×1년 초와 20×1년 말 순확정급여자산의 자산인식상한금액은 각각 ₩50,000과 ₩100,000이다.

㈜대한의 확정급여제도 적용이 20×1년도 포괄손익계산서의 당기순이익과 기타포괄이익에 미치는 영향은?

	당기순이익에 미치는 영향	기타포괄이익에 미치는 영향
①	₩702,500 감소	₩147,500 감소
②	₩702,500 감소	₩147,500 증가
③	₩702,500 감소	₩97,500 감소
④	₩697,500 감소	₩97,500 감소
⑤	₩697,500 감소	₩97,500 증가

18 다음은 중간재무보고에 대한 설명이다.

A	중간재무제표에 포함되는 포괄손익계산서, 자본변동표 및 현금흐름표는 당해 회계연도 누적기간만을 직전 회계연도의 동일기간과 비교하는 형식으로 작성한다.
B	계절적, 주기적 또는 일시적으로 발생하는 수익은 연차보고기간 말에 미리 예측하여 인식하거나 이연하는 것이 적절하지 않은 경우 중간보고기간 말에도 미리 예측하여 인식하거나 이연해서는 안 된다.
C	특정 중간기간에 보고된 추정금액이 최종 중간기간에 중요하게 변동하였지만 최종 중간기간에 대하여 별도의 재무보고를 하지 않는 경우, 추정의 변동 성격과 금액을 해당 회계연도의 연차재무제표에 주석으로 공시해야 한다.

위의 기술 중 옳은 것을 모두 고른다면?

① B   ② C   ③ A, B
④ B, C   ⑤ A, B, C

19 다음 사례는 ㈜대한의 20×1년과 20×2년에 발생한 사건으로, 금액은 신뢰성 있게 추정이 가능하다고 가정한다.

사례 A	석유산업에 속한 ㈜대한은 오염을 일으키고 있지만 사업을 영위하는 특정 국가의 법률에서 요구하는 경우에만 오염된 토지를 정화한다. ㈜대한은 20×1년부터 토지를 오염시켰으나, 이러한 사업이 운영되는 어떤 국가에서도 오염된 토지를 정화하도록 요구하는 법률이 20×1년 말까지 제정되지 않았다. 20×2년 말 현재 ㈜대한이 사업을 영위하는 국가에서 이미 오염된 토지를 정화하도록 요구하는 법안이 연말 후에 곧 제정될 것이 거의 확실하다.
사례 B	20×1년 초 새로운 법률에 따라 ㈜대한은 20×1년 말까지 매연 여과장치를 공장에 설치해야 하고, 해당 법률을 위반할 경우 벌과금이 부과될 가능성이 매우 높다. ㈜대한은 20×2년 말까지 매연 여과장치를 설치하지 않아 20×2년 말 관계 당국으로부터 벌과금 납부서(납부기한: 20×3년 2월 말)를 통지받았으나 아직 납부하지 않았다.
사례 C	20×1년 12월 12일 해외사업부를 폐쇄하기 위한 구체적인 계획에 대하여 이사회 동의를 받았다. 20×1년 말이 되기 전에 이러한 의사결정의 영향을 받는 대상자들에게 그 결정을 알리지 않았고 실행을 위한 어떠한 절차도 착수하지 않았다. 20×2년 말이 되어서야 해당 사업부의 종업원들에게 감원을 통보하였다.

위 사례 중 ㈜대한의 20×1년 말과 20×2년 말 재무상태표에 충당부채로 인식해야 하는 사항을 모두 고른다면?

	20×1년 말	20×2년 말
①	A, B	B, C
②	B, C	A, B, C
③	B	A, C
④	B	A, B, C
⑤	C	B, C

20 다음은 ㈜대한의 전환사채와 관련된 자료이다.

> (1) ㈜대한은 20×1년 초 다음 조건으로 전환사채(액면금액 ₩100,000)를 액면발행하였다.
>   - 표시이자: 연 10%(매년 말 지급)
>   - 전환조건: 사채액면 ₩1,000당 1주의 보통주(주당액면 ₩500)로 전환
>   - 만기일: 20×3. 12. 31.
>   - 투자자가 만기시점까지 전환권을 행사하지 않으면 만기시점에 액면금액의 112%를 지급한다.
> (2) 20×2년 말 재무상태표에 표시된 전환사채 장부금액은 ₩107,018이고 전환권대가는 ₩1,184이었다.
> (3) ㈜대한은 전환사채 발행시점에서 인식한 자본요소(전환권대가) 중 전환된 부분은 주식발행초과금으로 대체하는 회계처리를 한다.

20×3년 초 전환사채의 60%가 전환되었다. 전환사채 전환으로 증가하는 주식발행초과금을 구하면? 단, 원 단위 미만의 금액은 소수점 첫째 자리에서 반올림한다.

① ₩34,211 ② ₩34,921 ③ ₩37,910
④ ₩64,211 ⑤ ₩64,921

21 다음은 ㈜대한의 리스계약과 관련된 자료이다.

> 자동차 제조회사인 ㈜대한은 ㈜민국에게 제조된 차량(제조원가 ₩2,000,000)을 판매하는 리스계약(금융리스)을 체결하였다.
> - 리스기간은 20×1년 1월 1일부터 20×3년 12월 31일까지이고, 해지불능리스이다.
> - 정기리스료 ₩1,071,693을 매년 말 수취한다.
> - 리스기간 종료시점의 잔존가치는 ₩300,000으로 추정되는데 리스이용자는 이 중 ₩100,000을 보증한다.
> - 시장이자율은 연 10%이지만, ㈜대한은 ㈜민국에게 인위적으로 낮은 연 8% 이자율을 제시하였다.
> - 판매시점에 차량의 공정가치는 ₩3,000,000이었다.
>
> | 기간 \ 할인율 | 단일금액 ₩1의 현재가치 | | 정상연금 ₩1의 현재가치 | |
> | --- | --- | --- | --- | --- |
> | | 8% | 10% | 8% | 10% |
> | 3년 | 0.7938 | 0.7513 | 2.5771 | 2.4868 |

상기 거래로 ㈜대한이 20×1년도 포괄손익계산서에 보고할 매출총이익은? 단, 단수차이로 인해 오차가 있다면 가장 근사치를 선택한다.

① ₩665,086 ② ₩740,216 ③ ₩815,346
④ ₩890,476 ⑤ ₩1,000,000

22 다음은 ㈜대한의 법인세와 관련된 자료이다.

- 20×2년 세무조정내역

법인세비용차감전순이익	₩1,500,000
세무조정항목:	
전기 감가상각비 한도초과	(90,000)
과세소득	₩1,410,000

- 세무조정항목은 모두 일시적차이에 해당하고, 이연법인세자산의 실현가능성은 거의 확실하다.
- 20×1년 말 이연법인세자산과 이연법인세부채는 각각 ₩65,000과 ₩25,000이다.
- 20×2년 법인세율은 25%이고, 20×3년과 20×4년 이후의 세율은 각각 20%와 18%로 20×2년 말에 입법화되었다.
- 20×2년 말 현재 미소멸 일시적차이의 소멸시기는 아래와 같다. 감가상각비 한도초과와 토지 건설자금이자는 전기로부터 이월된 금액이다.

일시적차이	20×2년 말 잔액	소멸시기
감가상각비 한도초과	₩170,000	20×3년 ₩90,000 소멸 20×4년 ₩80,000 소멸
토지 건설자금이자	(100,000)	20×4년 이후 전액 소멸

㈜대한의 20×2년도 포괄손익계산서에 인식할 법인세비용은?

① ₩335,000 ② ₩338,100 ③ ₩352,500
④ ₩366,900 ⑤ ₩378,100

23 회계정책, 회계추정치 변경과 오류에 대한 다음 설명 중 옳지 않은 것은? [기출 수정]

① 전기오류의 수정은 오류가 발견된 기간의 당기손익으로 보고한다.

② 전기오류는 특정기간에 미치는 오류의 영향이나 오류의 누적 효과를 실무적으로 결정할 수 없는 경우를 제외하고는 소급재작성에 의하여 수정한다.

③ 당기 기초시점에 과거기간 전체에 대한 새로운 회계정책 적용의 누적효과를 실무적으로 결정할 수 없는 경우, 실무적으로 적용할 수 있는 가장 이른 날부터 새로운 회계정책을 전진적용하여 비교정보를 재작성한다.

④ 회계추정치는 측정불확실성의 영향을 받는 재무제표상 화폐금액을 말한다.

⑤ 과거에 발생하였지만 중요하지 않았던 거래, 기타 사건 또는 상황에 대하여 새로운 회계정책을 적용하는 경우는 회계정책의 변경에 해당하지 않는다.

24 다음은 ㈜대한의 자본과 관련된 자료이다.

---

(1) 20×1년 초 현재 보통주 발행주식수는 1,000주이고 주당 액면금액은 ₩500이다. 다음은 ㈜대한의 20×1년 초 현재의 자본 내역이다.

• 보통주 자본금	₩500,000	• 감자차익	₩1,000
• 주식발행초과금	40,000	• 재평가잉여금	30,000
• 자기주식	35,000	• 미처분이익잉여금	10,000

(2) 20×1년 중 다음의 거래가 발생하였다.

A	20×1년 초 현재 보유하고 있는 자기주식 수량은 50주이다. 자기주식은 원가법으로 회계처리하며 자기주식 취득원가는 주당 ₩700이다. 20×1년 3월 초 자기주식 10주를 소각하였다.
B	20×1년 초 현재 보유하고 있는 토지는 ₩70,000에 취득하였는데 재평가잉여금은 토지의 재평가로 발생한 것이다. 20×1년 말 토지는 ₩80,000으로 재평가되었다.
C	20×1년 3월 말 자기주식 20주를 주당 ₩800에 재발행하였다.
D	20×1년 5월 초 현물출자방식으로 보통주 300주를 발행하여 건물을 취득하였다. 현물출자시점에 건물의 공정가치는 ₩200,000이고, 원가모형을 적용한다.
E	20×1년 7월 초 이사회에서 중간배당으로 총 ₩1,500을 지급하기로 결의하고 7월 말에 지급하였다. 20×1년 당기순이익으로 ₩10,000을 보고하였다.

상기 A부터 E까지의 거래가 반영된 20×1년 말 자본총계를 구하면?

① ₩740,500   ② ₩742,500   ③ ₩747,500

④ ₩750,500   ⑤ ₩757,500

25 다음은 ㈜대한의 20×1년도 주당이익과 관련한 자료이다.

- 20×1년 중 보통주 변동내용은 다음과 같다. 7월 1일 유상증자는 주주우선배정 신주발행에 해당하며, 유상증자 전일의 보통주 공정가치는 주당 ₩800이고, 유상증자시점의 발행가액은 주당 ₩500이다.

일자	변동내용	유통보통주식수
20×1. 1. 1.	전기 이월	1,000주
20×1. 7. 1.	유상증자 400주	1,400주

- 20×1년 초 신주인수권 800개를 부여하였는데, 동 신주인수권 1개로 보통주 1주를 인수할 수 있다. 신주인수권의 개당 행사가격은 ₩600이고, 20×1년 중 ㈜대한이 발행한 보통주식의 평균주가는 주당 ₩750이다.
- 20×1년도 당기순이익으로 ₩919,800을 보고하였다.

㈜대한의 20×1년도 희석주당순이익은 얼마인가? 단, 가중평균유통주식수는 월할계산한다.

① ₩600 　　　　② ₩648 　　　　③ ₩657

④ ₩669 　　　　⑤ ₩730

26 ㈜대한은 20×1년 초에 ㈜민국의 의결권 있는 보통주 250주(지분율 25%)를 ₩150,000에 취득하고, 유의적인 영향력을 행사할 수 있게 되었다. 취득일 현재 ㈜민국의 식별가능한 순자산의 장부금액과 공정가치는 모두 ₩500,000으로 동일하다. 20×1년 중 발생한 두 기업 간 거래내역 및 ㈜민국의 보고이익 정보는 다음과 같다.

- 20×1년 10월 초 ㈜대한은 ㈜민국에게 원가 ₩50,000인 상품을 ₩80,000에 판매하였다. ㈜민국은 20×1년 말 현재 동 상품의 50%를 외부에 판매하였고, 나머지 50%는 재고자산으로 보유하고 있다.
- 20×1년 12월 초 ㈜민국은 ㈜대한에게 원가 ₩50,000인 상품을 ₩30,000에 판매하였고, ㈜대한은 20×1년 말 현재 동 상품 모두를 재고자산으로 보유하고 있다. 판매가격 ₩30,000은 해당 상품의 순실현가능가치에 해당한다.
- ㈜민국이 보고한 20×1년도 당기순이익은 ₩60,000이다.

㈜대한이 ㈜민국에 대한 투자주식과 관련하여, 20×1년도의 포괄손익계산서에 보고할 지분법이익은 얼마인가?

① ₩10,500 　　　　② ₩11,250 　　　　③ ₩12,500

④ ₩15,000 　　　　⑤ ₩16,250

27 외화거래와 해외사업장의 운영을 재무제표에 반영하는 방법과 기능 통화재무제표를 표시통화로 환산하는 방법에 관한 다음 설명 중 옳지 않은 것은? 단, 기능통화는 초인플레이션 경제의 통화가 아닌 것으로 가정한다.

① 기능통화를 표시통화로 환산함에 있어 재무상태표의 자산과 부채는 해당 보고기간 말의 마감환율을 적용한다.

② 기능통화를 표시통화로 환산함에 있어 포괄손익계산서의 수익과 비용은 해당 거래일의 환율을 적용한다.

③ 공정가치로 측정하는 비화폐성 외화항목은 공정가치가 측정된 날의 환율로 환산하며, 이 과정에서 발생하는 외환차이는 당기손익으로 인식한다.

④ 보고기업의 해외사업장에 대한 순투자의 일부인 화폐성항목에서 생기는 외환차이는 보고기업의 별도재무제표나 해외사업장의 개별재무제표에서 당기손익으로 인식한다.

⑤ 해외사업장을 처분하는 경우에 기타포괄손익으로 인식한 해외사업장관련 외환차이의 누계액은 해외사업장의 처분손익을 인식하는 시점에 자본에서 당기손익으로 재분류한다.

28 ㈜대한의 기능통화는 원화이다. ㈜대한은 20×1년 7월 1일에 은행으로부터 미화 1,000달러를 1년 만기로 차입하였다. 차입금의 표시이자율은 연 6%이며, 만기시점에 원금과 이자를 일시상환하는 조건이다. 차입기간 중 달러화 대비 원화의 환율변동내역은 다음과 같다.

구분	일자 또는 기간	환율(₩/$)
차입일	20×1. 7. 1.	1,100
평균	20×1. 7. 1. ~ 20×1. 12. 31.	1,080
기말	20×1. 12. 31.	1,050
평균	20×2. 1. 1. ~ 20×2. 6. 30.	1,020
상환일	20×2. 6. 30.	1,000

㈜대한은 20×2년 6월 30일에 외화차입금의 원리금을 모두 상환하였다. ㈜대한의 20×2년도 포괄손익계산서에 당기손익으로 보고되는 외환차이(환율변동손익)는 얼마인가? 단, 이자비용은 월할계산한다.

① ₩52,100 손실   ② ₩50,900 손실   ③ ₩50,000 이익
④ ₩50,900 이익   ⑤ ₩52,100 이익

29 ㈜대한은 20×2년 3월 말에 미화 100달러의 재고자산(원재료)을 구입할 계획이며, 예상 생산량을 고려할 때 구입거래가 이루어질 것이 거의 확실하다. ㈜대한은 원재료 매입에 관한 환율변동위험을 회피하고자 20×1년 10월 1일에 다음과 같은 통화선도계약을 체결하고, 이에 대해 위험회피회계를 적용(적용요건은 충족됨을 가정)하였다.

- 계약기간: 20×1년 10월 1일 ~ 20×2년 3월 31일(만기 6개월)
- 계약내용: 계약만기일에 미화 100달러를 ₩1,110/$(선도환율)에 매입하기로 함
- 환율정보

일자	현물환율(₩/$)	통화선도환율(₩/$)
20×1. 10. 1.	1,100	1,110(만기 6개월)
20×1. 12. 31.	1,110	1,130(만기 3개월)
20×2. 3. 31.	1,130	

㈜대한은 예상한 대로 20×2년 3월 말에 원재료를 미화 100달러에 매입하여 보유하고 있다. 통화선도계약 만기일에 ㈜대한이 당기손익으로 보고할 파생상품손익은 얼마인가? 단, 현재시점의 현물환율이 미래시점의 기대현물환율과 동일한 것으로 가정하며, 현재가치평가는 고려하지 않는다.

① ₩2,000 손실   ② ₩1,000 손실   ③ ₩0

④ ₩1,000 이익   ⑤ ₩2,000 이익

※ 다음 자료를 이용하여 **30**과 **31**에 답하시오.

제조업을 영위하는 ㈜대한은 20×1년 1월 1일 ㈜민국의 의결권 있는 보통주 70%를 ₩150,000에 취득하여 지배력을 획득하였다. 취득일 현재 ㈜민국의 요약재무상태표는 다음과 같다.

요약재무상태표

㈜민국   20×1. 1. 1. 현재   (단위: ₩)

계정과목	장부금액	공정가치	계정과목	장부금액	공정가치
현금	30,000	30,000	부채	150,000	150,000
재고자산	80,000	80,000	자본금	100,000	
유형자산	150,000	200,000	이익잉여금	70,000	
기타자산	60,000	60,000			
	320,000			320,000	

<추가자료>

• ㈜민국의 유형자산은 본사건물이며, 취득일 현재 잔존내용연수는 10년이고 잔존가치 없이 정액법으로 상각한다.
• 20×2년 10월 초에 ㈜대한은 장부금액 ₩20,000의 재고자산(제품)을 ㈜민국에게 ₩30,000에 판매하였다. 이 제품은 20×2년 말 현재 외부에 판매되지 않고 ㈜민국의 재고자산으로 남아있다.
• ㈜대한과 ㈜민국이 별도(개별)재무제표에서 보고한 20×1년과 20×2년의 당기순이익은 다음과 같다.

구분	20×1년	20×2년
㈜대한	₩100,000	₩130,000
㈜민국	40,000	50,000

• ㈜대한과 ㈜민국은 20×2년 3월에 각각 ₩50,000과 ₩20,000의 현금배당을 결의하고 지급하였다.
• 취득일 현재 ㈜민국의 요약재무상태표에 표시된 자산과 부채 외에 추가적으로 식별가능한 자산과 부채는 없다.
• ㈜대한은 별도재무제표에서 ㈜민국의 주식을 원가법으로 회계처리한다. 연결재무제표 작성 시 유형자산에 대해서는 원가모형을 적용하고, 비지배지분은 종속기업의 식별가능한 순자산 공정가치에 비례하여 결정한다.

30 ㈜대한의 20×1년도 연결포괄손익계산서에 표시되는 연결당기순이익은 얼마인가?

① ₩129,000   ② ₩130,000   ③ ₩135,000
④ ₩139,000   ⑤ ₩140,000

31 ㈜대한의 20×2년 말 연결재무상태표에 표시되는 비지배지분은 얼마인가?

① ₩84,000   ② ₩85,500   ③ ₩87,000
④ ₩90,000   ⑤ ₩91,500

32 연결재무제표 작성에 관한 다음 설명 중 옳지 않은 것은?

① 종속기업이 채택한 회계정책이 연결재무제표에서 채택한 회계정책과 다른 경우에는 연결실체의 회계정책과 일치하도록 종속기업의 재무제표를 적절히 수정하여 연결재무제표를 작성한다.

② 보고기업은 당기순손익과 기타포괄손익의 각 구성요소를 지배기업의 소유주와 비지배지분에 귀속시킨다. 다만 비지배지분이 부(-)의 잔액이 되는 경우에는 총포괄손익을 모두 지배기업의 소유주에게 귀속시킨다.

③ 종속기업의 취득에서 발생하는 영업권에 대해서는 이연법인세부채를 인식하지 않는다.

④ 연결현금흐름표 작성 시 종속기업에 대한 지배력의 획득 및 상실에 따른 총현금흐름은 별도로 표시하고 투자활동으로 분류한다.

⑤ 지배력을 상실하지 않는 범위 내에서 종속기업에 대한 지분을 추가로 취득하거나 처분하는 현금흐름은 연결현금흐름표에서 재무활동으로 분류한다.

33 ㈜대한은 20×1년 1월 1일에 ㈜민국의 보통주 60%를 ₩200,000에 취득하여 지배력을 획득하였다. 또한 동 일자에 ㈜만세의 보통주 10%를 ₩10,000에 취득하였다. 한편 ㈜민국도 20×1년 1월 1일에 ㈜만세의 보통주 60%를 ₩60,000에 취득하여 지배력을 획득하였다. 취득일 당시 ㈜민국과 ㈜만세의 자본은 다음과 같으며, 자산과 부채의 장부금액과 공정가치는 일치하였다.

구분	㈜민국	㈜만세
자본금	₩150,000	₩50,000
이익잉여금	100,000	30,000

㈜민국과 ㈜만세의 20×1년도 별도(개별)재무제표상 당기순이익은 각각 ₩17,000과 ₩5,000이며, 배당 및 기타 자본변동은 없다. ㈜대한은 별도재무제표에서 ㈜민국과 ㈜만세의 투자주식을 원가법으로 회계처리하며, ㈜민국도 별도재무제표에서 ㈜만세의 투자주식을 원가법으로 회계처리하고 있다. ㈜대한이 작성하는 20×1년 말 연결재무상태표에 표시되는 비지배지분은 얼마인가? 단, 비지배지분은 종속기업의 식별가능한 순자산 공정가치에 비례하여 결정한다.

① ₩108,000 ② ₩132,300 ③ ₩133,500

④ ₩183,300 ⑤ ₩184,500

34 사업결합의 회계처리에 대한 다음 설명 중 옳은 것은?

① 사업을 구성하지 않는 자산이나 자산 집단을 취득한 경우에도 그 취득거래에서 취득자를 식별할 수 있다면 사업결합으로 회계처리한다.

② 취득일은 피취득자에 대한 지배력을 획득한 날이므로 취득자가 법적으로 대가를 이전하여, 피취득자의 자산을 취득하고 부채를 인수한 날인 종료일보다 이른 날 또는 늦은 날이 될 수 없다.

③ 피취득자의 영업활동 종료, 피취득자의 고용관계 종료, 피취득자의 종업원 재배치와 같은 계획의 실행에 따라 미래에 생길 것으로 예상하지만 의무가 아닌 원가도 취득일의 부채로 인식한다.

④ 취득법에 따른 인식요건을 충족하려면, 식별할 수 있는 취득 자산과 인수 부채는 취득자와 피취득자 사이에서 별도 거래의 결과로 교환한 항목의 일부이어야 한다.

⑤ 시장참여자가 공정가치를 측정할 때 계약의 잠재적 갱신을 고려하는지와 무관하게, 취득자는 무형자산으로 인식하는, 다시 취득한 권리의 가치를 관련 계약의 남는 계약기간에 기초하여 측정한다.

35 ㈜대한은 20×1년 10월 1일에 ㈜민국의 모든 자산과 부채를 취득·인수하고, 그 대가로 현금 ₩1,000,000을 지급하는 사업결합을 하였다. 관련 자료는 다음과 같다.

> - 취득일 현재 ㈜민국의 재무상태표상 자산과 부채의 장부금액은 각각 ₩1,300,000과 ₩600,000이다.
> - 취득일 현재 ㈜민국의 재무상태표상 자산의 장부금액에는 건물 ₩350,000과 영업권 ₩100,000이 포함되어 있다.
> - 취득일 현재 ㈜민국은 기계장치를 리스로 이용하고 있다. 동 리스의 조건은 시장조건보다 유리하며, 유리한 리스조건의 공정가치는 ₩30,000이며, 사용권자산(유형자산)에 이 금액이 반영되지 않은 공정가치이다.
> - 취득일 현재 ㈜민국은 건물을 운용리스로 제공하고 있다. 동 운용리스의 조건은 시장조건보다 불리하며, 불리한 리스조건의 공정가치는 ₩50,000이다.
> - 취득일 현재 ㈜민국의 식별가능한 자산·부채 중 건물을 제외한 나머지는 장부금액과 공정가치가 동일하다.

㈜대한이 취득일에 인식한 영업권이 ₩180,000이라면, 취득일 현재 건물의 공정가치는 얼마인가?

[기출 수정]

① ₩440,000　　　　　② ₩490,000　　　　　③ ₩520,000

④ ₩540,000　　　　　⑤ ₩570,000

01 유용한 재무정보의 질적 특성은 재무제표에서 제공되는 재무정보에도 적용되며, 그 밖의 방법으로 제공되는 재무정보에도 적용된다.

02 거래가격(Transaction Price)은 고객에게 약속한 재화나 용역을 이전하고 그 대가로 기업이 받을 권리를 갖게 될 것으로 예상하는 금액이며, 제3자를 대신해서 회수한 금액(예 일부 판매세)은 제외한다. 거래가격을 산정할 때에는 변동대가, 환불부채, 계약에 있는 유의적인 금융요소, 비현금대가, 고객에게 지급할 대가 등을 고려해야 한다.

03 1. ㈜대한은 2년간 고객의 사무실을 일주일 단위로 청소하는 계약을 체결하였다. 고객은 1년에 ₩600,000을 지급하기로 하였다. 계약 개시시점에 그 용역의 개별 판매가격은 연간 ₩600,000이다. 기업은 용역을 제공한 첫 1년 동안 ₩600,000을 수익으로 인식하였다. 1차 연도 말에, 계약이 변경되었고 2차 연도의 수수료가 ₩540,000으로 감액되었다. 그리고 고객은 2년을 더 추가하여 그 계약을 연장하기로 합의하였다. 그 대가 ₩1,020,000은 3년간 동일하게 분할하여 3차·4차 연도 말에 ₩510,000씩 지급하기로 하였다. 따라서 추가용역의 가격은 ₩1,080,000(= ₩540,000 × 2년)의 개별 판매가격을 반영하지 못하므로 별도의 계약으로 처리하지 못하고, 원래의 계약이 종료되고 새로운 계약이 체결된 것으로 회계처리해야 한다.

2. ㈜대한은 20×2년 초부터 20×4년 말까지 총 ₩1,560,000을 수취하는 새로운 계약이 체결된 것으로 회계처리해야 한다. 따라서 매년 ₩520,000(= ₩1,560,000 ÷ 3년)을 수익으로 인식한다.

3. 지문해설
① 매주의 청소용역이 실질적으로 서로 같고 고객에게 이전하는 방식이 같은 용역을 기간에 걸쳐 이전하면서 진행률 측정에 같은 방법(시간기준 진행률 측정)을 사용하는 일련의 구별되는 용역이기 때문에 단일 수행의무로 회계처리한다.
② 계약변경일에 ㈜대한이 제공할 나머지 용역은 계약이 2년 더 추가되었으므로 구별된다.
③ 계약변경일에 ㈜대한이 나머지 대가로 지급받을 금액은 제공할 용역의 개별 판매가격을 반영하지 못한다.
④ ㈜대한은 동 계약변경을 원래의 계약이 종료되고 새로운 계약이 체결된 것으로 회계처리해야 한다.
⑤ ㈜대한이 20×2년에 인식해야 할 수익은 ₩520,000(= ₩1,560,000 ÷ 3년)이다.

04 기계와 예비부품을 이전하는 약속이 서로 구별되고 그 결과로 한 시점에 이행될 수행의무는 두 가지이다. 또한, ㈜대한은 보관용역이 고객에게 제공되는 용역이고 기계 및 예비부품과 구별되기 때문에 보관용역을 제공하는 약속을 하나의 수행의무로 식별한다. 따라서 ㈜대한은 계약상 세 가지 수행의무(특수프린터, 예비부품, 보관용역을 제공하는 약속)를 회계처리한다.

05 영업으로부터 창출된 현금
(1) 고객으로부터 유입된 현금

매출액	₩435,000
매출채권 손상차손	(1,500)
매출채권 외화환산이익	1,000
매출채권의 증가	(43,100)
손실충당금의 증가	1,100
고객으로부터 유입된 현금	₩392,500

(2) 공급자에 대한 현금유출

매출원가	₩(337,000)
재고자산평가손실	(5,000)
재고자산의 감소	35,000
재고자산평가충당금의 증가	5,000
매입채무의 감소	(30,000)
공급자에 대한 현금유출	₩(332,000)

(3) 종업원에 대한 현금유출

급여	₩(8,000)
종업원에 대한 현금유출	₩(8,000)

(4) 영업으로부터 창출된 현금: (1) + (2) + (3) = ₩52,500

06 **1. 처분**

처분	(차) 현금(투자)	18,000	(대) 차량운반구	40,000
	감가상각누계액	20,000		
	유형자산처분손실	2,000		

2. 감가상각

감가상각	(차) 감가상각비	16,000	(대) 감가상각누계액	16,000

3. 취득

취득	(차) 차량운반구	50,000	(대) 현금(투자)	50,000

4. 추정

계정과목	:	기초	+	증가	−	감소	=	기말금액
차량운반구	:	₩400,000	+	취득 ₩50,000	−	처분 ₩40,000 + 추가처분(x)	=	₩371,000

∴ 추가처분(x) = ₩39,000

계정과목	:	기초	+	증가	−	감소	=	기말금액
감가상각누계액	:	₩100,000	+	감가상각 ₩16,000	−	처분 ₩20,000 + 추가처분(y)	=	₩77,000

∴ 추가처분(y) = ₩19,000

처분	(차) 현금(투자)	20,000	(대) 차량운반구	39,000
	감가상각누계액	19,000		

5. 투자활동현금흐름: (1) + (2) = 현금유출 ₩(12,000)
  (1) 유형자산의 처분: ₩38,000
  (2) 유형자산의 취득: ₩(50,000)

별해

구분		금액
포괄손익계산서의 투자활동 관련 손익	유형자산처분손실	₩(2,000)
	감가상각비	(16,000)
투자활동과 관련된 자산·부채의 변동	차량운반구(총액)의 감소	29,000
	감가상각누계액의 감소	(23,000)
투자활동순현금흐름		₩(12,000)

07 **1. 재고자산감모손실: (1) + (2) = ₩20,000**
  (1) 원재료: (500kg − 400kg) × ₩50 = ₩5,000
  (2) 제품: (200개 − 150개) × ₩300 = ₩15,000

2. 재고자산평가손실 또는 재고자산평가손실환입: ₩(3,000)
  (1) 원재료: ₩0(제품이 원가 이상으로 판매되므로 원재료평가손실은 인식하지 않음)
  (2) 제품: 기말제품평가충당금 ₩0 − 기초제품평가충당금 ₩3,000 = ₩(3,000) 재고자산평가손실환입

3. 매출원가에서 조정될 재고자산감모손실과 재고자산평가손실(환입)의 순효과: ₩20,000 + ₩(3,000) = ₩17,000 매출원가 가산

08 1. 20×1년 1월 1일에 정부보조금으로 인식할 금액: 취득금액 − 현재가치

$\qquad$ = ₩1,000,000 − (₩1,000,000 × 0.6209 + ₩20,000 × 3.7908) = ₩303,284

2. 20×1년 감가상각비: ₩1,000,000 ÷ 5년 − ₩200,000 × ₩303,284/₩1,000,000 = ₩139,343

3. 차입금의 현재가치: ₩1,000,000 × 0.6209 + ₩20,000 × 3.7908 = ₩696,716

4. 20×1년 이자비용: ₩696,716 × 10% = ₩69,672

5. 20×1년 포괄손익계산서에 인식할 당기비용: ₩139,343 + ₩69,672 = ₩209,015

6. 회계처리

20×1년 초	(차) 현금	1,000,000	(대) 정부보조금	303,284
			차입금	696,716
	(차) 기계장치	1,000,000	(대) 현금	1,000,000
20×1년 말	(차) 감가상각비	200,000	(대) 감가상각누계액	200,000
	(차) 정부보조금	60,657[1]	(대) 감가상각비	60,657
	[1] ₩200,000 × ₩303,284/₩1,000,000 = ₩60,657			
	(차) 이자비용	69,672	(대) 현금	20,000
			차입금	49,672

09 1. A 원가모형을 적용하는 유형자산

(1) 20×2년 감가상각비: (₩10,000 − ₩0) ÷ 10년 = ₩(1,000)

(2) 20×2년 당기순이익: ₩10,000 + ₩(1,000) = ₩9,000

2. B 재평가모형을 적용하는 유형자산

(1) 20×1년 기타포괄이익으로 인식할 재평가잉여금: ₩10,800 − ₩10,000 × 9년/10년 = ₩1,800

(2) 20×2년 이익잉여금으로 대체할 재평가잉여금: ₩1,800 ÷ 9년 = ₩200

(3) 20×2년 기타포괄손실로 인식할 재평가잉여금: ₩8,800 − ₩10,800 × 8년/9년 = ₩(800)

(4) 20×2년 당기손익으로 인식할 감가상각비: ₩10,800 ÷ 9년 = ₩(1,200)

(5) 20×2년 당기순이익: ₩10,000 + ₩(1,200) = ₩8,800

3. C 공정가치모형을 적용하는 투자부동산

(1) 20×2년 투자부동산평가손실: ₩8,800 − ₩10,800 = ₩(2,000)

(2) 20×2년 당기순이익: ₩10,000 + ₩(2,000) = ₩8,000

∴ A > B > C

10 1. 연평균지출액: ₩200,000 × 9/12 + ₩1,200,000 × 8/12 = ₩950,000

2. 자본화이자율: $\dfrac{₩2,000,000 × 10\% × 12/12 + ₩1,000,000 × 8\% × 6/12}{₩2,000,000 × 12/12 + ₩1,000,000 × 6/12} = \dfrac{₩240,000}{₩2,500,000} = 9.6\%$

3. 자본화가능차입원가

특정차입금: ₩600,000 × 6% × 9/12 =	₩27,000
일반차입금: (₩950,000 − ₩600,000 × 9/12) × 9.6% = ₩48,000(한도: ₩240,000) =	48,000
계	₩75,000

11 손상, 소실 또는 포기된 유형자산에 대해 제3자로부터 보상금을 받는 경우가 있다. 이 경우 보상금은 수취할 권리가 발생하는 시점에 당기손익으로 반영한다.

12 ① 무형자산을 최초로 인식할 때에는 원가로 측정한다.

③ 상각하지 않는 무형자산에 대하여 사건과 상황이 그 자산의 내용연수가 비한정이라는 평가를 계속하여 정당화하는지를 매 회계기간에 검토한다. 사건과 상황이 그러한 평가를 정당화하지 않는 경우에 비한정 내용연수를 유한 내용연수로 변경하여 상각해야 하며, 이러한 변경은 회계추정치의 변경으로 회계처리한다.

④ 내용연수가 유한한 무형자산의 잔존가치는 다음 중 하나에 해당하는 경우를 제외하고는 영(0)으로 본다.

> a. 내용연수 종료시점에 제3자가 자산을 구입하기로 한 약정이 있다.
> b. 무형자산의 활성시장이 있고 다음을 모두 충족한다.
>> (가) 잔존가치를 그 활성시장에 기초하여 결정할 수 있다.
>> (나) 그러한 활성시장이 내용연수 종료시점에 존재할 가능성이 높다.

⑤ 내부적으로 창출한 영업권은 자산으로 인식하지 아니한다. 내부적으로 창출한 영업권은 원가를 신뢰성 있게 측정할 수 없고 기업이 통제하고 있는 식별가능한 자원이 아니기 때문에 자산으로 인식하지 아니한다.

13 ② 지분상품의 투자로서 단기매매항목이 아니고 사업결합에서 취득자가 인식하는 조건부대가가 아닌 지분상품에 대한 투자의 후속적인 공정가치 변동을 기타포괄손익으로 표시할 수 있다. 이러한 선택은 최초 인식시점에만 가능하며 이후에 취소할 수 없다.

③ 금융자산의 전체나 일부의 회수를 합리적으로 예상할 수 없는 경우에도 해당 금융자산의 총장부금액을 직접 줄인다.

④ 기타포괄손익 – 공정가치 측정 금융자산의 손상차손은 당기손실로 인식하고, 손상차손환입은 당기이익으로 인식한다.

⑤ 회계불일치를 제거하거나 유의적으로 줄이는 경우에는 최초 인식시점에 해당 금융자산을 기타포괄손익 – 공정가치 측정 항목으로 지정할 수 있으며, 지정 후 이를 취소할 수 없다.

14 1. 20×1년도 금융자산손상차손

(1) 20×1년 초 장부금액: ₩80,000 × 2.4868 + ₩1,000,000 × 0.7513 = ₩950,244

(2) 20×1년도 금융자산손상차손

구분	계산근거	금액
총장부금액	₩950,244 × 1.1 – ₩80,000 =	₩965,268
상각후원가	₩1,000,000 × 0.8264 =	(826,400)
당기 말 기대신용손실		₩138,868
전기 말 기대신용손실		–
금융자산손상차손		₩138,868

2. 20×2년도 이자수익: ₩826,400 × 10% = ₩82,640

15 1. 20×1년 초 사채의 발행금액: ₩1,000,000 × 0.7513 + ₩80,000 × 2.4868 = ₩950,244

2. 실질적 조건변경인지 여부의 판단
   (1) 조정 전 금융부채의 현재가치(최초 유효이자율 적용): ₩950,244 × 1.1 − ₩80,000 =　　　　　　₩965,268
   (2) 조정 후 미래현금흐름의 현재가치(최초 유효이자율 적용)
   　　원금의 현재가치: ₩1,000,000 × 0.7513(3년, 10% 현가) =　　　　₩751,300
   　　이자의 현재가치: ₩30,000 × 2.4868(3년, 10% 연금현가) =　　　　74,604　　　　(825,904)
   (3) (1)과 (2)의 차액　　　　　　　　　　　　　　　　　　　　　　　　　　　₩139,364
   ∴ ₩139,364/₩965,268(= 14.44%) ≥ 10%이므로 실질적 조건변경에 해당된다.

3. 20×2년도 조건변경이익(A)
   (1) 조정 전 금융부채의 장부금액　　　　　　　　　　　　　　　　　　　　　₩965,268
   (2) 조정 후 미래현금흐름의 현재가치(조건변경시점의 유효이자율 적용)
   　　원금의 현재가치: ₩1,000,000 × 0.7118(3년, 12% 현가) =　　　　₩711,800
   　　이자의 현재가치: ₩30,000 × 2.4018(3년, 12% 연금현가) =　　　　72,054　　　　(783,854)
   (3) (1)과 (2)의 차액　　　　　　　　　　　　　　　　　　　　　　　　　　　₩181,414

4. 20×2년도 이자비용(B): ₩783,854 × 12% = ₩94,062

5. 회계처리(사채할인발행차금을 사용하지 않는 방법)

20×2년 초	(차) 사채(구)	965,268	(대) 사채(신)	783,854
			조건변경이익	181,414
20×2년 말	(차) 이자비용	94,062	(대) 현금	30,000
			사채	64,062

16 1. 20×1년 말 누적 주식보상비용: ₩360 × 70명(예상인원) × 10개 × 1/3 = ₩84,000

2. 20×2년 말 누적 주식보상비용
   (1) 불리한 변경으로 인한 권리소멸분: ₩360 × 75명(실제인원) × 1개 × 2/2 = ₩27,000
   (2) 기존 권리분: ₩360 × 62명(예상인원) × 9개 × 2/3 = ₩133,920
   (3) 20×2년 말 누적 주식보상비용: ₩27,000 + ₩133,920 = ₩160,920
   (4) 20×2년의 당기 주식보상비용: ₩160,920 − ₩84,000 = ₩76,920

3. 회계처리

20×1년 말	(차) 주식보상비용	84,000	(대) 주식선택권	84,000
20×2년 말	(차) 주식보상비용	76,920	(대) 주식선택권	76,920
	(차) 주식선택권	27,000	(대) 주식선택권소멸이익(자본)	27,000

4. 불리한 변경수량은 즉시 가득 후 소멸로 처리한다.

정답 15 ⑤ 16 ⑤

17 순확정급여자산의 변동

구분	기초	+	근무원가	+	순이자원가	+	기여금	+	퇴직금	+	재측정요소	=	기말
확정급여채무	(500,000)	+	(700,000)[1]	+	(25,000)[2]	+		+	100,000	+	(75,000)[4]	=	(1,200,000)
사외적립자산	550,000			+	27,500[3]	+	650,000	+	(100,000)	+	222,500[5]	=	1,350,000
계	50,000	+	(700,000)	+	2,500	+	650,000	+			0	+	147,500	=	150,000
자산인식상한효과											(50,000)[6]	=	(50,000)
순확정급여자산	50,000	+	(700,000)	+	2,500	+	650,000	+			0	+	97,500	=	100,000
			NI		NI						OCI		자산

[1] 근무원가: ₩700,000 + ₩0 = ₩700,000
[2] 이자원가: ₩500,000 × 5% = ₩25,000
[3] 이자수익: ₩550,000 × 5% = ₩27,500
[4] 확정급여채무의 재측정요소: ₩(75,000)(역산)
[5] 사외적립자산의 재측정요소: ₩222,500(역산)
[6] 자산인식상한효과의 변동: ₩(50,000)(역산)

∴ 당기순이익에 미치는 영향: ₩(700,000) + ₩2,500 = ₩(697,500) 감소
기타포괄이익에 미치는 영향: ₩97,500 증가

18 A 중간재무보고서는 당해 중간보고기간 말과 직전 연차보고기간 말을 비교하는 형식으로 작성한 재무상태표, 당해 중간기간과 당해 회계연도 누적기간을 직전 회계연도의 동일기간과 비교하는 형식으로 작성한 포괄손익계산서, 당해 회계연도 누적기간을 직전 회계연도의 동일기간과 비교하는 형식으로 작성한 자본변동표와 당해 회계연도 누적기간을 직전 회계연도의 동일기간과 비교하는 형식으로 작성한 현금흐름표를 포함한다.

19 1. 사례 A
어떤 사건은 발생 당시에는 현재의무를 생기게 하지 않지만 나중에 의무를 생기게 할 수 있다. 법률이 제정·개정되면서 의무가 생기거나 기업의 행위(예 충분할 정도로 구체적인 공표)에 따라 나중에 의제의무가 생기는 경우가 있기 때문이다. 따라서 20×2년 말 현재 ㈜대한이 사업을 영위하는 국가에서 이미 오염된 토지를 정화하도록 요구하는 법안이 연말 후에 곧 제정될 것이 거의 확실하므로 20×2년 말에 충당부채를 인식한다.

2. 사례 B
20×1년 초 새로운 법률에 따라 ㈜대한은 20×1년 말까지 매연 여과장치를 공장에 설치해야 하고, 해당 법률을 위반할 경우 벌과금이 부과될 가능성이 매우 높으므로 이는 법적의무이며 미래경제적효익의 유출가능성이 높으므로 20×1년 말에 충당부채를 인식한다.

3. 사례 C
구조조정에 대한 의제의무는 다음의 요건을 모두 충족하는 경우에만 발생한다.
(1) 기업이 구조조정에 대한 구체적인 공식 계획을 가지고 있다.
(2) 기업이 구조조정 계획의 실행에 착수하였거나 구조조정의 주요 내용을 공표함으로써 구조조정의 영향을 받을 당사자가 기업이 구조조정을 실행할 것이라는 정당한 기대를 갖게 한다.
따라서, 20×2년 말이 되어서야 해당 사업부의 종업원들에게 감원을 통보하였으므로 20×2년 말에 충당부채를 인식한다.

20 전환사채 전환으로 증가하는 주식발행초과금: (전환사채의 장부금액 + 전환권대가 − 액면금액) × 전환비율
= (₩107,018 + ₩1,184 − 100주 × ₩500) × 60% = ₩34,921

21 1. 매출액: Min[(1), (2)] = ₩2,740,216
(1) 최소리스료 현재가치(시장이자율): ₩1,071,693 × 2.4868 + ₩100,000 × 0.7513 = ₩2,740,216
(2) 공정가치: ₩3,000,000

2. 매출원가: ₩2,000,000 − ₩200,000 × 0.7513 = ₩1,849,740

3. 매출총이익: ₩2,740,216 − ₩1,849,740 = ₩890,476

22 **1. 세법상 납부할 법인세(당기법인세):** ₩1,410,000 × 25% = ₩352,500

2. 이연법인세자산·부채
   (1) 20×2년 말 이연법인세자산: ₩90,000 × 20% + ₩80,000 × 18% = ₩32,400
   (2) 20×2년 말 이연법인세부채: ₩100,000 × 18% = ₩18,000
   (3) 20×1년 말 이연법인세자산: ₩65,000
   (4) 20×1년 말 이연법인세부채: ₩25,000

3. 회계처리

20×2년 말	(차) 이연법인세부채	7,000[1]	(대) 당기법인세부채	352,500
	법인세비용	378,100	이연법인세자산	32,600[2]
	[1] ₩18,000(20×2년 말) − ₩25,000(20×1년 말) = ₩(7,000)			
	[2] ₩32,400(20×2년 말) − ₩65,000(20×1년 말) = ₩(32,600)			

4. 20×2년 법인세비용: ₩378,100

23 전기오류의 수정은 오류가 발견된 기간의 당기손익으로 보고하지 않는다. 따라서 과거 재무자료의 요약을 포함한 과거기간의 정보는 실무적으로 적용할 수 있는 최대한 앞선 기간까지 소급재작성한다.

24 **1. 20×1년 기초자본:** ₩500,000 + ₩1,000 + ₩40,000 + ₩30,000 − ₩35,000 + ₩10,000 = ₩546,000

2. 20×1년 말 자본총계

20×1년 기초자본	₩546,000
A 자기주식의 소각	–
B 재평가잉여금의 감소: ₩80,000 − (₩70,000 + ₩30,000) =	(20,000)
C 자기주식의 재발행: 20주 × ₩800 =	16,000
D 현물출자	200,000
E 중간배당	(1,500)
E 당기순이익	10,000
20×1년 말 자본총계	₩750,500

25 **1. 20×1년도 기본주당순이익**
   (1) 보통주당기순이익: ₩919,800
   (2) 가중평균유통보통주식수: 1,120주 × 12/12 + 280주 × 6/12 = 1,260주

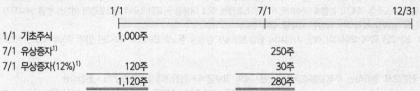

    [1] 무상증자비율
     ① 공정가치 증자 시 발행가능한 주식수: (400주 × ₩500) ÷ ₩800 = 250주
     ② 무상증자주식수: 400주 − 250주 = 150주
     ③ 무상증자비율: 150주 ÷ (1,000주 + 250주) = 12%
   (3) 기본주당순이익: ₩919,800 ÷ 1,260주 = ₩730/주

2. 20×1년도 희석주당순이익
  (1) 신주인수권 희석효과 분석

$$\frac{₩0}{160주^{1)} \times 12/12} = \frac{₩0}{160주} = ₩0(희석효과 있음)$$

  1) 800주 − 800주 × ₩600/₩750 = 160주
  (2) 잠재적보통주의 희석효과

구분	당기순이익	보통주식수	주당이익	희석효과
기본주당이익	₩919,800	1,260주	₩730	
신주인수권	0	160주		
계	₩919,800	1,420주	₩648	희석성

  (3) 희석주당순이익: ₩648/주

26 20×1년도의 포괄손익계산서에 보고할 지분법이익

피투자자의 보고된 당기순이익	₩60,000
피투자자의 상향 내부거래 제거	
재고자산 미실현	–
피투자자의 조정 후 당기순이익	₩60,000
× 투자자의 지분율	× 25%
① 피투자자의 조정 후 당기순이익에 대한 지분	₩15,000
② 투자자의 하향 내부거래 제거 × 투자자의 지분율	
재고자산 미실현: ₩30,000 × 50% × 25% =	(3,750)
③ 염가매수차익	–
지분법손익(① + ② + ③)	₩11,250

27 공정가치로 측정하는 비화폐성 외화항목은 공정가치가 측정된 날의 환율로 환산하며, 이 과정에서 발생하는 외환차이는 당기손익 또는 기타포괄손익으로 인식한다.

28 1. 회계처리

20×1. 7. 1.	(차) 현금	1,100,000[1]	(대) 차입금	1,100,000
	1) $1,000 × ₩1,100 = ₩1,100,000			
20×1. 12. 31.	(차) 이자비용	32,400[1]	(대) 미지급이자	31,500[2]
			외화환산이익	900
	1) $1,000 × 6% × 6/12 × ₩1,080 = ₩32,400			
	2) $1,000 × 6% × 6/12 × ₩1,050 = ₩31,500			
	(차) 차입금	50,000[3]	(대) 외화환산이익	50,000
	3) $1,000 × (₩1,050 − ₩1,100) = ₩(50,000)			
20×2. 6. 30.	(차) 이자비용	30,600[1]	(대) 현금	60,000[2]
	미지급이자	31,500	외환차익	2,100
	1) $1,000 × 6% × 6/12 × ₩1,020 = ₩30,600			
	2) $1,000 × 6% × ₩1,000 = ₩60,000			
	(차) 차입금	1,050,000[3]	(대) 현금	1,000,000[4]
			외환차익	50,000
	3) $1,000 × ₩1,050 = ₩1,050,000			
	4) $1,000 × ₩1,000 = ₩1,000,000			

2. 20×2년도 당기손익으로 보고되는 외환차이(환율변동손익): ₩2,100 + ₩50,000 = ₩52,100 이익

정답 26 ② 27 ③ 28 ⑤

해커스 회계사 IFRS 김원종 재무회계 1차 기출문제집

2018년

1. 회계처리

구분	위험회피대상항목(예상거래)	위험회피수단(통화선도)
20×1. 10. 1.	N/A	N/A

20×1. 12. 31.	N/A	(차) 통화선도자산 2,000[1]
		
		   (대) 현금흐름위험회피적립금(OCI) 1,000[2]
		        파생상품평가이익(NI) 1,000
		
		[1] $\$100 \times (₩1,130 - ₩1,110) = ₩2,000$
		[2] $Min[①, ②] = ₩1,000$
		   ① 수단: $\$100 \times (₩1,130 - ₩1,110) = ₩2,000$
		   ② 대상: $\$100 \times (₩1,110 - ₩1,100) = ₩1,000$

20×2. 3. 31.	(차) 재고자산 111,000
	      현금흐름위험회피적립금(자본) 2,000
	
	   (대) 현금($) 113,000[1]
	[1] $\$100 \times ₩1,130 = ₩113,000$
		(차) 현금($) 113,000[1]
		     파생상품평가손실(NI) 1,000
		
		   (대) 현금(₩) 111,000
		        통화선도자산 2,000
		        현금흐름위험회피적립금(OCI) 1,000[2]
		[1] $\$100 \times ₩1,130 = ₩113,000$
		[2] 누적기준 $Min[①, ②] - ₩1,000 = ₩1,000$
		   ① 수단: $\$100 \times (₩1,130 - ₩1,110) = ₩2,000$
		   ② 대상: $\$100 \times (₩1,130 - ₩1,100) = ₩3,000$

2. 통화선도계약 만기일에 ㈜대한이 당기손익으로 보고할 파생상품손익: ₩(1,000) 손실

별해

일자	현물환율	미래현금흐름 변동액	통화선도환율	파생상품평가이익
20×1. 10. 1.	₩1,100		₩1,110	
		20×1: $₩(10) \times \$100 = ₩(1,000)$		20×1: $₩20 \times \$100 = ₩2,000$
20×1. 12. 31.	₩1,110		₩1,130	
		20×2: $₩(20) \times \$100 = ₩(2,000)$		20×2: $₩0 \times \$100 = ₩0$
20×2. 3. 31.	₩1,130		₩1,130	
20×2년 누적		$₩(1,000) + ₩(2,000) = ₩(3,000)$		$₩2,000 + ₩0 = ₩2,000$

구분	20×1년	20×2년	20×2년 누적
파생상품평가이익(손실)	₩2,000	₩0	₩2,000
예상거래의 현금흐름변동	(1,000)	(2,000)	(3,000)
위험회피에 효과적인 부분(기타포괄손익)	1,000	1,000	2,000
위험회피에 비효과적인 부분(당기손익)	1,000	(1,000)	0

30 1. 염가매수차익: ₩150,000 − (₩370,000 − ₩150,000) × 70% = ₩(4,000)

2. 20×1년 연결당기순이익

	㈜대한	㈜민국	합계
보고된 당기순이익	₩100,000	₩40,000	₩140,000
투자차액의 상각			
유형자산	–	(5,000)	(5,000)
염가매수차익	4,000	–	4,000
연결조정 후 당기순이익	₩104,000	₩35,000	₩139,000

∴ 연결당기순이익: ₩104,000 + ₩35,000 = ₩139,000

31 20×2년 말 비지배지분: 종속기업 순자산 공정가치 × 비지배지분율

20×2년 말 ㈜민국의 순자산 장부금액: ₩170,000 + ₩40,000 + ₩50,000 − ₩20,000 =	₩240,000
20×2년 말 투자차액 미상각잔액	
유형자산: ₩50,000 × 8년/10년 =	40,000
20×2년 말 ㈜민국의 순자산 공정가치	₩280,000
× 비지배지분율	× 30%
20×2년 말 비지배지분	₩84,000

32 보고기업은 당기순손익과 기타포괄손익의 각 구성요소를 지배기업의 소유주와 비지배지분에 귀속시킨다. 다만 비지배지분이 부(−)의 잔액이 되더라도 총포괄손익을 지배기업의 소유주와 비지배지분에 귀속시킨다.

33 1. ㈜만세의 비지배지분

㈜만세의 순자산 공정가치: ₩80,000 + ₩5,000 =	₩85,000
× 비지배지분율	× 30%
계	₩25,500

2. ㈜민국의 비지배지분

㈜민국의 순자산 공정가치: ₩250,000 + ₩17,000 =	₩267,000
㈜만세의 당기순이익 중 ㈜민국 지분: ₩5,000 × 60% =	3,000
계	₩270,000
× 비지배지분율	× 40%
계	₩108,000

∴ 연결재무제표상 비지배지분: ₩25,500 + ₩108,000 = ₩133,500

34 ① 공동기업의 구성 또는 사업을 구성하지 않는 자산이나 자산 집단의 취득은 사업결합이 아니다.
② 취득자가 피취득자에 대한 지배력을 획득한 날은 일반적으로 취득자가 법적으로 대가를 이전하여, 피취득자의 자산을 취득하고 부채를 인수한 날인 종료일이다. 그러나 취득자는 종료일보다 이른 날 또는 늦은 날에 지배력을 획득하는 경우도 있다. 예를 들어 서면합의로 취득자가 종료일 전에 피취득자에 대한 지배력을 획득한다면 취득일은 종료일보다 이르다.
③ 피취득자의 영업활동 종료, 피취득자의 고용관계 종료, 피취득자의 종업원 재배치와 같은 계획의 실행에 따라 미래에 생길 것으로 예상하지만 의무가 아닌 원가는 취득일의 부채가 아니다.
④ 취득법 적용의 일환으로 인식요건을 충족하려면, 식별할 수 있는 취득 자산과 인수 부채는 별도 거래의 결과가 아니라 사업결합 거래에서 취득자와 피취득자 사이에서 교환한 항목의 일부이어야 한다.

정답 30 ④ 31 ① 32 ② 33 ③ 34 ⑤

35 1. 건물의 공정가치: x

2. 이전대가: ₩1,000,000

3. 순자산 공정가치: (1) − (2) = x + ₩280,000
   (1) 취득 자산의 공정가치: ₩1,300,000 + (x − ₩350,000 − ₩100,000) + ₩30,000 = x + ₩880,000
   (2) 인수 부채의 공정가치: ₩600,000

4. 영업권: ₩1,000,000 − (x + ₩280,000) = ₩180,000
   ∴ 건물의 공정가치(x) = ₩540,000